健康节律运动学

（第二版）

蒋峰　方亮　主编

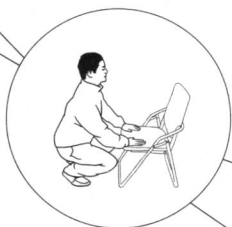

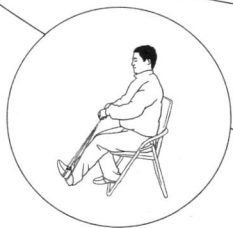

中国医药科技出版社

内 容 提 要

　　本书旨在指导以健康为目标的锻炼者更科学、更有效地选择运动方式。书中通过分解人体运动动作,研究了典型的运动方式,通过科学锻炼促进机体代谢,指导锻炼者参与选择科学的锻炼方式,使健康人群保持健康,亚健康人群恢复健康,疾病人群加速康复。

　　《健康节律运动学》与《系统营养论》《亚健康评价学》形成了以"健康评价－营养干预－运动干预"为核心的健康管理基本理论,为公众选择更有效的健康干预方式提供了客观、科学、明确的健康评价依据和方法。

图书在版编目(CIP)数据

　　健康节律运动学 / 蒋峰,方亮主编 . — 2 版 . — 北京:中国医药科技出版社,2018.1

　　ISBN 978-7-5067-9512-8

　　Ⅰ . ①健… Ⅱ . ①蒋… ②方… Ⅲ . ①健身运动－基本知识 Ⅳ . ① G883

　　中国版本图书馆 CIP 数据核字(2017)第 199357 号

美术编辑　　陈君杞
版式设计　　也　在

出版　　**中国医药科技出版社**

地址　　北京市海淀区文慧园北路甲 22 号

邮编　　100082

电话　　发行:010－62227427　　邮购:010－62236938

网址　　www.cmstp.com

规格　　710×1000mm $\frac{1}{16}$

印张　　15

彩插　　2

字数　　217 千字

初版　　2011 年 10 月第 1 版

版次　　2018 年 1 月第 2 版

印次　　2019 年 1 月第 2 次印刷

印刷　　三河双峰印刷装订有限公司

经销　　全国各地新华书店

书号　　ISBN 978-7-5067-9512-8

定价　　**39.00 元**

编委会

主编 蒋 峰 方 亮

编委 蒋 彤 赵 军 杨 依 岳 宏

尹艳亮 李冉冉 房克敏 雒宏琳

王于虹

再版前言

　　在日常工作中遇到的很多人，常常会把他们刚刚听说到的或者看到的各种"最新""最快""最容易"的健身或减肥的运动方法来跟我们探讨。在我们看来，这当中绝大部分所谓"最新""最快""最容易"的方法，实际上是对一个严肃问题的草率回答，是不负责任也是不严谨的做法。那到底什么样的锻炼是科学的锻炼呢？其实答案很简单，科学的锻炼是能够长久陪伴你的锻炼，是你能愉悦进行的锻炼，是适合你生活方式的锻炼！健康节律运动正是这样一种运动方式。

　　在《健康节律运动学》（第一版）当中，我们较为系统和全面地介绍了什么是节律运动、节律运动的特点、分类，以及运动适宜度建立的意义、方法、影响因素等内容，从而揭开了节律运动对生理健康干预研究的新篇章，同时结合我们对"系统营养论"的研究发现，强调了运动是为营养代谢服务的观点。结束了大众听"传说"进行健身教育、凭感觉选择运动、努力运动而忽视营养等的误区。《健康节律运动学》（第一版）的出版，受到了广大读者的好评，帮助读者合理选择和进行多种形式的节律运动组合应用，实现了"每个锻炼动作都有标准和可量化根据，每个人的运动处方都依据身体生理情况而具针对性"的目标，初步达到系统营养、节律运动相结合，促进身体健康和疾病康复的目的。并且，中央电视台等多家媒体与全国各地的体育大学、医院、社团组织也不遗余力地对"系统营养论""健康节律运动学"的研究、普及与应用进行积极的宣传受到了广泛的认可与好评。

　　在近些年的进一步探索研究与反馈过程中，我们发现，大众所需要的是更有实操性的运动计划，而不仅仅是原理与简易方案。为此，在《健康节律运动学》（第一版）的基础上，又经过 6 年多的不断研究与试验，进一步充实和丰富了节律运动的理论内涵和表现形式。第二版进一步系统阐述了节律运动的三种主要形式，即基础性节律运动、调节性节律运动、针对性节律运动的应用范围、区别、联系及各自的表现形式。从而使健康、亚健康、疾病人群都可以从中找到适宜自己的节律运动形式，这也意味着节律运动的实际应用更加系统化和处方化，预示着不同类别的节律运动形式的组合运用即将成为今后运动的首选形式。同时，第二版也更详细论述了运动适宜度的建立对人体健康和疾病康复的重要意义、影响运动适宜度建立的相关因素、探索建立运动适宜度的科学方法等，从而使节律运动的研究、应用朝着可量化、可控化、处方化、科学化的道路迈出了坚实的一步。

我们衷心期盼，《健康节律运动学》（第二版）对节律运动的相关研究和认识能够起到抛砖引玉的作用。

尽管我们在第一版内容的基础上又进行了大量研究，充实完善了相关内容，但由于我们的认识所限，研究可能还不够深入和全面，《健康节律运动学》（第二版）难免有不妥之处，敬请专业人士和广大读者给予批评指正，以便今后修订时改正，最终使健康节律运动理论体系更加完善。

编 者

2017 年 6 月

第一版前言

我们生活在不断运动着的世界之中。

世界是运动的，并且是按照一定客观规律运动的，这也是哲学的基本原理。

节律是客观世界非常重要的一种规律。例如，我们常见的昼夜、季节和潮汐等节律。节律在生物界的表现尤为突出，为了适应自然界环境的变化，生物（包括人类）经过选择性、适宜性进化，顺应着自然界的节律，逐渐形成了共性或个性的节律，因此，才能生存至今。

节律就是有时间规律的行动。

在大自然中，每一种生物都有着自己的"时间表"。为适应自然界，人类生命现象中也存在大量的节律。昼夜节律是生物生命活动中最普通、最主要的一种规律，如人的体温、血压、血糖、基础代谢率等都会发生昼夜性的节律性变化；机体组织、脏腑功能也会进行节律调整，使不同部位轮休和作业，如肝、肾、脑、内分泌等各种器官组织都会按节律工作和休息；人体的痛觉及对疾病和药物的敏感性，也都有着周期性的变化，如许多疾病的发生也直接或间接地受昼夜和季节的影响，而呈现出周期性的发作。

此外，人的体力、情绪和智力的盛衰起伏，也呈现出周期性变化。人体的这些节律也被称为人体三大生物节律，它使人能更好地适应外界环境。

经过研究我们确认，对人体最有效的运动是节律性运动。生命是在节律运动中存在的，我们在节律运动理论的指导下，把规律运动与营养干预结合起来进行了广泛深入的探索性研究，通过系统的归纳、整理和提炼，形成了这本《健康节律运动学》理论书籍。健康节律运动学是研究人体健康节律运动的原理，是探索规律运动的适宜度，是指导疾病康复方法的一门新兴应用科学。其目的是个性化地指导人们参与运动，根据各自健康状况、针对不同疾病，用适宜的方法、频率、强度、时长进行锻炼，提高人们的身体素质和健康水平。

科学研究表明：在康复和预防领域，节律运动对人体健康和疾病康复都是非常重要的。适度的节律运动可显著改善人体的摄氧能力，增进人体细胞氧化功能，以给自主神经及内分泌系统良性刺激，增进人体体适能，增强人体新陈代谢，增加人体对系统营养的吸收和利用，从而促进人体健康，使疾病尽快得到康复。

本书在编写过程中得到了北京市营养源研究所、北京市人体营养重点实验室－人体健康预警测评及营养干预研究中心在基础性节律运动，尤其是调节性节律运动应用测评过程中给予的大力支持和帮助，在此表示衷心的感谢！

本书节律运动项目动作示范特别委托北京工商大学吴群和曾繁露二位同学完成，在此表示衷心的感谢！

尽管我们对健康节律运动已经进行了前期的探索性研究，但由于我们认识所限，研究可能还不够深入和全面，书中难免有不妥之处，敬请专业人士和广大读者给予批评指正，以便今后修订时改正，最终使健康节律运动理论体系更加完善。

编　者
2011 年 7 月

目录
Contents

第五章　探索运动适宜度的科学方法

第六章　健康节律运动分类

第十章　组合性节律运动的研究及运动方案

第十一章　健康节律运动处方

第一章

充满节律的世界

宇宙、地球的各种活动充满了各种各样的节律性规律。

自然界的运动是一个巨大的周而复始的循环圈。许多事物的发展与变化也都是一个个各具特点的小循环圈，小的循环圈包含在自然界整体的大循环圈之中。这些不断重复的循环就形成了节律性规律。

生物体的各种运动是以节律性为基础的。

一、宇宙充满了节律

宇宙是万物的总称。宇宙是物质世界，不依赖于人的意志而客观存在，并处于不断运动和发展之中，其变化始终存在着节律性规律。

例如，我们熟知的节律包括：昼夜、季节、潮汐等。

地球是太阳系中的一颗行星，它绕轴自转形成昼夜交替，并使在地球表面上的自然因素——光、热、磁产生昼夜变化，这种周期性和节律性的变化，就形成了自然景观、植物、动物、微生物等的昼夜节律。

地球绕太阳运行还形成了春、夏、秋、冬四季的变化。每个季节的变化都是周期性的，这就形成了自然界的季节节律。

地球表面大约71%的面积被海水覆盖，水的总量约为1.36×10^{18}吨。潮汐在月球和太阳引力作用下形成了地球海水周期性涨落现象，这就是自然界的潮汐节律。

也正是由于地球这种日夜交替、寒来暑往、潮起潮落的周期性振荡，才产生了地球上多姿多彩的大千世界。

生物为顺应自然界的发展和变化，提高自身的生存能力，表现出了形式多样的生物节律。

二、生物节律及其特点

（一）生物节律

节律性是生命的一种基本特征。生物的各种节律是其亿万年来，为适应外界环境求得生存，逐渐进化形成的生命特征。

1. 昼夜节律

每种生物的生命活动、生活习性都有一定的周期性变化，生物的内在节奏常与环境周期变化相对应，呈现出了周期性生活节律，这些节律调节着生物的行为和生理的变化。发光菌的发光，植物的光合作用，动物的摄食、体温、睡眠和觉醒等行为都显示出昼夜节律。

有些生物在晚上活动而在白天休息，有些生物则在白天活动而在晚上休息。生物的昼夜节律是由它体内的生物钟来控制的。如蝶类大多在白天活动、蛾类多在夜晚活动、雄鸡清晨啼叫、猫头鹰白天在树丛休息、蝙蝠到黄昏后飞出捕捉昆虫、夜来香傍晚花香扑鼻、午时花迎着烈日怒放等现象……

2. 潮汐节律

海洋生物顺应着潮汐的节律变化。在海滩上的小蟹，经过了长时间的锻炼和适应，逐渐跟随了这一潮汐节律。每次潮汐刚退之时出洞寻找食物，而在潮汐再次来临之时提前 10 分钟进洞。小蟹每天进入洞穴的时间刚好比上一天迟 50分钟，它的这一活动规律正是与潮汐节律相对应。如果把这些小蟹移到没有潮汐的环境中，它们依然会表现出与潮汐节律相对应的活动规律。

3. 季节节律

随着季节的变化，动物形成了节律性的行为。如候鸟在春秋季节的迁徙、动物按季节换毛等都有季节性节律的变化。

冬眠也是一种季节性节律行为，冬天一旦来临，有些动物就要进入冬眠，例如，青蛙、乌龟、蛇、蝙蝠、刺猬等。

生物一年四季顺应着春温、夏热、秋凉、冬寒变化，完成着春生、夏长、秋收、冬藏的转换。

4. 人类节律

人类同样是顺应了自然界变化的规律，调节着自己的生活规律，才生生不息地繁衍至今。如血压水平、激素分泌量、心率、红细胞和白细胞数目、血液化学成分（血糖、氨基酸、激素浓度等）、基础代谢率，以及细胞分裂速度等均表现出节律性特征。人类的高级神经功能，如学习与记忆能力、情绪、工作效率等，也有明显的昼夜节律波动。

长期的人类进化，已使我们的生理与自然规律相适应。顺应千万年进化所形成的规律而作息，就有利于机体的健康，反之则不利于机体的健康。这一结论已被众多的研究所证实。

（二）生物节律的特点

1. 普遍存在

在每一种已被研究过的生物，从单细胞的海藻到高度进化的人类，以及每一种已被研究过的生理生化功能，器官、组织直到单个细胞或细胞器，均已证实：生命是一系列有规律的节律性运动过程。节律运动是生物界普遍存在的客观规律。

2. 内源产生

生物节律主要由生物或细胞内的时间结构（生物钟）所控制。生物钟使生物体能够"测定"时间和"预见"环境条件的规律性变化。因此，生物节律是由生物内源产生的。

3. 可同步化

在环境同步因子的作用下，生物体内的生物钟可被精确地调节，顺应环境中的周期性变化，并与外界（自然界）变化同步。这种同步是通过环境中周期性因素来实现的。对于大多数生物（植物和动物），昼夜光、磁节律是最强有力的同步因子。

三、节律运动与健康

为了适应自然界环境的变化，人类经过长期进化、总结和发展，发现并创造出了许多用于强身健体的运动方法。

体育运动项目大都是节律性运动，即动作具有重复性、节奏性。其具有行为的频率、强度、时长等计量的特征。传统运动健身项目中大部分运动也都是节律性的，包括太极、拳术、抖空竹、健康气功、颤动、民间舞蹈等。这些运动充分表现了重复性、力量性、速度性、耐力性等特点。现代运动健身同样具有普遍的节律特点。如竞走、跑步、游泳、跳绳、羽毛球、乒乓球、体操、健美操、国际标准舞蹈等。

研究表明：节律运动对于防病、抗衰老及疾病康复效果显著。

（一）高血压疾病康复

运用动态血压监测评价方法，指导 18 例 49~65 岁原发性高血压病患者进行为期 3 个月的有氧节律运动（慢跑、太极拳）试验，每次锻炼 25~35 分钟。结果表明：有氧节律运动 3 个月后，高血压患者的血压昼夜节律明显改变，血压水平明显下降。平均舒张压下降 10 毫米汞柱，收缩压下降 30 毫米汞柱，降压总有效率达 94.4%[2]。

有氧节律运动不但可以调节血压，还有助于调整紊乱的血压昼夜节律。

（二）糖尿病康复

节律运动疗法是糖尿病康复的基本治疗方法之一。尤其对 2 型糖尿病干预效果显著。节律运动锻炼具有调节血糖，改善糖尿病患者血脂代谢，增加肌肉组织对胰岛素的敏感性，增加胰岛素受体的数量，提高胰岛素与受体结合能力的作用。如有氧步跑、快步走、慢跑、游泳等运动。1998 年，通过对 98 例（男 37 例，女 61 例）2 型糖尿病患者采用 30 分钟的散步、快走、常速骑自行车、跳交谊舞、打羽毛球、打太极拳，老年健身操等长达 6 个月的中等强度的有氧节律运动试验，试验结果：98 例 2 型糖尿病患者血糖都得到了有效控制；糖负荷试验，常规口服葡萄糖 75g，服后 30 分钟，1 小时、2 小时采血测定，结果显示：空腹运动前血糖 7.34 毫摩尔 / 升，运动后下降为 6.25 毫摩尔 / 升；餐后 30 分钟运动前血糖 10.52 毫摩尔 / 升，运动后下降为 10.31 毫摩尔 / 升；60 分钟运动前血糖 11.42 毫摩尔 / 升，运动后下降为 8.91 毫摩尔 / 升；120 分钟运动前血糖 9.33 毫摩尔 / 升，运动后下降为 6.69 毫摩尔 / 升[3]。

结论：有氧节律运动明显调节血糖代谢。通过运动可使肌肉组织对糖的利用增加，使葡萄糖大部分作为能源进行代谢消耗，少部分转化为肌糖原、肝糖原或部分脂肪组织等调节血糖代谢。有氧节律运动是糖尿病综合疗法的重要组成部分，是有效减少或阻断糖耐量减低者进展为糖尿病及减少糖尿病患者并发症发病率的有效方法。

（三）肠胃疾病康复

积极参加有氧节律运动锻炼，可以改善神经系统的功能，从而在大脑皮质的调节下，使肠胃功能得到改善。另外，由于节律运动使呼吸活动加强，使横膈肌和腹肌的活动幅度增大，这种活动的增大对肝脏、胃肠等内脏器官起着按摩作用，有利于消化功能的改善。如有氧步跑对肠胃起到的按摩作用使肠胃的蠕动加快、消化液分泌增多、促进了消化排空，太极拳节律运动促进腹腔的血液循环，增加肠胃的蠕动，改善肠胃的营养吸收等，这些运动都明显提高了肠胃的消化功能。

研究表明：中等强度的有氧节律运动可使结肠癌的发病率降低 50% 左右 [4]。

（四）慢性支气管炎疾病康复

适度的有氧节律运动能够增强心肺功能，增加心肺系统的代偿能力。发生慢性支气管炎后，节律性的运动可改善呼吸功能，减轻气道阻力，加强摄氧能力，从而缓解气喘和气短症状，有效地改善病情。通过对 48 例慢性支气管炎患者上下午各进行 1 次踏车有氧节律运动试验发现：48 例慢性支气管炎患者踏车节律运动锻炼前后各项观察指标（心率、血压）均有不同程度的改善。心率由运动前的 87 次 / 分钟下降至运动后的 78 次 / 分钟；收缩压由运动前的 134 毫米汞柱下降至运动后的 133 毫米汞柱；舒张压由运动前的 84 毫米汞柱下降至运动后的 79 毫米汞柱 [5]。

结论：慢性支气管炎患者早期进行定时定量的有氧节律运动锻炼，可增强心肺功能，有利于疾病康复。

（五）骨关节疾病康复

有氧节律运动可提高激素水平，促进成骨细胞代谢，从而对骨细胞分裂增殖、预防骨微细结构的改变起到显著促进作用。有氧节律运动使体内脂肪含量减少，起到减轻体重的效果，从而减轻身体自身负荷给骨骼带来的负担，避免骨骼变形，改善关节功能，增强骨骼的弹性和韧性，防止摔跤和骨折的发生。

国外研究显示：老年人骨质疏松与跌倒风险升高是其骨折的主要原因。通过适度的节律运动疗法，可使跌倒频率降低 20%，如太极拳节律运动则可使跌倒频率降低 40%[6]。

　　总之，适度的有氧节律运动是提高生活质量，提高工作和学习效率，放松身心，减少疾病，促进疾病康复，延年益寿的有效、安全和经济的方法。

节律运动的生物学基础

生命运动包括微生物、植物、动物等一切生命活动。它不仅指物理运动、生化活动，还包括思维活动。既包括宏观的躯体运动，也包括微观的细胞运动、分子运动等诸多运动形式。这些持续、循环的生命活动表现就是新陈代谢。这些认识已经成为人们对生命的共识。

新陈代谢是生命的最基本特征，是生物体进行一切生命活动的基础。生命的本质是细胞利用营养素的新陈代谢。数百万亿个生命之"砖"——细胞，组成人体这座活的生命"大厦"，不断地进行新陈代谢，使人体充满活力。运动作为一种调节机体新陈代谢能力的有效手段，能够有效地、安全地增强呼吸系统摄氧、提升心血管系统荷载、提高血液输氧能力及组织有氧代谢的能力。

运动是人体以具体关节运动为基础的行为。它可以分为单关节运动、双关节运动、多关节组合运动等。又可分为偶发性、不对称性运动。如投掷、搬起、跳跃等非节律运动。还可分为有节奏性、重复循环、持续一定时长的节律运动。

研究发现，节律运动能够显著提高新陈代谢速度、提高机体活力，是最好的促进健康的运动。

一、节律运动的普及与研究

节律运动是动作有节奏、重复、周而复始循环的运动。节律运动是在神经调控下完成的，其反射的结构基础和基本单位是反射弧。

节律运动是人的一种主要活动形态。它广泛存在于生活、劳动、运动和艺术等活动的各个形式中。在生活、劳动和运动的过程中，它可能表现为有目的的节律动作。在艺术中，它又是一种带有各种韵味的律动动作。在工作劳动中常常表现为简单或复杂的重复性动作。

（1）健康与节律：人体节奏性动作的锻炼，能够提高锻炼者动作的协调性，可以对多感官进行强有力的影响和刺激，进而促进人体健康。

（2）成长与节律：节律的运动伴随着人类的成长。爬行、蹒跚学步、奔跑、游戏、劳动、锻炼、康复等，广泛地存在着节律性的动作。

（3）教育与节律：现代中小学体育教育已广泛普及了节律性运动，如球类、体操、跑步、游戏等。以此来培养学生大脑、肢体发育和相互之间的配合能力，并促进孩子们健康成长。

（4）康复与节律：在康复医学中，利用人体对于节奏本能的感知，编排了具有节律特征的练习动作，取得了理想的效果。节律运动因其动作简单易学、功效明显深受一些患者的喜爱。

（5）个体与节律：适宜的节律运动，应遵循人体的健康规律及每个人个性化的代谢状态，遵循适量、适度、愉悦的个性化健康运动原则。

（6）艺术与节律：感情与身体动作合二为一的节奏动作，是多感官与肢体相互协调的运动方式。如音乐与舞蹈、音乐与健身、气功与锻炼等。

（7）节律的研究：节律运动的研究是一项跨学科的研究工作，它将随着康复医学、运动训练学、生理学、舞蹈学等各学科的不断研究而逐渐深入。

二、节律运动的生物学基础

（一）节律运动的生理学机制

现代生理学研究表明：由神经冲动引起的肌肉收缩是运动的基础。神经冲动的发出是脊髓运动神经元，由它传来的神经冲动经神经肌肉接头传递至肌纤维，并引起肌肉收缩形成动作。每一个运动神经元连同它的全部神经末梢及所支配的肌纤维，从功能上看是一个肌肉活动的基本功能单位，称为运动单位。总的来说，脊髓各个神经元发出的神经纤维到达并支配整个人体生命活动。

人们在生活、劳动、体育锻炼中所进行的各种运动，都是骨骼肌（全身肌肉分布见图 2-1）的各个运动单位之间的高度协调配合并作用于骨和关节，从而形成一定姿势和产生肢体位移。

1. 控制运动的基本单位——反射弧

在躯体运动过程中，无论是简单还是复杂的动作，都是在神经系统的控制与调节下进行的。一切躯体运动都是复杂的反射过程。反射是指在中枢神经系统参与下，机体对内、外环境变化所作出的应答。反射的结构基础和基本单位是反射弧。反射弧包括感受器、传入神经、中枢神经、传出神经和效应器五个组成部分（见图 2-2）。

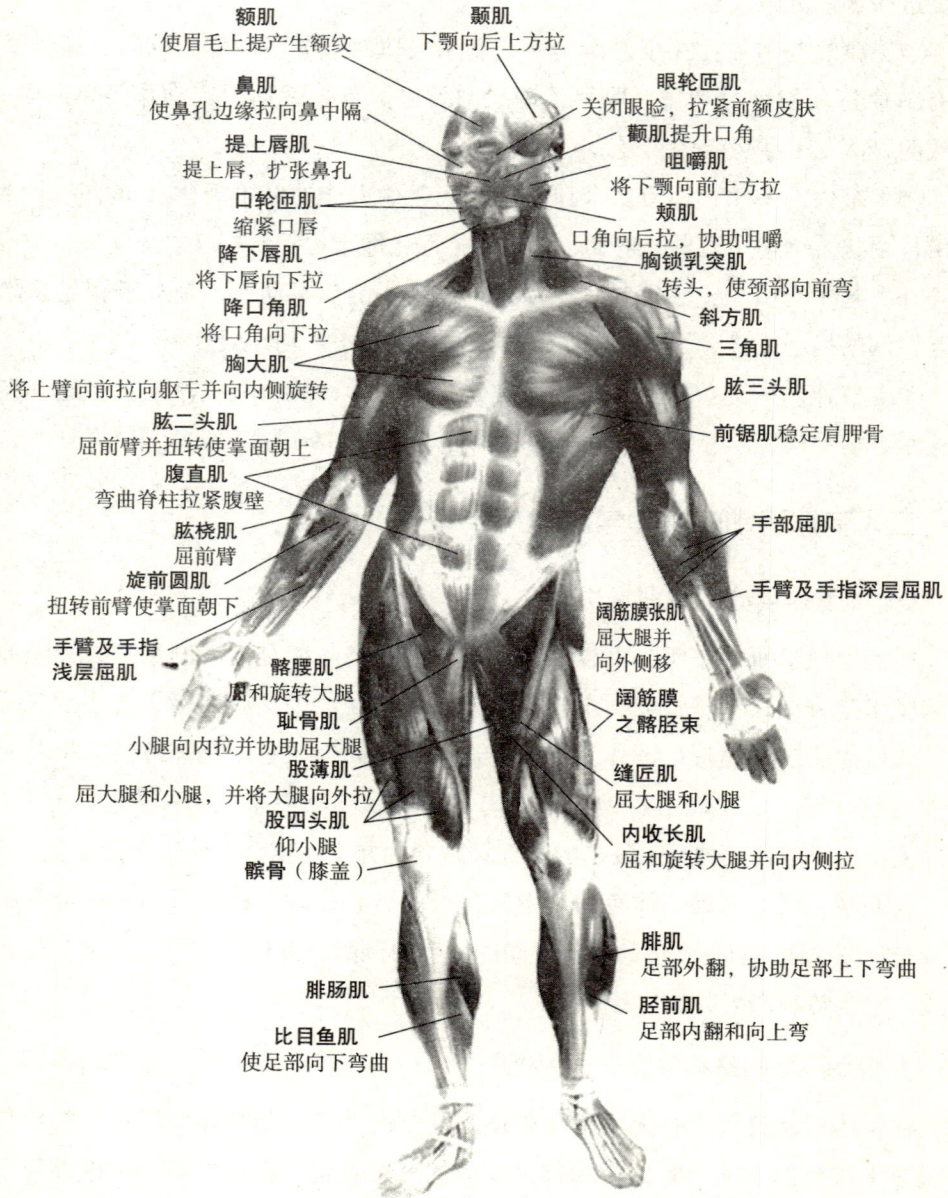

额肌
使眉毛上提产生额纹

颞肌
下颚向后上方拉

眼轮匝肌
关闭眼睑，拉紧前额皮肤

鼻肌
使鼻孔边缘拉向鼻中隔

颧肌提升口角

提上唇肌
提上唇，扩张鼻孔

咀嚼肌
将下颚向前上方拉

口轮匝肌
缩紧口唇

颊肌
口角向后拉，协助咀嚼

降下唇肌
将下唇向下拉

胸锁乳突肌
转头，使颈部向前弯

降口角肌
将口角向下拉

斜方肌

胸大肌
将上臂向前拉向躯干并向内侧旋转

三角肌

肱三头肌

肱二头肌
屈前臂并扭转使掌面朝上

前锯肌稳定肩胛骨

腹直肌
弯曲脊柱拉紧腹壁

肱桡肌
屈前臂

手部屈肌

旋前圆肌
扭转前臂使掌面朝下

手臂及手指深层屈肌

手臂及手指
浅层屈肌

髂腰肌
屈和旋转大腿

阔筋膜张肌
屈大腿并向外侧移

耻骨肌
小腿向内拉并协助屈大腿

阔筋膜
之髂胫束

股薄肌
屈大腿和小腿，并将大腿向外拉

缝匠肌
屈大腿和小腿

股四头肌
仰小腿

内收长肌
屈和旋转大腿并向内侧拉

髌骨（膝盖）

腓肌
足部外翻，协助足部上下弯曲

腓肠肌

胫前肌
足部内翻和向上弯

比目鱼肌
使足部向下弯曲

图 2-1 ①　全身的肌肉分布（正面）

枕肌
头皮向后拉

颞肌

咀嚼肌

胸锁乳突肌

斜方肌
协助肩部、颈部
和头部运动

肩胛棘

棘下肌
上臂向外扭转

三角肌
提升上臂，协助
其他上臂动作

阔背肌
将上臂向后背方拉向身体

小圆肌
上臂向外扭转

大圆肌
上臂向内拉
并向内扭转

桡侧伸腕长肌
伸手部，向外侧旋转

桡侧伸腕短肌
伸手部，向外侧旋转

肱三头肌
上臂向后拉，伸前臂

伸指总肌
前臂、手、手指伸直

腰背筋膜

伸和外展拇指肌

髋骨嵴

手部屈肌
和伸肌

臀中肌
大腿拉向外侧并向内扭转

臀大肌
伸大腿并向
外侧扭转

阔筋膜之髂胫束

半腱肌
股二头肌
半肌

腘旁肌
将大腿向内后
侧拉；屈小腿

腓肠肌
足向下屈，屈小腿

跟腱

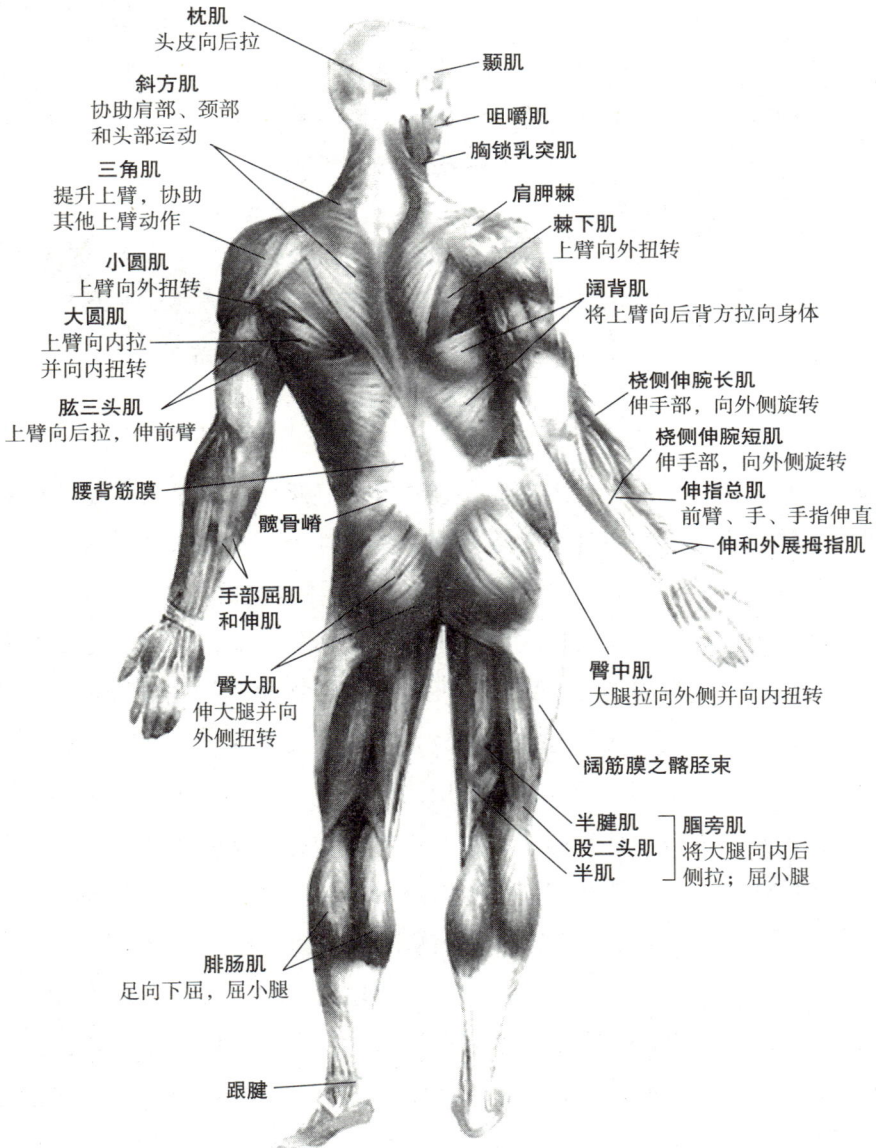

图 2-1 ② 全身的肌肉分布（背面）

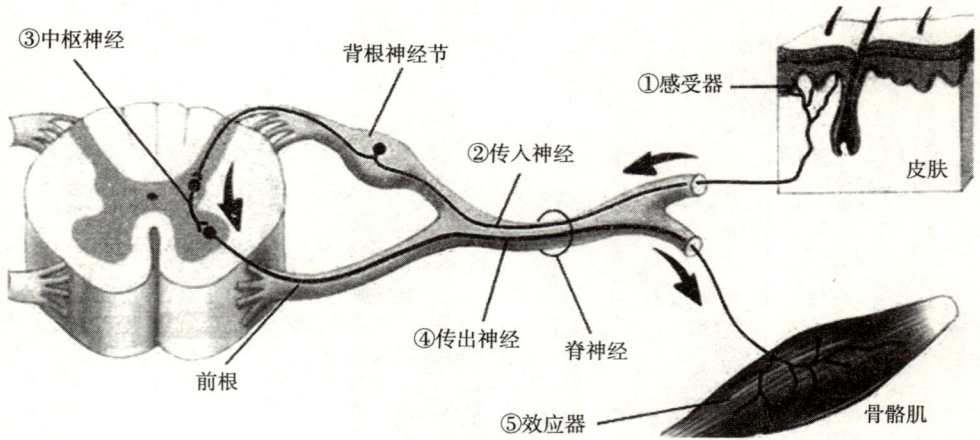

③中枢神经

背根神经节

①感受器

皮肤

②传入神经

④传出神经　脊神经

前根

⑤效应器

骨骼肌

图 2-2　反射弧

　　人体对外界事物和机体内环境中的各种各样的刺激，首先是被感受器或感觉器官感受，然后换能器将各种刺激形式的能量转换为感觉传入神经的动作电位，并通过各自的神经通路传向中枢。经过中枢神经系统的分析与综合活动，中枢产生兴奋。中枢的兴奋又经一定的传出神经到达效应器，最终效应器发生某种活动改变。值得注意的是，反射活动发生时，感觉冲动传入脊髓或通过脊髓传入中枢后，除了在同一水平与传出部分发生联系并发出传出冲动外，还有上行冲动传导到更高级中枢，乃至大脑皮质的中枢。这一冲动进一步通过高级水平的整合，再发出下行冲动来调整反射的传出冲动，使反射活动更具有适应性。因此，在反射发生时，既有初级水平的整合活动，也有较高级和最高级水平的整合活动；通过多级水平的整合，反射活动变得更复杂并更具有适应性。

　　人体的活动过程是反射的基本类型之一。节律运动时，大脑皮质的相关工作区的神经元就处于持续兴奋状态，其他工作区的神经元则处于相对抑制状态，久而久之相对应的大脑皮质的兴奋性得以增强，或抑制性加深，从而使得抑制、兴奋更加集中。这种训练刺激使得大脑皮质兴奋与抑制的转换能力加强，进而改善神经控制过程的均衡性和灵活性，提高大脑皮质的分析、控制能力。使得身体的综合调控能力加强，有效地提高了机体神经－内分泌－免疫网络的调节与控制能力和综合运动能力。

运动是人体执行神经节奏指令的运动反应。对不同的节奏指令，人体会产生不同的条件反射。例如，音乐节奏刺激了耳朵听觉器官，其节奏通过耳向大脑皮质传递的冲动作用于大脑皮质和下丘脑相关区域，从而引起中枢神经的兴奋。大脑经过处理发出配合指令冲动，中枢的兴奋冲动沿着传出神经把中枢所发出的冲动传递到相应的肌肉群。最后，肌肉根据刺激的特点与要求，作出相应的回答，形成动作。

2. 与运动控制有关的神经结构——4 个亚系统

（1）脑干和大脑皮质（上运动神经元）：整合前庭、躯体和视觉信号，影响脊髓的反射活动，与驱动躯体行进及体位姿势维持等基本运动有关。

（2）脊髓前角灰质（下运动神经元）：与高级中枢关联的下行神经纤维，接受来自周围的感觉传入，参与形成与运动有关的反射。

（3）小脑：主要功能是校正从皮质发出的运动指令与运动实际执行情况之间的差异，从而协调复杂运动。

（4）基底神经节：不直接作用于下运动神经元，而是直接影响上运动神经元。作用复杂，但已知与运动的编码有关。

3. 完成运动的基本神经过程

人体在任何情况下的体态动作，哪怕是瞬间决断下完成一个随意动作，都需要中枢神经系统控制。即大脑在高速运算下完成意念、目标、规划（编码）、启动和执行共 5 个复杂的神经过程才能够完成一个基本动作。

节律运动的神经过程是：

（1）意念：大脑出现想完成节律动作的意念，即运动的目的；

（2）目标：通过视、听觉感受到节律刺激，也即确定运动的目标；

（3）规划（编码）：规划设计身体部位的运动方向、速度、距离，编制执行各肌群转换激活的程序；

（4）启动和执行：运动程序从联络皮质、运动皮质、基底节、小脑和上位脑干汇集至椎体神经元而开始启动，各肌肉按一定的神经冲动的时间先后激活而进行运动。

中枢神经对人体运动动作的控制可通过两条途径完成：一是通过大脑神经

中枢发出指令去完成各种动作；二是通过对运动感觉神经的生物反馈作用来修正完成动作过程中的偏差。运动时，人体生理功能活动的整体性对自身动作系统、运动行为的神经控制以及对动作偏差的自动修正，对人体完成动作尤其是精细动作、平衡动作和协调动作具有重要意义。

4. 运动的动作技能形成机制

运动促进运动能力发展的原理在于，肢体运动受大脑控制，当大脑指令按一定的时间和顺序重复多次运动时，大脑皮质的兴奋和抑制关系就逐渐被固定下来。肢体力度和幅度形成的反应模式不断重复（节律），在大脑皮质的兴奋区和抑制区便会按一定的时间顺序和空间位置作出越来越准确、恒定的反应。这种在一定条件下形成，按一定先后顺序和空间位置而构成的神经联系，叫作动力定型，也即通常所说的习惯。如果一个人每天的各项活动都能经常地以相同的顺序和固定的时间出现，就会通过大脑皮质综合活动，把一系列活动联系起来，形成一个大脑皮质的动力定型。动力定型形成之后，动作便会一个接一个出现，毫不费劲。

就人体律动而言，如果建立了节律的动力定型，动作熟练性必将提高，大脑就能同时执行更多复杂动作，使全身运动达到更高的协调。

熟练的节律运动会使高级神经系统的动作指挥活动相对地"解放出来"，而由初级系统代替。动作也就会"不知不觉"变得流畅协调。总之，节律运动是一种近似自动化的动作技能。自动化是意识参与和控制到了极少的程度。动作技能中自动化的比重越大，神经兴奋与抑制调控就越完善，锻炼效果就越好。

（二）节律运动对自主神经的调节机制

1. 自主神经系统

自主神经系统是支配心肌、平滑肌和腺组织等的传出神经的总称。自主神经系统对心肌、平滑肌和腺体的活动虽能起调节作用，但这种调节作用一般可以不受意志的影响，而"自主地"发生作用。因此，称之为自主神经系统。心脏有节律地跳动、胃肠道有节律地舒缩等都是靠自主神经系统协调支配。自主神经系统对内脏器官起着重要的调节作用，使器官活动能够更好地适应身体的活动情况。适宜的节律运动对于维护自主神经节律功能有着强化的意义。

自主神经系统依据形态和功能可以分为两大部分，即交感神经系统和副交感神经系统（见图2-3）。

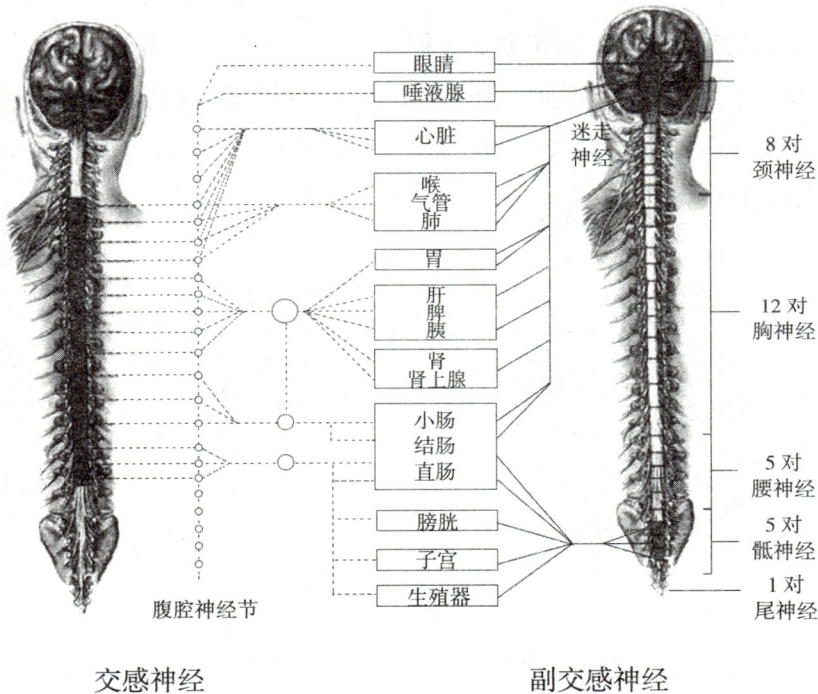

眼睛
唾液腺
心脏
喉
气管
肺
胃
肝
脾
胰
肾
肾上腺
小肠
结肠
直肠
膀胱
子宫
生殖器

迷走神经

8 对
颈神经

12 对
胸神经

5 对
腰神经

5 对
骶神经

1 对
尾神经

腹腔神经节

交感神经　　　　　　　　　　副交感神经

图 2-3　交感神经系统和副交感神经系统分布示意图

（1）交感神经系统的解剖构造

交感神经系统是从脊髓到内脏、血管等效应器的神经传出通路，这种传出通路中间包括交感神经节。交感神经节位于中枢神经系统以外，里面有许多神经元的细胞体。按位置分有椎旁神经节和椎前神经节。椎旁神经节约22对，在脊柱两侧连接成为左右交感链（或称交感干）；椎旁神经节由白交通支和灰交通支（图2-4）与脊神经交通。

从神经元的组成来说，组成交感神经传出通路的神经元有节前神经元和节后神经元之分，也就是说这种传出通路是由两个神经元串联而成的通路。节前神经元的胞体位于脊髓胸1到腰2节段的灰质侧角中，发出有髓鞘的节前纤维，

17

从前根出来经白交通支终止于或穿过交感链（见图2-5）；节后神经元位于交感神经节中。椎旁神经节中的节后神经元，有的发出无髓鞘的节后神经纤维，经灰交通支又进入脊神经，随脊神经到达它们所支配的血管、汗腺和竖毛肌。另外，有的发出节后纤维成为单独的神经或神经丛到达支气管、肺、心脏、唾腺、泪腺、眼，也支配心肌、平滑肌和腺体。穿过交感链的节前纤维分别到达腹腔和肠系膜上、下神经节，从这些神经节再发出节后纤维，到达胃、肠、肝、胰、膀胱和生殖等各器官。肾上腺髓质分泌肾上腺素和去甲肾上腺素，受交感神经系统的节前纤维支配。

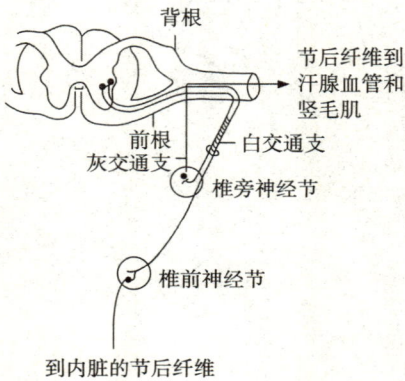

图 2-4　交感神经传出的分布　　　　图 2-5　交感神经节前纤维的不同径路

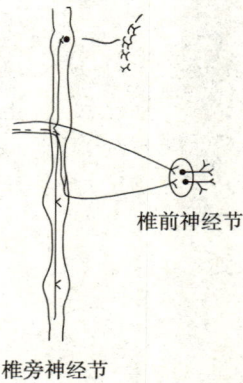

（2）副交感神经系统的解剖构造

副交感神经系统的传出通路，也是由节前和节后神经元组成。但其节前神经元的细胞体位于脑干（包括中脑和延髓）和脊髓骶部（第2到第4骶髓），其外周神经节不构成链状排列，而是在其所支配的器官内或附近。因此，节前纤维相当长，节后纤维很短，交感神经系统则与之相反。

由脑干发出的副交感神经纤维，分别位于3、7、9、10各对脑神经中，支配心脏、眼、支气管和大部分消化道平滑肌及消化腺；由骶部发出的节前纤维组成盆神经，支配部分大肠及泌尿生殖器官。

（3）自主神经系统的功能

自主神经系统的作用（见表2-1）。

表 2-1　自主神经系统的作用

	交感神经系统	副交感神经系统
循环器官	心搏加快、加强冠脉舒张 腹腔内脏血管、皮肤血管以及分布于唾液腺与外生殖器的血管均收缩肌肉血管收缩（肾上腺能）或舒张（胆碱能）或舒张（胆碱能）　贮血库（如脾）收缩	心搏减慢冠脉收缩　部分器官末梢血管（生殖器的海绵体血管）舒张
呼吸器官	支气管平滑肌舒张	支气管平滑肌收缩促进黏膜腺体分泌
消化器官	分泌黏稠唾液 抑制胃肠运动及胆囊活动，促进括约肌收缩	分泌稀薄唾液 促进胃肠运动与胆囊收缩，使括约肌舒张
泌尿生殖器官	膀胱逼尿肌舒张，括约肌收缩，促进子宫收缩（怀孕子宫）或舒张（未怀孕子宫）	膀胱逼尿肌收缩，括约肌舒张，对子宫无影响
眼	瞳孔扩大，睫状肌松弛　抑制泪腺分泌	瞳孔缩小，睫状肌收缩 促进泪腺分泌
皮肤	竖毛肌收缩，汗腺分泌	无作用
代谢	促进糖原分解，促进肾上腺髓质分泌	促进糖原合成，促进胰岛素分泌

从表 2-1 可以看出，交感神经比副交感神经的作用更广泛，这是它们的解剖构造基础决定的。通常，交感神经一条节前纤维可与许多节后神经元发生突触联系，能达到 1 比 20 至 30 的比例。副交感神经的节前纤维和节后神经元之比约为 1 比 1 至 2。副交感神经分布范围也不如交感神经广泛，某些器官如皮肤、肌肉的血管、汗腺、竖毛肌、脾脏和肾上腺等，只有交感神经而无副交感神经支配。

交感神经系统在环境变化时（大运动量、紧张、恐惧、寒冷、大失血等），活动明显加强。同时，也使交感神经支配的肾上腺分泌增加，交感神经系统与肾上腺一起活动，可以动员体内许多器官的潜在力量，提高适应能力以应付环境的改变，起着应急的作用。

副交感神经在安静时活动较强，它促进食物的消化，并在排便、排尿等排空作用中起重要作用。

体内大多数器官是接受交感和副交感双重自主神经支配的，两者对同一器官的作用往往有拮抗表现。例如对于心脏，副交感神经（迷走神经）具有抑制作用，交感神经具有兴奋作用。交感神经系统和副交感神经系统的对立性，对于人体生理的维持有着重要意义。所有接受这两种系统支配的器官，都具有内在的神经性调控的节律性活动。例如，心脏脉搏、肺部呼吸、肠道蠕动及消化液分泌、腺体内、外分泌等。整个身体的活动或者加强，或者减弱，神经系统的调控无外乎沿着两个方向发展——兴奋或是抑制。它们对于所支配的器官联合调控，互相依存，缺一不可，仅靠其中之一单独调节对整体的稳定显然不能完成。自主神经系统所支配的内脏器官活动也受大脑皮质的调节。通过条件反射的研究，证实了大脑皮质对于肝、肾等内脏器官的冲动调控和机体的新陈代谢等起着调节作用。可以肯定，自主神经系统的兴奋从来不能孤立发生。构成自主神经系统的神经元仅仅把中枢神经系统中发生的兴奋信号传达至效应器，保证器官的正常活动，以适应整个身体生命活动的需要。

（4）自主神经系统的神经传递

在自主神经系统中，节前纤维与神经节细胞相接触的部位形成突触结构，中间有一小的裂隙，节后纤维和效应细胞之间也有一小的裂隙，兴奋在这些结构之间的传递是通过化学物质——递质（或称介质）来实现的。这些递质只有与突触后膜或效应器细胞膜上的受体结合，才能使神经节细胞兴奋或效应器细胞产生各种生理效应。

1）自主神经的递质

◆ 乙酰胆碱

自主神经的全部节前纤维、副交感神经的全部节后纤维和部分交感神经的节后纤维（如到骨骼肌血管和汗腺的纤维）的递质都是乙酰胆碱。释放乙酰胆碱的神经纤维称为胆碱能纤维。

◆ 去甲肾上腺素

大多数交感神经节后纤维的递质是去甲肾上腺素，以去甲肾上腺素作为递质的神经纤维称为肾上腺素能纤维。

2）受体

受体一般是指突触后膜或效应器细胞膜上的某些特殊地点，神经递质必须与受体结合才能发挥作用。所以，递质的作用效果主要与其所结合的受体有关。

◆ 胆碱能受体

能与乙酰胆碱结合的受体称为胆碱能受体。胆碱能受体有两种，一种广泛存在于副交感神经节后纤维所支配的效应器细胞膜上，当乙酰胆碱与之结合后产生副交感神经的效应，包括心脏活动的抑制、支气管平滑肌收缩、胃肠道平滑肌收缩、膀胱逼尿肌收缩、瞳孔括约肌收缩、消化腺分泌增加等。这些作用很像毒蕈碱对这些器官组织所起的作用。所以，又叫毒蕈碱型受体或 M 型受体。另一种受体存在于神经肌肉接头的骨骼肌细胞膜和交感神经节细胞、副交感神经节细胞的细胞膜上，当乙酰胆碱与之结合后引起骨骼肌收缩和节后神经元兴奋，这些作用很像小剂量烟碱的作用，这些受体能与烟碱结合。因此，称这类受体为烟碱型受体或 N 型受体。

◆ 肾上腺素能受体

多数交感神经节后纤维所释放的递质是去甲肾上腺素。去甲肾上腺素对效应器的作用，有兴奋效应，也有抑制效应。产生不同效应的原因是由于效应器细胞膜上有不同的受体，能与去甲肾上腺素起作用的受体有两类：一类称为 α 型肾上腺素能受体（简称 α 受体）；另一类称为 β 型肾上腺素能受体（简称 β 受体）。α 型和 β 型肾上腺素能受体分布情况不同，相应递质与其结合时产生的效果也不一样。例如：去甲肾上腺素与血管平滑肌的 α 受体结合，引起收缩反应，但与 β 受体结合，则引起舒张效应；当心脏的 β 受体与去甲肾上腺素结合时，可引起心肌收缩力的加强和速度加快，但与 α 受体结合，引起的效果以兴奋为主。

目前，对受体的性质尚不太清楚。研究认为：β 肾上腺能受体与细胞膜上的酶——腺苷酸环化酶有密切关系，这种酶可使细胞内三磷酸腺苷转变为环－磷酸腺苷而影响细胞活动效应。在去甲肾上腺素作用下，腺苷酸环化酶活性加强，环－磷酸腺苷生成加速，使效应细胞活动发生改变。但目前对 α 受体所知甚少，有待进一步研究。

2. 节律运动对自主神经系统功能的影响

自主神经系统与骨骼肌运动功能一样，也受中枢神经系统各级部位（包括从脊髓直至大脑皮质）的控制。节律运动对于自主神经系统功能的影响主要通过以下几个途径。

（1）节律运动影响对更高级神经、内分泌系统产生作用。节律运动以反馈的形式持续刺激大脑皮质、丘脑及边缘系统，间接地影响自主神经的功能。

（2）节律运动促进神经递质的合成及分泌。节律运动提高整体代谢，并保持稳定，对神经递质的合成、分泌及自主神经信号传递产生重复性、持续性的良性影响。

（3）节律运动提高神经细胞敏感性。节律运动（有氧）促进循环、改善代谢环境，使机体细胞受体敏感性加强，降低了组织细胞的激素抵抗，提高了受体对递质的敏感性。

（4）节律运动干预自主神经兴奋与抑制的稳定。节律运动影响了机体能量代谢平衡，并使影响保持了较长时间的持续稳定。稳定的、更高水平的代谢，要求自主神经系统控制的脉搏、呼吸、消化、汗腺、腺体等予以配合。当交感、副交感神经的兴奋与抑制被强制刺激，并逐渐形成更深的良性配合时，人体的神经－内分泌调节功能将出现更良性的稳定。

自主神经系统受中枢支配，但可以受到节律运动的影响。自主神经系统在中枢神经系统的影响下，它对机体的各种功能活动起精密的调节作用，使身体能更好地适应不断变化的环境而维持正常的生命活动。

研究表明，心理性疾患如焦虑、失眠、抑郁等与大脑皮质长期紧张致使大脑皮质功能紊乱密切相关。持续稳定的节律运动对调节自主神经功能紊乱的一类疾患，如对消化道自主神经功能、心肌自主神经功能、呼吸自主神经功能、内分泌腺自主神经功能紊乱，以及焦虑、失眠等都有积极的作用。

（三）节律运动对淋巴循环的调节

节律运动除对神经内分泌有明确的干预及改善作用外，对免疫功能的改善也效果显著。

1. 节律运动干预淋巴液循环，促进免疫功能发挥作用

淋巴结和淋巴导管的分布有一定的规律（见图 2-6），淋巴结在人体的大关节处分布较密集，呈组群分布。每一组群淋巴结接受一定部位的淋巴液。例如：

颌下淋巴结群接受口底、颊黏膜、齿龈处淋巴液；颏下淋巴结群收集颏下三角区内组织、唇和舌部的淋巴液；颈深部淋巴结收集鼻咽、喉、气管、甲状腺等处淋巴液；右锁骨上淋巴结接受气管、胸膜、肺等处淋巴液，左锁骨上淋巴结接受食道、胃肠等器官的淋巴液；躯干上部、乳腺、胸壁等是淋巴液回流入腋窝淋巴结；下肢、会阴部淋巴液回流入腹股沟淋巴结。

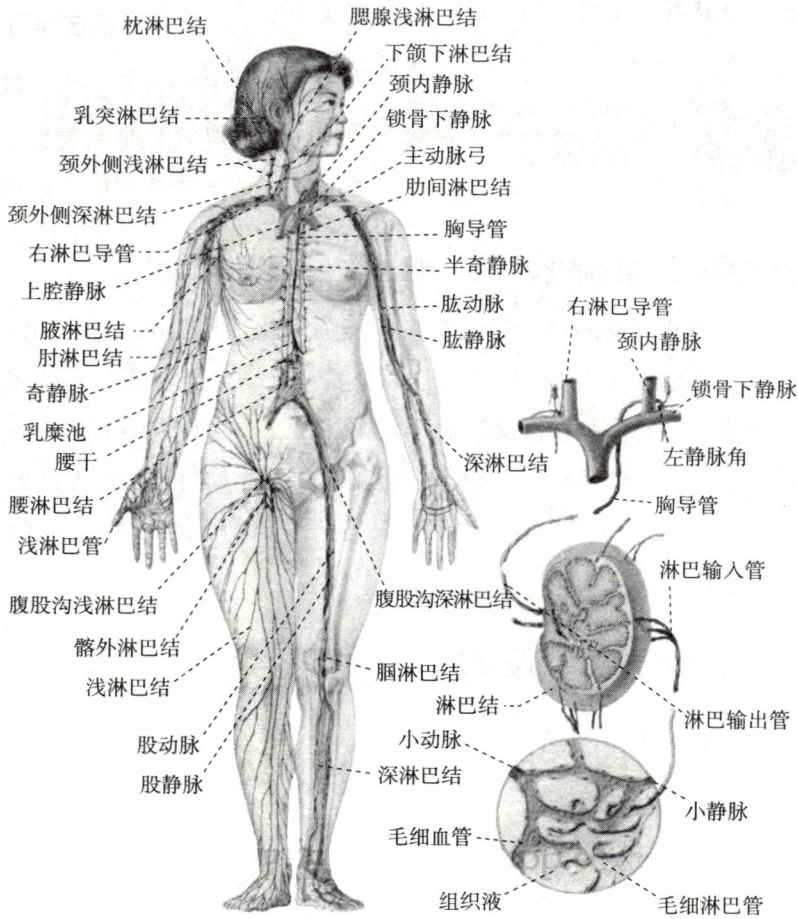

图 2-6　淋巴结图

通过进行适宜的运动对于淋巴循环有显著的影响，这将会对人体内脏器官和组织细胞的损伤修复有重要的作用。

（1）肘部节律运动典型刺激了肘部淋巴结、颈部淋巴结、锁骨淋巴结，加速这些淋巴液循环，提高其收集心脏、肺等器官的淋巴液的能力，提高了这些部位的免疫力。

（2）肩部节律运动典型刺激了腋窝淋巴结、颈部淋巴结，加速这些淋巴液循环，提高其收集肝脏等部位器官的淋巴液的能力，提高了这些部位的免疫力。

（3）髋部节律运动典型刺激了腹股沟淋巴结，脾、肠淋巴结，加速这些淋巴液循环，提高其收集脾、胃、肠等部位淋巴液的能力，提高了这些部位的免疫力。

（4）膝部节律运动典型刺激了腘淋巴结、腹股沟淋巴结、髂淋巴结，加速这些淋巴液循环，提高其收集肾等器官的淋巴液的能力，提高了这些部位的免疫力。

2. 节律运动改善整体代谢状态，促进免疫功能发挥作用

淋巴液循环的主要动力是运动带来的压力变化。从运动生理学角度看，在运动过程中，骨骼肌收缩度、呼吸运动、体位改变、心肌收缩力、静脉瓣开合、人体代谢和体温等变化都引起淋巴循环效率和反应发生相应的变化。研究表明，短时间的运动对于淋巴循环影响较小，而长时间的运动对于淋巴循环影响较大。但大强度运动反而对淋巴循环有损害。只有适度的有氧运动有助于淋巴循环处于良好的功能状态。

三、节律运动的特点及指标

（一）节律运动的特点

1. 节律运动的运动特点

（1）重复性。动作的周而复始呈现出重复性。

（2）周期性。动作的重复呈现时间上的周期性。

（3）协调性。动作的协调性与动作的认知过程相关。

（4）调控性。运动的个性化调控速度、力量等标准因人而异。

（5）方向性。运动的效果与关节重复运动量及方向有关。

（6）时效性。运动的效果会随着训练时间长短（分钟）及阶段练习（月、年）

时间长短的不同而不同。

2. 节律运动的认知特点

节律运动的认知过程是一个动作习惯建立的过程，一般分为 3 个阶段。

（1）动作定向阶段。这一阶段主要是感知节奏，掌握简单的节奏韵律，训练肢体的协调性，锻炼模仿能力，激发练习兴趣。本阶段的基本任务是对动作有初步的系统认识，在头脑中形成动作表象，并以此来调节活动。此阶段是认知和掌握局部一个接一个的分解动作阶段。在这个阶段中，往往肌肉紧张，多余动作多；动作主要靠视觉来调节，视觉和动觉不协调；需要高度的注意力，容易产生疲劳；动作之间连续性差，易出现差错。

（2）动作联系阶段。这一阶段是在理解体会动作要领的基础上，进行节奏、节拍的训练。感知节律，以达到强化动作的律动感，培养协调性和表现能力。通过练习使动作联系起来，构成一个完整的动作系统过程。在这个阶段中，动作信息的反馈，即动作内导对于动作的联系和调节具有积极的促进作用。此阶段是把个别动作联合成一个完整连贯的动作过程，即通过一定周期的节律运动练习使神经系统的视、听分析器和运动分析器之间，以及运动分析器中的动觉细胞和运动细胞建立起暂时联系的过程。随着个别动作向完整动作的转化，动作的姿势逐步端正，肌肉紧张度和多余动作相对减少，肌肉运动感觉的自控作用逐步增强，逐步能保持动作之间的连续性和有效性。

（3）自动表达阶段。这一阶段主要是运用大脑中储存的整体印象进行演示，通过自己的肢体语言表述出律动的节拍，使大脑在同一时间内，对手与脚的活动进行调节与控制，使其按照预定的方案"手舞足蹈"。此阶段各个动作相互协调，能按照一定的程序自动地进行连锁反应。在这个阶段中，动觉控制的训练占据着重要地位。由于练习在头脑中建立了巩固的暂时神经联系，即实现了动力定型。只要有一个启动的信息就能自动产生一系列连锁反应，表现为完善化的复杂动作。在这种情况下，由于意识调节作用降到了最低限度，因而会扩大注意范围，消除多余动作和紧张情绪，并能根据情况的变化，适当地协调和调整动作技能。锻炼效果随之逐步显现。

（二）节律运动的测量指标

节律运动从物理学上观察，即是运动质点经过每次运动后，动作又恢复到原来的状态，即原来的位置、速度、位移、加速度等大小和方向都相同的状态。节律运动的测量指标包括：顺序、振幅、周期、频率、力度、能量消耗、累计时长等。

（1）顺序。肢体运动的动作流程。

（2）振幅。动作重复运动，离开原位置的平均位移叫振幅。在运动过程中振幅可以是指躯体重心，也可以是肢体摆动幅度的大小。振幅用厘米表示。

（3）周期。完成一次振动经过的时间为一个周期（用 T 表示），其单位为秒。周期是表示躯体或肢体重复一个完整顺序的时间。此外，一段时期的运动研究，也可以把每周、每月运动的次数作为周期指标等。

（4）频率。一秒钟内完整动作完成的次数叫频率，其单位为赫兹（Hz）。频率越大，振动越快。频率表示单位时间内躯体或肢体重复完整顺序的次数。

（5）力度。在运动过程中特指肢体的用力程度，其单位为牛顿（N）。

（6）能量消耗。运动过程中能量的消耗，其单位为千卡（kcal）。

（7）累计时长。其单位为分（min）。

第三章

节律运动与营养代谢

营养素是人体维持生命活动所必需的最重要的物质条件。合理摄入食物可以保证营养素的供给，维持生命、增强身体抵抗力、维持运动能力、减轻运动疲劳的程度，促进运动后的疲劳恢复。

依据营养素的化学性质和生理功能，人体所需的营养素可分为蛋白质、碳水化合物、脂类、维生素、无机盐、水等六大类。其中碳水化合物、脂肪、蛋白质主要担负着代谢供能的作用。因此，也被称为三大能量营养素。其他营养素基本不含有能量，但辅助三大供能营养素的代谢。

运动和营养在维持和促进人体健康中的作用是相辅相成的。如果把人体营养代谢看作是一个燃烧的炉子，营养素就可以比喻是煤，运动就更像是风，合适的煤与风的比例，是促进燃烧的关键条件。营养素这个生命之煤是生命存在的根本条件，而风可以促进生命之火旺盛。片面强调运动而忽视合理补充营养，将会影响机体的生长发育、运动能力、运动后的恢复，甚至危害健康。如果只重视营养而不关注运动锻炼，摄入的营养不能很好地代谢、转化，不合理的营养供给也将会导致各种疾病、慢性病、康复受阻或肥胖的发生。

一、节律运动与糖代谢

（一）节律运动与糖代谢

碳水化合物类（糖类）食物被消化为葡萄糖才能进入人体血液。其中，一部分在肝脏合成为肝糖原储存，一部分随血液运送到肌肉合成为肌糖原储存，还有一部分停留在血液中即血糖。糖是人体工作最主要的能源物质，在正常情况下，人体所需的能量应该保证有60%~70%来自这些糖（主要由碳水化合物食物转化）。糖在分解代谢中逐步释放出蕴藏于其中的能量，供三磷酸腺苷（ATP）的再合成。ATP提供人体各组织细胞生命活动及运动时所需的能量。糖的完全分解需要有足够的氧协助，但在氧供应不充足的条件下，体内也可进行糖的不完全分解。不同运动方式对血糖和肌糖原的代谢比例不一样，因此，不同的运动对机体血糖影响也就不一样。

低强度运动（40%~50%储备心率），运动供能基本来自血糖。当低强度运动时，肝糖原缓慢动员分解为葡萄糖并释放入血，而肌肉运动量小消耗较少，对血糖吸收利用速度较慢，因此，血糖浓度前期略有上升，低强度运动持续较长时间才可影响血糖下降，此时，肌糖原动用不多。

中强度运动（50%~70%储备心率），运动供能基本来自血糖。但糖代谢供能比例中，肌肉吸收利用血糖速度较快，肝糖原动员加快，持续一段时间运动，血糖会呈现前期略上升后期下降现象。较长时间运动，肌糖原缓慢参与代谢。

高强度运动（70%~80%储备心率），运动供能依然基本来自血糖。但供能的糖中肌糖原的比例较中等强度的比例提高，一般会超过肝糖原的分解，持续较长时间运动，血糖会出现偏低现象。

短时间大强度的运动，糖代谢供能依赖肌糖原的无氧酵解释放能量，使二磷酸腺苷（ADP）生成 ATP，供肌肉活动的需要。

（二）节律运动对糖代谢相关酶活性的调节

长期坚持中低强度的有氧节律运动，可使肌糖原储备量增加，肌细胞氧化酶活性增高，运动时对糖的利用表现出节省化趋势。例如，肌糖原合成酶、分解酶活性增高，使肌糖原分解供能和运动后恢复能力提高。再例如，骨骼肌的心肌型乳酸脱氢酶的活性增强，氧化乳酸供能的能力提高，骨骼肌清除乳酸的作用提高，这些也使得抗疲劳及运动恢复能力提高。同时，长期坚持中低强度的有氧节律运动，能改善运动时血流分配，使肝血流量增大，流经肝脏的糖异生基质量增多，被代谢的概率也相应升高。

长期坚持高强度节律运动，可使肌细胞糖酵解酶活性增高，使机体以糖酵解供能的能力加强。

（三）节律运动对糖代谢相关激素的调节

运动中通过相关内分泌激素浓度变化发出信号，启动机体储备能源的能量代谢。对经常进行节律运动与很少进行节律运动的人群进行比较，相关激素浓度变化反应存在差别。

运动开始的数秒钟内，血液中去甲肾上腺素和肾上腺素的浓度升高，这些激素促进碳水化合物的分解，为做功肌肉提供能源物质准备。

随着运动持续地进行，胰腺可因血液的低糖状况反应性地释放胰高血糖素入血，成为糖原分解和糖原异生的潜在刺激物。胰岛素水平下降或者维持在较低的水平，而胰高血糖素的水平升高。胰岛素和胰高血糖素的这两个反应有助于维持血糖浓度的稳定，调节葡萄糖释放入血的速度。

适宜的节律运动可增加葡萄糖转运蛋白（GLUT4）的表达（即敏感性），从而增加葡萄糖的转运。目前的研究认为，骨骼肌胞浆内的GLUT4池有两种类型，一种为胰岛素敏感性，另一种为运动敏感性。由运动引发的GLUT4细胞膜转位增多，可以不依赖胰岛素作介导，而是通过运动敏感池的转位效应使肌肉中出现一个类胰岛素的反应。从而，不需要胰岛素的参与就能使肌肉摄取葡萄糖的数量增加。因而，通常在运动过程中可以看到，不管血液中胰岛素含量多低，都能有一定量的葡萄糖被肌肉利用。

长期进行适宜的节律运动锻炼，有助于加强机体对相关激素的调控能力。

长期进行适宜的节律运动锻炼，有助于加强机体对相关激素的敏感性。

长期进行适宜的节律运动锻炼，有助于改善机体对相关激素的依赖性。

最终，在运动过程中，所有这些激素的变化都为碳水化合物的分解和氧化代谢创造出了较为理想的内环境，同时也增加了葡萄糖耐受能力。

二、节律运动与脂代谢

体内脂肪的储存量很大，一般人的总储存量约占体重的10%~20%，肥胖的人可达到40%~50%。运动过程中脂肪分解较慢，常在运动2小时左右体内糖原储备降低的情况下，脂肪才成为骨骼肌的主要供能物质。运动时机体脂肪供能的特点是，随运动强度的增大而降低，随运动时间的延长而增高。短时间剧烈运动，糖代谢利用增加，脂肪的分解受抑制，长时间运动的后期才主要依靠脂肪酸氧化供能。

长时间低、中等强度的有氧节律运动，是提高机体氧化利用脂肪供能最有效的措施。例如经12周有氧节律运动的人，运动中脂肪酸供能比例达53%，明显高于对照者40%。人体血糖自我调节机制的任务之一就是保持血糖相对稳定。这种适应性调节有利于保持长时间运动能力和抵御低血糖症的发生。同时，为保证能量持续输出，能量来源转换为脂肪酸供能为主。

长期中低强度的有氧节律运动提高脂肪供能能力主要通过以下途径完成。

（1）有氧节律运动中儿茶酚胺的释放激活腺苷酸环化酶，通过CAMP（环磷酸腺苷）的作用使脂肪在酶的催化下分解，脂肪酸活性升高，甘油三酯在脂肪酶的催化下分解，脂肪酸被动员出来进入血液使血浆中游离脂肪酸浓度上升。

（2）长期中低强度的有氧节律运动能引起骨骼肌毛细血管网增生，使毛细血管内皮的面积增大，进而导致毛细血管内皮细胞中的脂蛋白脂肪酶催化分解血浆甘油酯的能力也得到提高。

（3）长期中低强度的有氧节律运动使肌细胞内线粒体的数目增多和体积增大，使线粒体总容积增加，线粒体内的酶活性升高。

（4）长期中低强度的有氧节律运动还能增加骨骼肌细胞浆中的脂滴数目，肌细胞中甘油酯含量的增多与粒体容积的增大成正相关。

（5）长期有氧节律运动促进了胆固醇的代谢和分解，提高了体内脂蛋白酶的活性，促进胆固醇的代谢与分解，加速甘油三酯和 LDL 分解降低了血脂总量。因此，对预防动脉粥样硬化和冠心病有积极的作用。

每天坚持持续 30~60 分钟的有氧步跑、游泳、舞蹈、快步走等运动，对脂代谢有明显的调控作用。

三、节律运动与蛋白质代谢

短时间高强度的激烈运动时，蛋白质基本不参与供能。

长时间耐力性或力量性节律运动时，如果糖、脂类能量营养素保证供给，蛋白质少量参与分解代谢。当糖、脂等能量营养素供给与运动能量需求失去平衡时，为了补充骨骼肌和大脑正常活动对糖的需求，蛋白质分解代谢增强，参与供能，氨基酸的糖异生作用加强。但是，当糖类能量营养满足供给时，有氧节律运动往往可以明显促进蛋白质合成代谢。此时，人体如从事耐力性节律运动可使骨骼肌线粒体数目增多，蛋白质合成酶活性提高，骨骼肌谷－丙转氨酶活性成倍提高，葡萄糖－丙氨酸循环加速，生成三羧酸循环中间代谢产物的回补作用增强，从而使有氧代谢供能能力提高。研究显示，合理饮食有助于系统性营养需要及长期适度的耐力性运动，人体蛋白质合成增强使肌肉的体积增大，肌纤维增粗，力量增强，肌纤维周围的结缔组织、肌腱、韧带组织数量和力量增长。

四、不适宜的运动对营养代谢的损害

研究证实，不适宜的运动强度、时间、形式、频率等，会对机体的生理代谢产生不良的后果。

（一）运动强度不适宜对营养代谢的影响

1. 超出运动适宜度的运动对血清尿素的影响

短时间的剧烈运动，能使血清尿素浓度增加。

长时间的剧烈运动，血清尿素增高更多，且在次日仍难恢复到运动前水平。增加的血氨（血清尿素）主要来自肌肉、氨基酸的脱氨基、嘌呤核苷酸循环等。在运动期间，如果血清尿素持续升高，则被认为是身体对运动量或环境不适应的表现，也称高血氨症。血氨浓度过高是中枢产生疲劳的因素之一，较严重的高血氨症明显影响神经中枢，使运动控制能力下降、思维连贯性变差、动作协调性降低。血氨同时对许多生化反应产生不良作用。如氨的增加可降低丙酮酸的利用和减少摄氧量，氨的增加也抑制丙酮酸的羧化作用和线粒体的呼吸作用，从而恶化三羧酸循环。血清尿素增高总体可评价为蛋白质类营养素（肌肉）分解加快。

2. 超出运动适宜度的运动对血睾酮激素的影响

超出运动适宜度的运动，可造成下丘脑－垂体－性腺轴功能抑制，血睾酮水平下降。主要表现为兴奋性差，竞争意识下降，体力恢复减慢。睾酮是人体内主要促合成激素，促进氨基酸摄取，核酸和蛋白质的合成，促进肌肉和骨骼生长，刺激促红细胞分泌，增加肌糖原储备等。

3. 超出运动适宜度的运动对贫血的影响

长时间、大运动量的运动，会增加运动性贫血的发生率。这种贫血多为缺铁性贫血，同时贫血又可能进一步造成运动能力下降。

4. 超出运动适宜度的运动可造成运动性血尿、蛋白尿、运动性哮喘等发作

近些年来研究发现，环境温度的明显改变亦可影响代谢。如过冷、过热均可增加安静和运动中糖的代谢。并且在寒冷的环境下有增加利用脂肪酸的倾向，而在过热的环境下则更多地利用糖类。在海拔高度的影响下，当吸入空气中含

氧量降低，糖的利用明显加快，肌糖原较快用完，血乳酸量明显升高。因此在进行运动时不仅要遵循机体自身的代谢规律和运动本身的规律，应同时关注外界环境温度的改变，这样才能取得预期的锻炼效果。

（二）运动项目不适宜对营养代谢的影响

运动项目不适宜对老年人群营养代谢的影响广泛。例如，随着年龄的增大，氨糖在体内丢失速度加剧，人体柔韧性及关节问题，尤其是膝、髋、踝关节退化最为明显。此时，如果进行不适宜的诸如上下楼梯、爬山等负荷改变较多的运动时，极易进一步加剧关节退化速度和营养丢失。

（三）运动频率不适宜对营养代谢的影响

运动频率是指进行运动锻炼的次数。它包括一天参加运动锻炼的次数，一周参加运动锻炼的天数等。运动频率过多易使营养消耗过大，造成疲劳积累，对身体产生不利影响。运动次数过少对身体健康作用就小，运动健身效果不理想。因此，要依据身体的个性化状况科学评价，并调整参加锻炼的次数。研究表明，每周只运动 1~2 次者，其健康效益远低于 3~5 次者，但每周运动 7 次者与每周 5 次者比较，其健康效益差异不明显。运动适宜度因人而异，因阶段而异。对于运动目的是促进代谢，改善高血脂、高血糖、高尿酸的中老年锻炼者，可以小运动量天天锻炼，甚至每天多次，但以不疲劳为限。

第四章

运动适宜度

一、运动适宜度的概念

"生命在于运动"是古希腊思想家亚里士多德的至理名言。近些年来，随着"终身体育"理念被大众广泛接受，追求健康、享受运动、快乐生活，已经成为越来越多的人在各个年龄阶段都积极追求的目标。但同时也存在着许多误区，诸如，是不是无论什么运动方式都有利于健康呢？是运动量越大，出汗越多，运动后越疲劳就越有利于健康吗？如此等等，不胜枚举。

随着对运动的深入研究和实践，运动必然促进健康的结论已经被否定。尤其是竞技运动在很大程度上对普通健身人群来说是不适宜的，它超出了正常人体的生理功能极限，容易造成健康副作用。美国进行了6000多名已故运动员生前健康情况调查时发现，其中部分人四十多岁就已经患心脏病，平均寿命比普通人更短。即使是大众健身运动，也并不是每一种运动适合所有人。人们今天对运动的要求已不仅仅停留在娱乐层面上，很多人更迫切地需要通过运动解决自身的健康问题，如高血压、高血脂、高血糖、消化不良、各种关节疼痛等。所以，很有必要普及因人而异地从自身健康情况出发、科学地选择锻炼项目、评价锻炼的合理性、运动也需要调整等知识，并及时给予指导进行调整。这就是运动适宜度评价。

运动适宜度是指依据体适能及生理学的测评结果，为某类人群或某个人制定适合的运动强弱的量度。包括适宜的运动频率、适宜的运动强度、适宜的运动时长等指标。其中运动强度是适宜运动定量化与科学化的核心问题，是影响健身锻炼坚持的关键。

运动适宜度方案是依据身体状况和健康需要而制定的定量化的周期性锻炼计划。是个体化的科学锻炼的运动程序，是运动生理学原理在运动实践中的实施方案。

运动适宜度是不同个体在不同生理状态下的运动设计、评价、调整度量。其适宜度是变动的、是个性的。运动适宜度是一个相对阶段性的概念。

1. 运动适宜度指导通常分三个阶段

（1）寻找基准点：寻找个人或特定人群运动适宜的基准点，并用数据的形式描述运动能力、运动适感程度。基准点的寻找是通过运动干预前生理状况、体适能状况测试，综合评估个体的健康状况、体能水平、心血管功能状况及健康需要等，借助运动能耗仪等记录测定其过往的生活习惯，以数据形式设定的锻炼起始点——基准点。

（2）运动指导修正：运用记录仪、健康评价及健康管理软件进行跟踪、指导、评估效果。考虑个人的营养、休息、日常工作、疾病等因素，调节改进运动方案，逐步建立个性化的运动习惯。利用监测数据，多次评估、修正体质适应的运动度，使个体体质适宜的运动与健康需要的运动逐渐接近。

（3）建立运动习惯：将适合个体的运动，变成习惯形成可感知的行为及心理习惯，使锻炼者进入运动改善健康的良性循环。

确定个人运动适宜度的过程是一个科学的量化的过程，即随着运动量的不断调整，逐渐接近个体运动强度的理想状态——适宜状态。这个尝试的过程是一个动态的过程，不断尝试才能接近理想的运动适宜度状态。如图 4-1 所示：显示体质对运动能力的适应，总是围绕着理想的适宜强度上下波动，需要在运动中不断地调节、强化、确认。

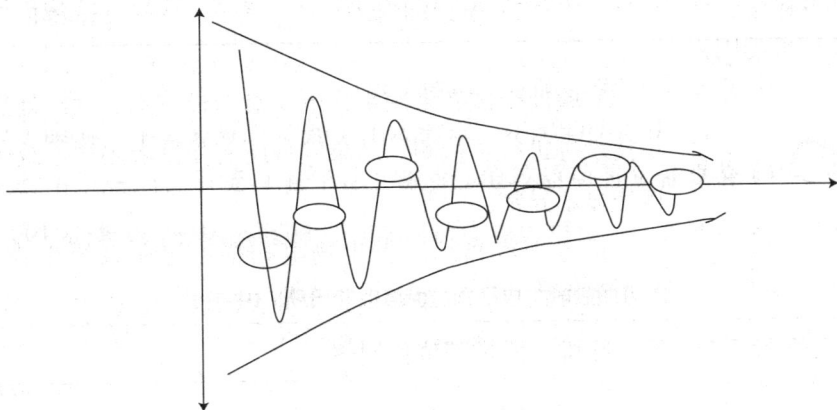

图 4-1　运动适宜度探索过程

2. 制定适宜运动方案需要注意的几点

（1）个性化特点：每个人的具体情况各不相同，如年龄、健康史、锻炼史、营养状态、形体状态、生理功能、运动素质等。只有科学地测试后，才能得到合理的运动基准点。因此，每个人的运动适宜度是不同的，是具有非常个性化特点的。

（2）阶段化特点：随着运动方案的尝试和修正，锻炼者每阶段运动量可以进行必要的调整，但不应大于前一阶段运动量的10%。变化过大，将产生运动不适宜。

（3）动态化特点：个人运动适宜度状态的寻找及习惯建立，是根据个人生理指标的变化而在运动过程中不断修正进行的，是一个由模糊到逐渐清晰的调整过程，是一个动态化的过程。持续地锻炼，体质得到增强，过往适宜的运动强度将发生漂移，通常需要6~8次的评价校正才能基本稳定。

（4）情绪化特点：运动对人的心理也发生着影响。对于运动项目的喜好、运动强度的承受能力等都会使锻炼人员发生情绪性变化，重视运动适宜度的控制，对于参与锻炼的人能否坚持运动至关重要。因此，运动指导要适当变化运动方式，建议每2个月左右调整一次。但要控制运动总量。

（5）能量平衡特点：只有在充分保证营养的情况下，运动才能促进健康。如果不注意营养调控，锻炼可能产生负面影响。个人日常锻炼的能量控制，主要是体重控制，即体重应保证在标准范围内或每月体重在0.5~1kg范围内变化。

二、忽视运动适宜度所造成的危害

（一）运动不足与慢性病

所谓的运动不足，是指肌肉达不到合理的肌肉脂肪比例，或BMI大于26.0，以及无法完成30分钟中低强度运动。

"运动不足综合征"的进展很缓慢，在初期时可无任何不适感觉。由于长期缺乏运动，肌肉慢慢萎缩，体力逐渐下降，随之出现精神不振、肥胖、器官功能减退、抗病能力减弱等。相伴而生的是极易引发高血脂、糖尿病、骨质疏松、消化不良、高血压、动脉硬化、冠心病、肥胖等相关慢性疾病。值得重视的是，运动不足综合征患者大多并未认识到自己患病，即使知道患病也没有认识到是缺乏运动所致。

研究证明，如果20天静止不动，则心脏的搏动和肺部的呼吸功能将显著减弱，血液的供给和氧气的摄入量明显减少。因此，日本已经把糖尿病、高血压、心脏病、腰痛等列为"运动不足综合征"，认为缺乏必要的运动是形成以上病症的重要原因。运动不足对人体各系统均会造成慢性损害，如运动量不足会引起血脂增高，加速动脉硬化的形成；运动量不足还会使消化功能降低，食欲减退、失眠及患神经官能症等疾病。此外，长期运动量不足，会导致机体免疫能力下降。

大多数慢性病与运动不足以及营养不合理有关。世界卫生组织 1994 年就指出，静坐少动是当今慢性疾病发生的第一独立危险因素，1996 年美国心脏学会明确指出"体力活动减少或静坐少动的生活方式是心血管疾病主要可以修正的危险因素"，缺乏运动正在成为 21 世纪最大的公共卫生问题之一。第四届中国慢病管理大会透露，目前我国 88% 的成年人运动不足，"少动"已经成为超重、肥胖高发和导致慢性病的重要危险因素。

（二）运动过度的危害

健身锻炼的目的，是为了实现锻炼者的身心健康。在健身运动中，一旦发生过度运动，反而会对健康造成伤害。运动后出现腰膝酸软、肌肉疼痛等一些疲劳现象是正常的。如果在下次运动时能够恢复，就不算是运动过量。运动过度是多次运动没有完全恢复的疲劳积累，最终会导致人体出现种种不适甚至疾病症状。例如，常见的关节劳损、腰背肌慢性劳损等症状都是运动过度的结果。当锻炼者在运动后出现反应能力下降、平衡感降低、肌肉的弹性减小等症状，以及头晕恶心、食欲减退、睡眠质量下降、抑郁、易怒、便秘、腹泻、易感冒等时，可以怀疑为运动过度。

研究发现，运动过度对身体可以造成多方面的伤害。

（1）运动过度可使机体免疫功能受到损害，即运动免疫抑制。这是因为在剧烈运动时，机体可产生免疫抑制蛋白，也可引起免疫细胞凋亡，使免疫细胞数量减少，淋巴球数减少，中性白细胞功能减退。同时，剧烈运动体内会产生较多的肾上腺素和皮质醇等激素，当这些激素增加到一定数量时，可使免疫器官产生白细胞的能力降低，致使淋巴细胞中的 A 细胞、B 细胞及自然杀伤细胞（NK 细胞）的活性大大降低，其中自然杀伤细胞可减少约 35%。唾液中免疫蛋白 A 抗体可下降约 63%，一般剧烈运动后的免疫力降低要维持 4 小时，需经过 24 小时恢复原来水平。此外，运动过度造成营养大量消耗及代谢产物积累等，是导致机体免疫力降低、身体不适的重要因素。

由于机体免疫力降低，当遇到病菌、病毒侵袭时，锻炼者容易患感冒、肺炎、胃肠道感染性疾病等。

（2）运动过度可能会导致神经官能症，使人的反应能力下降，平衡感降低，肌肉的弹性减小。

（3）长期运动过度，会使人产生精神依赖。大运动量使人体产生的"吗啡样物质"增加，这种物质大量释放到血液中，使人感到兴奋，可抑制各种不适与疼痛。一旦停止运动，便会产生沮丧、抑郁、易激动、焦虑不安等不适的感觉。

（4）运动过度可增加运动性贫血的发生率。这种贫血多为缺铁性贫血。反过来，贫血可造成运动能力不足。

（5）有报道称，运动过度还能抑制生殖功能，使妇女月经不调、子宫内膜异位、男子不育等发生。

要说明的是，不可随意将短期的或运动调整阶段出现的正常的运动疲劳视为运动过度。

三、运动适宜度对人体健康的影响

（一）适宜的运动项目对人体健康的影响

运动项目的选择对于健康恢复有重要意义。适宜的运动选项，一方面能充分调动参与者的积极性，有利于其持之以恒地坚持锻炼。另一方面选择不同的运动项目，对于有各种各样健康问题的参与者的健身效果不同。根据身体的具体状况选择适宜的运动项目，是达到最佳锻炼目的的重要因素。

1. 依据年龄段选择运动项目

（1）青少年选择运动项目的原则：青少年精力旺盛，可结合个人爱好，选择具有更多灵活技巧特点，同时兼顾对身高体形有良性促进作用的运动项目。运动项目的选择主要以基础性节律运动为主。如有氧步跑、中长跑、游泳、球类、节律运动操、滑冰滑雪、爬山、武术、健身器械等。这些强度较高的运动项目可以有效地解除精神压力，使全身的肌肉更发达，并且能增强耐力与身体的协调性，保持身体的良好状态。

（2）中青年人选择运动项目的原则：成年人选择以力量性和耐力性相结合的运动项目为主。目的是发展力量，强壮肌肉骨骼，增加体能储备，调节神经－内分泌－免疫功能，提高心肺功能等。适宜的基础性节律运动包括球类、阻力性器械运动、有氧步跑、爬山、自行车、游泳等运动项目。较适宜的调节性节律运动有颈部、肩部、肘部、髋部、膝部等节律运动。

（3）中老年人选择健身运动项目的原则：应选择安全性高、强度适中、动作舒缓，并具有一定力量性的节律运动项目。如有氧步跑、徒步、节律运动操、广场舞、太极柔力球、太极拳（剑）、游泳、小球类（乒乓球、网球、羽毛球、门球）、阻力性器械运动等。较适宜的调节性节律运动有颈部、肩部、肘部、髋部、膝部节律运动等。如中老年人患有颈椎病、肩周炎等，应进行针对性节律运动干预。这样有助于保持正常体重，增强全身肌力及骨骼密度，延缓衰老。

2. 依据身体功能状况选择运动项目

（1）运动初始者选择项目的原则：刚开始参加运动锻炼的人（含以往有运动基础，但长时间中断运动的人），身体的功能、灵敏性、协调性、柔韧性、力量等各方面都可能处于较低水平，因此，应该选择强度小、动作简单的基础性节律运动项目。如有氧步跑、快步走、广场舞等，也可以缓慢恢复以前掌握的运动项目，像游泳、各种球类、太极拳等基础性节律运动项目。不宜立即进入动作比较激烈及对抗性的运动项目。因为身体的功能和素质尚处于较低水平，心肺功能处于惰性状态，如果突然参与较激烈的运动，极容易造成身体的运动性疲劳和软组织损伤。

（2）以康复为目的选择运动项目的原则：依据自身存在的疾病、亚健康状态，综合基础性、调节性、针对性节律运动的特点，进行优化、组合应用以达到最佳效果。举例如下：

①防治或改善心脑血管、呼吸系统疾病，预防亚健康（高血压、动脉硬化、心脑供血不足、免疫力低下等），应选择低强度、适度时长、动作平稳的基础

性节律运动项目。如高血压患者适合 30~60 分钟有氧步跑、骑车、游泳等，通过全身肌肉的反复收缩，改善血液分布、血管舒张等，有助于血压调节。轻症心脏病患者可选择 30~60 分钟有氧步跑、散步、快步走等运动；较重症的心脏病患者、心绞痛频发者可做一些如太极拳等的保护性轻微运动，以不显著增加心跳次数为宜。对哮喘病患者来说，球类、骑车等可诱发哮喘发作，不宜进行，而有氧步跑、快步走、游泳等运动项目则可能改善症状。在选择适宜的基础性节律运动项目时，可同时进行调节性节律运动。例如，心肺系统疾病可选择调节性肘部节律运动。

②防治颈、肩、肘、髋、膝部等关节部位疾病，应进行基础性节律运动以提高身体整体的代谢水平，再结合针对关节的节律运动进行锻炼效果最佳。例如：选择有氧步跑、节律运动操、游泳、广场舞、辅助健身器械等基础锻炼后，配合关节针对性节律运动项目效果最佳。

③以减肥为目标者，应选择长效耗能的基础性节律运动项目为主，如：有氧步跑、游泳、快步走、节律运动操、广场舞等，同时辅助进行肘、肩、膝部节律运动。

3. 依据季节、气候选择运动项目

（1）阴雨天气选择运动项目的原则：阴雨天气里大气压力低，空气中氧含量相对晴天较少，污染物不易扩散，人体感觉情绪低沉，懒散少动，气力不足。基础性节律运动应选择可室内锻炼的娱乐性、对抗性运动项目。例如：室内有氧步跑、乒乓球、太极柔力球、健身体操、舞蹈、健身器械等。

（2）四季选择运动项目的原则：①春、秋季节气候宜人、气温适宜，可以参照年龄和身体状况，选择在室外进行的运动项目。例如：快步走、有氧步跑、爬山、太极拳、太极柔力球、健身体操、各种球类、健身器械等。②夏季气温高，阳光热烈，室内外运动项目选择应该兼顾。在室外运动时要避免阳光直射时间过长，一般不要超过 1h，避免出汗过多。也可选择室内运动，例如：游泳、室内有氧步跑、太极、健身体操、室内球类等。③冬季气温低，身体关节和肌肉处于僵滞状态，柔韧性差，应该选择力量小、动作幅度小的运动项目，如：快步走、有氧步跑、慢跑、健身体操、太极拳、室内健身器材等。不要选择动作力量大、幅度大的运动项目，防止软组织运动损伤。

4. 依据个体性格选择运动项目

体育心理学研究表明，不同的项目，对心理的影响不同。现实生活中，有些人缺乏正常人拥有的心理调节和适应能力，或是表现明显的性格缺陷和情感缺陷，通过有针对性的适当运动，可以纠正不良性格缺陷，改善心理和精神状态。

（1）紧张型。紧张性格的人应多参加竞争激烈、对抗性强的运动项目，如足球、篮球、排球等。这些项目场上形势多变，紧张激烈，只有冷静沉着才能取得优势。若能经常参加这类激烈的对抗运动，可逐渐克服紧张的情绪。

（2）胆怯型。胆怯型的人应多参加游泳、滑冰、拳击、舞蹈等项目。这些活动要求人们不断地克服胆怯心理，以勇敢、无畏的精神去战胜困难，越过障碍。经过一个时期的锻炼，可逐步克服胆怯心理。

（3）孤僻型。孤僻型的人应选择足球、篮球、排球及接力跑、拔河等团队运动项目。坚持参加这些集体项目的锻炼，能增强自身活力和与人合作精神，逐渐改变性格。

（4）多疑型。多疑型的人可选择乒乓球、网球、羽毛球、跳高、跳远等项目。这些运动要求运动者头脑冷静、思维敏捷、判断准确、当机立断，长期从事这些活动将有助于人走出多疑的思维模式。

（5）急躁型。急躁型的人可选择太极拳、远足、爬山、游泳等项目。这类活动多属静态、单独的运动，有助于调节神经功能，增强自我控制能力。

（二）适宜的运动强度对人体健康的影响

运动强度是指单位时间内的运动量。运动强度是运动适宜度定量化与科学化的核心，是影响持续锻炼的主要因素。运动强度通常以运动中的吸氧量占最大摄氧量的比值来确定，是人体在运动中，机体所承担的负荷量及所消耗的能量状态。同时可以结合运动心率监控、主观疲劳程度分级法、运动负荷试验、代谢当量值等方法来判定运动强度的适宜性。

1. 运动强度的判定方法

（1）最大摄氧量百分数（VO_2max）：最大摄氧量是指人体有大肌肉群参加

的力竭性运动中，机体的呼吸循环系统能力达到最高水平的状态，用单位时间内所能摄取的最大氧量记录。它与心肺功能、肌肉的大小和活动状况、血液携带和输送氧的能力以及组织吸收和利用氧的能力有关。VO_2max 可以用来判断人的体质状况和运动能力的水平。

最大摄氧量值越大，表示身体的运动功能能力越强，通过长期坚持运动锻炼可以提高最大摄氧量值。依据运动时吸氧量占最大摄氧量的百分比，运动强度分为四个等级，即：极限运动强度、亚极限运动强度、中等运动强度、小运动强度。

极限强度运动：吸氧量占最大吸摄量的 95%~100%；

亚极限强度运动：吸氧量占最大摄氧量的 70%~90%；

中等强度运动：吸氧量占最大摄氧量的 55%~65%；

小强度运动：吸氧量占最大摄氧量的 ≤ 50%。

其中，吸氧量是指人体每分钟所摄取的氧气量，又称摄氧量。

运动强度原则上要达到或超过参与者习惯运动的强度，否则难以增强和维持体能、关节运动幅度和肌力的理想效果。通常可以根据心肺功能测试或运动负荷试验测出最大摄氧量的值。加拿大运动医师建议一般人的运动强度在 60%~70%VO_2max，并要制定运动强度的上限和下限。下限是激发运动者增加体能功能贮备的最低运动强度，上限是保证安全的限度。现有的大量研究普遍公认将最大摄氧量 50%~75%VO_2max 作为运动强度的适宜范围。研究发现，在运动强度小于 70% 最大摄氧量的持续运动中，乳酸不增高，血液中肾上腺素和去甲肾上腺素保持在较低水平；高于此或大于 80% 最大摄氧量则为大强度运动，对参与者有危险。

运动学上常把最大摄氧量的 50%~75%VO_2max 的运动强度称之为有氧运动，所谓的有氧运动是指人体运动时主要以有氧代谢供能方式供能做功的运动。有氧运动的作用主要是提高身体的有氧代谢能力，中等强度和低强度运动均属有氧运动范畴。在这样强度范围内进行运动，不易产生运动性疲劳，是促进身体健康的主要运动方式。

极限强度和亚极限强度运动属于无氧运动范畴，在这样强度范围内的运动极易发生运动性疲劳，从而可能对身体造成危害，所谓的无氧运动是指人体运动负荷增加到吸氧量不能满足机体需氧量，体内无氧代谢供能加强，并以无氧代谢供能方式为主的运动。

健身运动应坚持中、小强度的运动原则，即有氧运动原则。本书所探讨的运动主要是有氧运动。长期坚持中低强度的有氧运动，一方面可以提高最大摄氧量，另一方面可以提高机体对运动负荷的耐受阈，从而提高健康水平。例如，每分钟 300 米的慢跑运动，对于有运动基础、身体功能较好的人来说是小强度运动，但是，对没有运动基础、身体功能较低的人来说就是中等强度运动。

（2）心率监控：心率监控是确定运动强度较常用的方法，通常测桡动脉的脉搏数。为了获得最佳效果，并保证安全的运动心率，应计算出患者的最大心率（最大心率 =220 – 年龄），然后取最大心率的 60%~80% 为运动适宜心率（靶心率，target heart rate，THR）。

最大心率随着年龄的增加而下降。有文献指出，25~85 岁人的最高心率，其测定值与预测值非常接近。运动适宜心率 =180（170）– 年龄，其中 60 岁以上或体质较差的用 170 – 年龄。对于一般的成年人，以运动后的即刻心率作为考虑运动量大小的指标是简便、客观、准确、安全的方法。因为，这样既可反映出心脏适应运动的功能情况，也反映了全身调节与适应情况。心率达不到标准，说明运动量小；若心率加快，超过标准，说明运动量太大，心脏负担大。对运动后心率的恢复亦可提示运动量的大小。若运动后的脉率，在休息后 5 分钟内就恢复到运动前脉率，说明运动量还可增加；若超过 10 分钟还不能恢复，则说明运动量过大，应予以减少。

疾病康复者进行运动时，心率的增快应控制在 10~20 次 / 分钟。若心率增加少于 10 次 / 分钟，可以增加运动强度；大于 20/ 分钟，或心率不随强度增多而增多，甚至减少时，应停止运动。存在心血管疾病的患者开始时会将靶心率范围降低至最高心率的 50%。Ⅱ型糖尿病患者也应以最大心率的 50%~60% 作为最初的训练强度，然后逐渐增加至 65%、75% 最大心率[14]。

（3）主观疲劳程度分级法（rate of perceived exertion，RPE）：运动可以使受试者出现心率加快、呼吸增加等生理指标的改变。同时，也会有主观的身体感觉变化。根据患者运动时主观感受疲劳的程度，可以确定运动强度大小是否适宜。主观疲劳程度分级有两种计分法：10 级计分法或 15 级计分法，其中 15 级计分法较常用。其主要优点是将得分乘以 10 即为此疲劳级别的心率（/分钟）。详见表 4-1。

表 4-1　主观体力感觉等级表（RPE）

自我感觉	RPE
根本不费力	6、7
极其轻松	8
很轻松	9、10、11
轻松	12、13
稍累	14、15
累	16、17
很累	18
极累	19
精疲力竭	20

具体做法：令受试者做递增性功率自行车或固定跑台运动，并用主观体力感觉等级表对受试者进行测试。受试者在运动过程中每增大一次强度，或间隔一定时间便指出自我感觉等级，表中的等级乘以 10 即为受试者完成该负荷的心率。在稍累和轻松的状态下所对应的心率是该受试者的适宜度范围，当然，还需要进一步的运动强度加减测试。

运动时如感觉身体轻微出汗，头面潮湿，周身发热，精神处于较兴奋的状态；运动后，运动肢体的肌群出现酸、胀、沉重和轻度疲劳感觉，身体感到轻度疲劳，但没有达到肌肉疼痛、颤动、很累乃至力竭的感觉程度。这些表征提示运动的强度较为适宜。

（4）运动负荷试验：运动负荷试验通过一定负荷量的生理运动，了解受试者的生理和病理变化。某些静止时难以被检测的心脏功能异常，在运动时由于负荷增加而表现出异常，并通过运动心电图的检测、记录而被发现。因此，心电图运动负荷试验是对已知或可疑心血管病进行临床评价的诊断试验。实验类型包括：活动平板运动试验、踏车运动试验、二阶梯运动试验。

对冠心病、心肌梗死、高血压病等内科疾病患者，在进行体力活动和日常生活活动前，需进行运动负荷试验，确定运动处方的运动强度。

（5）代谢当量值（metabolic equiv alents，METs）：代谢当量值在康复医学中较为常用，它是能量代谢的一种方式。METs值由耗氧量（VO_2）推算而来：健康成人坐位安静状态下消耗 $35mlO_2/kg \cdot$ 分钟，即1MET。不同年龄可通过心率或所完成动作时受试者能量消耗程度换算得到METs值，可用于指导患者进行日常生活动作、家务、体育娱乐等活动。一般受试者运动能力至少应达到5METs，才能满足日常活动需要。

以上是在运动中控制运动强度的几种常见的判定标准，同一种运动对不同的人所反映出的强度等级也不同，准确的运动强度需要通过仪器检测来判定。在健身运动过程中，经过一段时间的摸索和体会，总会找出适合自己的运动强度，但是，运动必须控制在中小强度范围以内，切忌求快、求累。运动必须量力而行。

2. 适宜的运动强度对人体健康的影响

按照运动强度分级，运动量的中低强度属于有氧运动范畴。具有代表性的有氧运动包括有氧步跑、快走、慢跑，以及大众健身锻炼的游泳、自行车、滑冰滑雪、健身操、广场舞、健美操、太极拳等都属这个范围。而平时的散步、做家务等轻微的运动由于达不到一定强度，不属于有氧运动的范畴。大多数的竞技、赛跑、举重、拳击、拔河以及肌力训练等高强度剧烈运动，因运动强度过大，运动过程中氧气的摄入量不能满足身体的需要，人体处于缺氧状态，则属于"无氧运动"。有氧运动对人体的能量（糖、脂）代谢、骨骼代谢、心血管系统、免疫功能等均有较好的调节作用。

（1）适宜的运动强度对心功能的影响：人体运动时，循环功能的主要变化是心输出量的增加，各组织器官的血流量重新分配，特别是骨骼肌的血流量迅速增加，以满足其代谢增强时的能量供给。有氧运动可增强心脏的储备力。储备力增加意味着心脏工作的效率高且节约能量，能有效地防止心脏过度疲劳，形成一种自然防御机制。

有氧运动对心脏的作用机制主要有两方面：一是可以改善心脏的结构，长期的有氧运动后，心脏容积增加，心室舒张末期激发了 Starling 机制；另外，心肌收缩、心脏顺应性、心肌内线粒体的容积密度和体积密度增加，心肌毛细血管增生，氧化代谢酶活性增强，内源性保护因子的浓度增加。这些结构上的变化促进了心脏功能的提高。二是可以改善心脏的功能，长期运动会使心肌收缩力量增强、心壁厚度变化幅度加大、射血分数保持不变或轻度加大以达到最适宜的前负荷，这时的心脏表现为安静时每搏量增大、心率减慢从而降低心肌耗氧量，改善心脏功能。

长期运动使机体氧利用率提高，血液循环的效率提高，心率储备增加，使心脏表现出良好的泵血功能。

（2）适宜的运动强度对血管功能的影响：研究发现，长期有氧运动可以提高机体抗氧化能力，降低体内脂质过氧化物含量和氧自由基水平。从而，增加内皮前列腺素合成酶和抑制血小板环氧合酶活性，促进前列环素合成与释放，降低血小板血栓素 A2 合成，改善前列环素 / 血栓素 A2 平衡，发挥抗血小板聚集和血管痉挛作用，降低动脉粥样硬化和其他心血管疾病的发病率[15]。

（3）适宜强度的运动对血液指标的影响：三酰甘油、总胆固醇、低密度脂蛋白、高密度脂蛋白等血液指标的紊乱是导致中老年人心脑血管疾病的主要诱因之一。研究显示，长期有氧运动可明显提高高密度脂蛋白含量，显著降低三酰甘油、总胆固醇、低密度脂蛋白水平，改善血脂水平，进而降低心脑血管病发病危险。可能的机制如下：

①长期有氧运动时，脂肪代谢能量供应增加。有氧运动可广泛提高机体脂肪分解的速度，即加速低密度脂蛋白的分解，减少向动脉壁运送胆固醇和解除对高密度脂蛋白的抑制作用，使其在血液中的浓度升高。

②长期有氧运动提高肌肉、肝脏等组织的脂蛋白脂酶（LPL）、肝脂酶（HL）等脂肪分解关键酶的活性。

③长期有氧运动提高了卵磷脂胆固醇酰基转移酶活性，从而，催化脂肪酸从卵磷脂向胆固醇转运，促进高密度脂蛋白成熟。王敬浩[16]等研究证实，长期有氧运动抑制了血浆胰岛素分泌，为脂肪代替糖供能创造了条件，儿茶酚胺通过 CAMP– 蛋白激酶系统的作用激活脂肪酸交感肾上腺素系统对 β– 受体调节刺激，使脂肪酸活性提高，最终脂肪分解加强。

④有氧运动还可降低脂质过氧化反应，增加自由基清除能力，减小自由基对人体的危害。

（4）适宜的运动强度对糖代谢的影响：目前关于有氧代谢对糖代谢的研究取得了重大进展，多数研究认为糖代谢异常人群应长期进行适宜的中低强度有氧锻炼。中低强度的有氧运动能明显降低 2 型糖尿病患者的 BMI，减轻胰岛素抵抗（IR），降低空腹血糖（FBG）、糖化血红蛋白（HbA1C）、空腹胰岛素（Fins），恢复胰岛素敏感性。可能的机制为：有氧运动可以增加肝糖原释放和肌肉代谢葡萄糖，增加肌细胞膜上胰岛素受体的数量，提高肝脏、骨骼肌细胞和脂肪组织对胰岛素作用的敏感性，促进肌细胞膜上胰岛素受体的表达，改善胰岛素抵抗。同时，Holloszy JO[17] 研究认为长期有氧运动使骨骼肌中细胞内葡萄糖转运体 -4 基因转录增加，增加骨骼肌细胞内葡萄糖转运体 -4 的含量，提高其活性，维持血糖浓度的能力增强。

（三）适宜的运动时间对人体健康的影响

健身运动的时间标准包括三种，即：净运动时间标准、时段标准和时间周期标准。

（1）净运动时间标准：是指不包含休息时间的纯粹运动状态的时间。

（2）全时段运动时间标准：是指包含标准间歇性休息的运动项目时间。

（3）身体反应周期标准：是以身体反应为标准，运动引起心跳加快、呼吸加深、身体前心后背轻度出汗、身体发热、颜面潮红、身体稍有疲劳，以及全身关节舒展、柔顺。自运动开始到身体反应达到这种程度所用的时间，称为一个身体反应周期。

健身运动时间的要求：以完成净运动时间 30~45 分钟或 1~2 个全时段（60 分钟）的时间或完成 1~2 个身体反应周期为基本标准。

以上 3 种时间指标为运动时间参照标准，健身运动时间要保证在 1 个运动时段标准或 1 个身体反应周期标准以上，才能达到良好健身效果。

有运动基础，并且身体功能好的健康人，运动时间可以达到 2~3 个运动时段或 2~3 个身体反应周期，净运动时间也可以超过 45 分钟达到 60 分钟，但是，一般不建议超过这些标准。

体弱和慢性病患者的康复运动以完成 15~30 分钟净运动时间或 1 个全时段（30 分钟）或 1 个身体反应周期为好。体质很弱人群可采用多次数、短时间的方法进行运动锻炼，如锻炼 10~15 分钟，休息 5~10 分钟，再继续运动 10~15 分钟。

根据运动量 = 运动强度 × 运动时间这一公式可以看出，当运动量一定时，运动强度增大，运动持续时间相应缩短，反之，运动强度减小，持续时间增大。目前推荐的最佳的健身运动强度为中等强度，故如要对心肺功能乃至关节肌肉产生良好的影响，保持和改善人体功能的贮备量，每次运动时间应至少维持在 30 分钟以上。

2005 年，美国在最新膳食指南中建议，若能每天运动 60 分钟，则能维持体重不再增加，若能持续运动 90 分钟，则可让体重减轻，并能保持减轻了的体重。这个建议实际上给大家一个有益的提示：如要控制体重或减肥，有氧运动持续的时间应延长至 60~90 分钟。运动持续时间的长短关系到运动受益的大小。 但一次运动时间也并不是越长越好，如果超过 90 分钟将不利于身体的恢复，不利于运动后疲劳的消除和身体功能的恢复。因此，大多数运动者每次运动 30~60 分钟为宜。

实验证明，中低强度的 1 小时运动就可以激活多种酶，而这些酶一旦被激活能够持续活跃 12 个小时，促进脂肪及糖代谢。这样，如果每天运动 2 次，每次持续 1 小时，而 2 次相隔时间是 12 小时，那么将更有助于持续地促进代谢、控制体重、减肥，促进糖代谢、脂代谢等三高状态改善。

（四）适宜的运动频率对人体健康的影响

运动频率又称为运动次数，是指一个周期进行运动锻炼的次数。它可以是一天参加运动锻炼的次数，一周参加运动锻炼的天数，一年参加运动锻炼的月数。运动频率的安排要科学合理，运动频率过多容易使体能消耗过大，造成疲劳积累，对身体会产生不利影响，而运动次数过少则对身体的健康作用就小，运动健身效果不理想。所以，要依据自己身体的功能状况科学地调整参加运动锻炼的次数。每天参加运动，能较快地提高身体功能和素质，而每周参加 1 次运动，不会提高身体功能和素质。在连续运动锻炼的过程中，如果停止运动的连续时间超过 1 周，身体的功能和素质可能下降到 2 周前的运动水平。

因此，科学合理的运动频率应该是：

（1）刚参加运动锻炼的人或有运动基础但已经中断运动锻炼时间连续 2 个月以上的人，应遵照三、三制方法安排运动频率，即进行中低强度运动每周参加运动不少于 3 天（1 次 / 天），每次运动 30 分钟；

（2）有长期运动锻炼的基础且体质较好的锻炼者，进行中低强度运动，运动频率可以适当增加，1~2 次 / 天。

四、影响运动适宜度的因素

影响运动适宜度的因素主要包括：个人的体质、新陈代谢、健康状况、心理健康状况、环境等。下面分别论述。

（一）体质对运动适宜度的影响

很多人往往根据自己的兴趣爱好选择运动项目。其中多数人因为运动项目选择不适合而未能坚持，或者因为没有显著效果而放弃了。甚至有些人因为运动项目选择不当而造成损伤。导致这些结果的原因有多种，但忽视了个人体质在选择运动形式方面的重要性是其中很重要的一个原因。体质是指人的生命活动和劳动工作能力的生命物质基础，它是在遗传的基础上由于历史迁延而造成的人体在形态、生理、生化和行为上相对稳定的特征。体质既反映着人体的生命活动的水平，也反映着身体运动的水平。体质在形成、发展和消亡过程中，具有明显的个体差异和阶段性，表现出从体能逐渐提升直至到达最佳的功能状态，再到体能逐渐衰减直至衰竭，这是一个普遍的从生到死的规律。在这个过程中，绝大多数人都会曾经或正在经历着功能发育、障碍和疾病等各种不同健康状态。这些因素必然包括营养状态等形成的体质水平。对于一个人的体质强弱要从身体形态水平（即体格、体型、姿势、体能、营养状况及身体成分组成等）、生理生化功能水平（即机体的营养素新陈代谢功能及各系统、器官的工作效能）、身体素质和运动能力水平（即身体在运动中表现出来的力量、速度、耐力、灵敏性、柔韧性等素质，以及走、跑、跳、投、攀等身体运动能力）、气候适应能力和抗病能力等多方面进行综合评价。

不同的人运动适应能力不同，体质的强弱直接决定了个体适宜的运动水平和能力不同。体质直接与个体日常生活和工作的能力有关，主要包括以下三个方面：

1. 心肺血管功能

心肺血管功能是人体的心脏、血管与呼吸系统协同工作的能力。它们的功能直接影响肌肉利用营养及氧气长时间工作的能力。良好的心肺血管功能不仅能保证人的机体能长时间有效地工作，同时也是机体工作后快速消除疲劳和功能恢复所必需的。良好的心肺血管功能为选择较宽泛的运动适宜度奠定了基础。

2. 身体成分

身体成分是指肌肉、脂肪、骨骼以及其他组成人的物质成分，常用相对百分比表示。其中脂肪肌肉比例和体重是评价身体成分的主要指标。理想的体质应有适当的体脂肪肌肉比例及体重。体脂肪含量较高或体重超重时，在个体的运动时，其适宜度选择处于较窄的范围内。

3. 肌肉骨骼系统功能

（1）肌肉耐力：指肌肉重复工作的能力。肌肉耐力强的人可以长时间工作而不至于过度疲劳。

（2）肌肉力量：指肌肉抵抗外力或移动重物的能力。一定的肌肉力量可使个体胜任更多需要消耗体力的工作与娱乐活动。

（3）柔韧度：指关节活动的可能范围。柔韧度受肌肉长度、关节结构及其他因素影响，良好的柔韧度可使关节在工作、娱乐中更大范围地活动。

耐力、力量、柔韧度这些与健康有关的体质因素，从不同角度反映了机体的健康状况，与运动不足疾病的发生更是直接相关。各项指标对于运动适宜度都有影响。

此外，体质中与运动相关的素质参数有灵敏度、平衡性、协调性、爆发力、反应时及速度。体质中与运动相关的这些素质每个人的差异极大，它是由先天遗传、后天训练、营养史、疾病史等综合决定的。拥有较好的运动素质的人，能够选择宽泛的运动项目，拥有较宽泛的适宜度范围，同时也能够完成较高水平运动项目的技术动作。

体质基础较差的人，在恢复锻炼时要格外谨慎

● 身体瘦弱、脂肪量少、肌肉力量不足的人，内脏器官功能往往也较弱。这类人在进行运动时，应先逐步增强体力，适应有氧步跑、快步走、慢跑、有氧健身操等基础性节律运动，逐渐地增强肌肉力量、持久力和身体的柔韧度，待身体逐渐适应运动刺激后，再进行力量锻炼。锻炼过程中注意消化道营养调节、基础营养补充及运动量控制，防止运动带来的免疫力下降问题。

● 身体瘦弱、脂肪较多、肌肉力量不足的人，由于肌肉力量长期缺乏锻炼，内脏器官的功能往往不好，适合的运动是骑行、有氧步跑、快步走、转呼啦圈、游泳等促进脂肪代谢的运动。锻炼过程中注意蛋白质、维生素等营养调节及运动量控制，防止运动带来的肌肉损伤、免疫力下降问题。

● 体重超重、脂肪多的人需要多做有氧运动，比如说游泳、中低强度的有氧步跑，也可以做静态伸展运动，尽量不做剧烈运动。锻炼过程中注意蛋白质、维生素等营养调节，减少脂肪、淀粉食物摄入，关注运动量控制，防止运动带来的肌肉、关节损伤、免疫力下降问题。

（二）新陈代谢对运动适宜度的影响

新陈代谢是生物体内部有序化学反应的总称。它包括物质代谢和能量代谢两个方面。

物质代谢：是指生物体与外界环境之间物质的交换和生物体内物质的转变过程。可细分为从外界摄取营养物质并转变为自身物质的生物化学过程；自身的部分物质被氧化分解并排出代谢废物的生物化学过程。

能量代谢：是指生物体与外界环境之间能量的交换和生物体内能量的转变过程。可细分为储存能量和释放能量的生物化学过程。

在新陈代谢过程中，既有同化作用，又有异化作用。

同化作用：又叫作合成代谢，是指生物体把从外界环境中获取的营养物质转变成自身的组成物质，并且储存能量的变化过程。

异化作用：又叫作分解代谢，是指生物体能够把自身的一部分组成物质加以分解，释放出其中的能量，并且把分解的终产物排出体外的变化过程。

运动过程是一个消耗能量的过程。人体的运动是以对能量物质的消耗为代价的。这些生物化学过程始终受人体新陈代谢过程的影响。在运动中消耗的能量由新陈代谢的异化作用所供给。

同时，人体的新陈代谢并不是始终处于平衡状态的。新陈代谢对于运动的影响也是多种多样的，处于不同生理状态的健康人群代谢各有其特点，处于青春发育期的人群代谢旺盛，处于患病状态的人群其代谢状况较低。即便是同一个人，不同的时间段各器官的代谢状态也是不尽相同的。如在吃饭的时候，以消化系统吸收的代谢较快；而在运动时，以运动器官的代谢较为旺盛。因此，在不同生理状态或不同时间段，所对应的运动适宜度是不同的。

但是，无论是哪一种生理状态的个体，代谢旺盛的人，其运动适宜度的适应性较为宽泛，可以选择相对较多形式的运动进行练习，通过测试也比较容易确定其运动适宜度；反之，代谢较差的人，其运动适宜度的适应性较窄，可以选择的运动形式相对较少，测试确定其运动适宜度的难度较大。

此外，代谢过程中同时伴随着温度、生物电的变化，这使得我们可以通过仪器设备检测人体代谢的变化，了解人体在运动前后代谢的状态。这是确定人体运动适宜度的依据。

（三）健康状态对运动适宜度的影响

人体的健康状况可以分为三种生理状态，即健康状态、亚健康状态、疾病状态。不同的人所处的生理状态不同，对于运动的需求以及在运动中所对应的运动适宜度也是不相同的。通常情况下，处于健康状态的人群在运动中所对应的运动适宜度区间较为宽泛；处于疾病状态的人群在运动中所对应的运动适宜度区间较为狭窄，必须在康复医生的许可下方可考虑进行运动；而处于亚健康状态的人群在运动中所对应的运动适宜度区间介于健康与疾病之间。无论处于哪一种生理状态，都需要进行前期的测试，如体质、电生理、热代谢等。然后，在运动中适时调整运动适宜度，以保证运动的安全性和效果。经过多次反复测试和调整，可以找到相对应的运动适宜度区间。

（四）心理状态对运动适宜度的影响

由于工作节奏加快，生活压力加大，人们的心理、生理状态出现了种种的变化。

一般情况下，处于积极心理状态的人们，进行运动可以达到健身的效果；而处于消极心理状态的人，按照从轻从简的原则积极参与运动，有助于心态的调节改善。

对于严重心理或精神疾病人群，运动适宜度的探索研究仍然是一个难题。

心理状态对运动适宜度的影响主要包括三个方面。

（1）心理唤醒水平：心理唤醒是指机体总的生理性激活，是由感觉兴奋性水平、腺体和激素水平以及肌肉的准备性所决定的一种生理和心理活动的准备状态。适度的唤醒水平能使人体达到最佳的运动状态，唤醒水平过低，运动效果无法达到最理想化，但唤醒水平过高也将阻碍运动能力的发挥，如运动时心情沮丧或愤怒会使注意力和动作的控制力明显下降。运动前的心理动员、跑步时的音乐等都属于此类活动。

（2）焦虑及紧张水平：紧张和焦虑情绪能激励运动表现，也能抑制运动表现。紧张是人在某种压力环境的作用下所产生的一种适应环境的情绪反应。适宜的紧张能使人集中注意力，提高思维敏捷性和反应速度，提高运动能力。不适宜的紧张则会分散注意力，引起思维迟钝，动作反应减慢，影响运动的发挥。焦虑指人由于不能达到目标或不能克服障碍的威胁，致使自尊心和自信心受挫，或使失败感和内疚感增加，形成一种紧张不安并带恐惧的情绪状态，它包括紧张、担心、不安、忧虑的感受，以及自主神经系统的激活或唤醒。运动时焦虑常表现在肌肉紧张，交感神经系统的活动引起血压升高，心率加快，增加了协同肌群和对抗肌群系统的力度，造成运动协调感降低，动作灵活性和准确性降低。心理学的研究表明，适度的焦虑并不会影响运动功能，反而会使人体参与运动的过程中注意力集中，头脑兴奋性高，反应敏捷，潜能发挥充分，能取得好成绩。但如果过度焦虑可能导致人焦躁不安，心慌意乱，运动能力下降，且往往导致出现意外。

（3）心理疲劳度水平：心理疲劳状态下，大脑神经系统的灵活性显著降低，注意力分散，反应变得迟钝，中枢神经协同的调节支配能力减弱，本体感受器功能下降，动作协调性和稳定性下降。

（五）环境对运动适宜度的影响

1. 自然（生态）环境

自然环境因素是指人类生态系统中的自然因素，诸如海拔、温度、湿度、日照等基本条件，这些自然因素均会在某一种程度上影响运动适宜度。

（1）海拔对运动适宜度的影响：海拔因素常常会影响人的运动能力，高原环境下，由于气压、空气密度、重力、空气阻力等方面的影响，会对机体产生一些适应性的生理反应，并且存在着不同的适应规律。近年来，越来越多的研究发现，在一定的高海拔运动能明显提高人体的运动能力。在高原低氧条件下，红细胞生成增多，呼吸循环功能增强是机体在该条件下进行的生理性代偿的基本方式，而循环功能的增强是这种代偿反应最重要的表现。机体通过神经反射和高层次神经中枢的调节以及控制作用使心输出量和循环血容量增加，补偿细胞内降低了的氧含量，提高耐受缺氧的能力，适应恶劣的低氧环境，从而可显著提高人体的运动能力。

（2）温度对运动适宜度的影响：研究证实，人对"冷耐受"的下限温度和"热耐受"的上限温度，分别为11℃和32℃。人体运动最适宜的环境温度为18~26℃，在这个温度下，人体没有冷热感，身体毛细血管舒张平衡，处于最适宜的热平衡状态。运动时，人体内产生热量会大幅度增加，特别是剧烈运动时能比平时增加100倍以上。体内产生的热量使体温升高，会引起一系列的功能失调甚至休克。而外界热环境将不利于体内热量向外散发；当机体处于外界冷环境中，肌肉的黏滞性增大、伸展性和弹性降低、兴奋组织（如神经、肌肉和腺体）及酶的活性也降低，可引起肢端末梢血管和皮肤血管的收缩，心率加快，氧耗量增加，从而出现体温下降，以及代谢、呼吸和循环功能障碍。

（3）太阳射线对运动适宜度的影响：在户外运动时，紫外线过强可使局部皮肤毛细血管扩张充血，表皮细胞被破坏，局部组织温度过高，导致皮肤发红、水肿，出现红斑；当头部受强烈阳光照射时，其中的红外线可使脑组织的温度上升，引起全身功能失调。太阳射线太强烈时应避免或减少户外运动时间。

（4）湿度对运动适宜度的影响：在一般情况下，运动最适宜的湿度为40%~60%，湿度越大，人体感觉越闷热，通过出汗蒸发散热的途径将受到更大的阻碍，人体产热和散热的平衡会被打破，使机体的正常功能受到影响从而减弱了人体的运动能力。湿度过低也会影响运动能力，如影响呼吸和皮肤的舒适度。

（5）空气质量对运动适宜度的影响：空气质量对运动的影响主要表现在三个方面：首先，空气质量影响人体中长期身体健康。空气中PM2.5以下颗粒成分能够进入人体血液循环系统。其造成的健康损害主要指向心血管系统疾病及癌症。其次，空气质量影响人体中短期健康。空气中PM2.5以上颗粒成分增加了呼吸系统慢性炎症及疾病。最后，空气质量影响人体短期运动能力。不良的空气质量影响人体运动的舒适感，并由此引起人体神经系统的条件反射，控制呼吸深度。从而，影响运动时的氧获得能力，造成短时运动能力下降。

2. 社会环境

社会环境因素是指影响人类日常生活的重要因素。它包括人类社会为之提供的衣、食、住、行等物质条件。其中，饮食生活习惯、经济发展、民族等带来的营养状况问题，是影响群体体质强弱和运动适宜度的基本社会因素。同样，医疗措施、健康教育、空气状态及其他与生活有关的社会因素，也均对人的运动习惯、能力起到重要的作用。如大气中的PM2.5是影响运动锻炼效果的重要污染物，它可导致胸腔发闷、咳嗽、严重的还可导致支气管哮喘。

第五章

探索运动适宜度的科学方法

运动适宜度是一个非常个性化的指标，不同人的运动适宜度差别很大，在实际工作中，可以通过多种科学手段对人体运动的过程进行测试来确定个体的运动适宜度量化范围。在这个过程中，需要不断地逐渐增加或减少运动负荷，有意识地主动打破机体内环境的相对平衡，使之向较高功能水平转化。在较高运动负荷水平上，获得新的相对平衡，这个过程就是运动适宜度的确立过程。

运动必然产生疲劳，适度的疲劳是提高身体功能的主要方法。但过度疲劳必然引起身体功能的下降，从这个角度来说适度的疲劳是运动的必然结果，是摸索最佳运动适宜度的前提。因此，从某种意义上讲，有疲劳才有运动适宜度。疲劳与运动适宜度是运动能力发展过程中出现的一对矛盾。它们相辅相成，对立统一。

当运动安排合理、恢复措施得当时，矛盾即向有利于运动能力提高的方向转化。反之，则向负面方向转化。如果运动量和强度过大，可能导致疲劳过度，使恢复速度减慢甚至出现过度疲劳，使身体功能下降，导致运动适宜度建立的失败。通过多次反复运动测试，人体运动适宜度量化范围会逐渐明确，从而更加科学合理地通过运动来提高人体的健康水平。

运动适宜度建立的核心是对运动强度的把控。运动强度的适宜度可以分为主观指标和客观指标，两类指标需要结合起来进行使用，才能够体现运动适宜度的科学性和适用性。

一、主观指标测定运动适宜度

1. 情志状态

主观情志状态是自我评价身体疲劳的重要依据。运动锻炼后自我感觉身体轻松、舒畅，并有继续运动的愿望，说明这种疲劳是体育锻炼的正常反应。如果运动后，感到头晕、恶心、厌恶运动，则可能是身体疲劳程度较深，超过身体的承受能力。

2. 体力状态

人体运动时的主观体力感觉与工作负荷、心功能、耗氧量、代谢物堆积等因素密切相关。因此，运动时的自我体力感觉是判断运动性疲劳的重要指标。瑞典生理学家冈奈尔·鲍格（Guenzael.Bog）为此制定了判断运动过程中疲劳的主观感觉等级表（RPE）。

3. 精神状态

运动后可以让他人观察测试者的表观反应，若面色苍白、眼神无光、反应迟钝、情绪低落，说明锻炼者的疲劳较重，运动强度不适宜。

4. 睡眠状态

运动后睡眠表现为入睡快，睡得深，醒后精神良好，则说明运动适宜。若是运动后，有失眠，易醒，睡眠不稳，多梦和清醒后精神不佳等，表示运动负荷不适宜。

5. 食欲状态

在一次大运动量运动后即刻出现的食欲下降现象是暂时的或正常的，不适症状很快会消失。如果休息一段时间后仍不想进食或食量减少，并在一定时期内不能恢复食欲，则可能与运动负荷过大有关。

6. 排汗状态

在客观条件相同的情况下，若大量出汗，甚至安静时也出汗或夜间盗汗，表示身体功能状况不良，运动强度可能不适宜。运动时身体适度出汗的运动强度最佳。

根据主观指标评定运动适宜度时，可将一些指标的具体感觉填写在监督记录表上，如表5-1所示：

表 5-1　监督记录表

内容	指标	反应		
主观感觉	情志状态	良好	一般	较差
	体力状态	良好	一般	较差
	精神状态	良好	一般	较差
	睡眠状态	良好	一般	较差
	食欲状态	良好	一般	较差
	排汗状态	良好	一般	较差
其他	运动损伤	（记录运动损伤的原因和程度）		

根据监督表中的各项反应，进行综合分析与评价。如果大多数是属"良好"，且无伤痛，说明前一段运动的内容、运动负荷和锻炼方法合适。如果大多数属"较差"，甚至有伤病，说明前一段运动锻炼不合适，应及时检查并分析原因，在专业人士指导下，及时调整锻炼内容、运动负荷和锻炼方法，必要时暂停运动。

二、生化指标测定运动适宜度

1. 血液指标

（1）血乳酸：乳酸是糖酵解供能时产生的终产物。当同一个体运动锻炼后血乳酸升高同时清除时间延长，是运动强度过大的征象之一。

（2）血尿素：尿素是人体内蛋白质和氨基酸代谢的终产物。当运动负荷量增大时，血尿素增加将明显。血尿素运动后上升程度及次日晨起的恢复程度为疲劳评价的重要依据。一次运动后，次日清晨的血尿素超过 8.0mmol/L 时，表明运动不适宜。

（3）血清肌酸激酶：剧烈运动时骨骼肌局部缺氧，代谢产物堆积，细胞膜损伤和通透性增加，肌细胞内的血清肌酸激酶透过细胞膜进入血液循环，导致运动后升高，因此血清肌酸激酶是评定疲劳程度和恢复过程的重要指标。机体疲劳后，血清肌酸激酶上升，在安静时可高达 300~500U/L，但目前尚无量化评价标准。使用血清肌酸激酶做评价时，需做同工酶的测定，同时测定血清肌红蛋白，并同其他诊断相结合，以区别心肌炎时血清肌酸激酶的上升。

（4）血清睾酮/皮质醇比值（T/C）：睾酮有助于加速体内合成代谢，皮质醇可加速分解代谢，维持体内糖代谢的正常进行，保持血糖浓度的相对稳定。测定恢复期血清睾酮/皮质醇比值，就可了解体内合成代谢和分解代谢平衡的状态。比值高时，是合成代谢过程占优势；比值下降，是分解代谢大于合成代谢，机体仍处于消耗占主导地位的状态，疲劳不能有效恢复。目前认为，此比值变化大于原值 30% 时是运动强度过大的警戒值。由于血清睾酮和皮质醇水平存在个体差异性，使用该指标判断疲劳程度时，最好进行自身对照，建立机体的个人标准值。

2. 尿液指标

（1）尿蛋白：运动造成的尿中蛋白质排出量增加呈阳性，称为运动性尿蛋白。运动性尿蛋白属于功能性尿蛋白，一般在 24 小时内可自行消失。运动后尿中蛋白质的排泄量因机体功能状态、运动负荷的不同而不同。因此，可根据运动后尿蛋白排泄量来评定身体功能状态或其适应情况。一般取运动后和次日晨尿做检验来评定其疲劳和恢复程度。如果晨尿中蛋白质含量较高或超过正常值，可能是运动强度过大造成了过度疲劳的表现。运动性尿蛋白存在很大的个体差异性，但个体本身具有相对稳定性，所以应用尿蛋白指标时应注意个体指标对照。

（2）尿胆原：尿胆原是血红蛋白分解的代谢产物。在大运动负荷时，体内溶血增多，尿胆原排出量增加。血红蛋白下降，尿胆原增加是功能水平下降的表现。若连续 2~3 天安静状态下仍高于 2mg%，可以判断是疲劳的表现，应调整运动强度。

3. 唾液

由于长时间剧烈运动后，乳酸生成增多，血液 pH 值下降，致使唾液 pH 值也下降。因此，测定唾液 pH 值可用于判断运动性疲劳。

检测方法：让受试者将口腔中的唾液清除掉，然后使新产生的唾液沿口唇流出，用镊子把测试唾液 pH 值的试纸贴在舌尖，待其充分吸湿后取出，立即与运动前比色对照。

运动后唾液 pH 值较运动前降低，表示机体可能疲劳。

三、生理指标测定运动适宜度

1. 肌围

长时间奔跑、行走等移动或原地静止的站立运动，使下肢血液回流受阻、下肢血液滞留及组织液增多，可引起下肢围度增加，在一次长时间工作和锻炼后，下肢围度的增加与疲劳程度成正比。

2. 心率

心率能反映机体对即时运动量的承受情况，也是评定运动性疲劳最简易的指标。若锻炼后安静时脉搏比平时有明显增加或不稳定，并长时间不能恢复，表明前期的运动强度可能不适宜。

（1）基础心率：基础心率是基础状态下的心率，即清晨、清醒、起床前、静卧时的心率，一般用脉搏表示，机体功能正常时基础心率相对稳定。如果大运动负荷运动后，经过一夜的休息，基础心率较平时增加 5 次 / 分钟以上，则认为有疲劳累积现象。如果连续几天心率不能恢复，则应调整运动负荷。在选用基础心率作为评定疲劳指标时，应排除惊吓、噩梦、睡眠等因素的影响。

（2）运动中心率：可采用遥测心率方法测定运动中的心率变化，或用运动后即刻心率代替运动中的心率。按照训练 – 适应理论，随着运动水平的提高，完成同样运动负荷时，心率有逐渐减少的趋势。一般情况下，如果从事同样强度的定量负荷，运动中心率增加，则表示身体功能状态不佳。

（3）运动后心率恢复：人体进行一定强度运动后，经过一段时间休息，心率可恢复到运动前状态，身体疲劳时，心血管系统功能下降，可使运动后心率恢复时间延长。因此，可将定量负荷后的心率恢复时间作为疲劳诊断指标。

3. 血压体位反射

大运动负荷运动后，植物性神经系统调节功能因疲劳而下降，使血管运动的调节发生障碍。血压体位反射主要是测定心血管系统调节功能。

（1）测试方法：①受试者取坐位，安静 5 分钟后测量血压；②受试者随即仰卧并保持卧姿 3 分钟；③使受试者恢复坐姿（推受试者背部使其被动坐起，不能让其自己坐起）；④立即测量血压，并每隔 30 秒测一次，共测 2 分钟。

（2）评价方法：① 2 分钟内血压完全恢复为正常，没有疲劳；② 2 分钟内恢复一半以上为调节功能欠佳，轻度疲劳；③ 2 分钟内完全不能恢复为调节功能不良，疲劳较深。

4. 皮肤空间阈

皮肤空间阈，也称两点阈，是指能引起皮肤产生两点感觉的两点刺激间的最小距离。疲劳时受试者辨别皮肤两点最小距离的能力下降。

（1）测试方法：①受试者仰卧，裸露被测部位，闭眼；②实验者持触觉计（或用圆规代替），拉开一定幅度，将其两端以同样的力轻触受试者皮肤；③受试者如实地回答自己的感觉是"两点"还是"一点"；④将受试者回答是两点的最小距离作为皮肤空间阈值；⑤在运动前后各测一次，然后比较两次的结果。注意：要测定同一部位。

（2）评价方法：①运动后的该阈值较运动前大 1.5 倍以上者为轻度疲劳；②运动后的该阈值较运动前大 2.0 倍以上者为重度疲劳。

5. 闪光融合频率

闪烁光源融合成一个连续光源感觉的最低频率称为闪光融合频率。疲劳时视觉功能下降，可根据闪光频率融合的阈值评价疲劳。

（1）测试方法：①实验者调节光源的闪光频率至合适的频率；②受试者看测定器显现的光源；③以不出现闪光作为标志时，旋转调节闪光频率的旋钮，由低向高，当受试者不可以辨别闪光时，记录该闪光频率，实验重复做 3 次；④以出现闪光作为标志时，由高向低转旋钮，当受试者可以辨别闪光信号时，记录闪光频率。实验重复做 3 次；⑤求出 6 次实验的平均值。

（2）评价方法：见表 5-2。

表 5-2　闪光融合频率评价表

疲劳程度	闪光频率减少（周 /s）	恢复速度
轻度	1.0~3.9	休息后当日恢复
中度	4.0~7.9	睡一夜才恢复
重度	> 8	休息一夜不能完全恢复

6. 肌电图

肌电图可反映肌肉的疲劳程度，因此经常被用来评定神经肌肉系统功能状态。目前用于评价疲劳的肌电图指标主要包括 sEMG 信号线性分析中时域分析的振幅、积分肌电值（iEMG）、均方根值（RMS）和频域分析的肌电功率谱、平均功率频率（MPF）和中位频率（MF）等。

疲劳时肌电图一般特征为：sEMG 积分肌电图下降（腰背肌）或上升（四肢肌）；sEMG 傅立叶频谱曲线左移，MPF 和 MF 线性下降；sEMG 信号的复杂性下降，熵值减小；功能性电刺激诱发的 EMG 峰峰值（Peak to Peak，PTP）下降。

7. 脑电图

脑电图是通过电极对大脑皮质神经细胞集团自发性电活动的头皮体表记录，是记录头皮两点间的电位差，或者是头皮与无关电极或特殊电极之间的电位差。其将脑细胞电活动的电位作为纵轴，时间作为横轴，描述电位与时间的相互关系，包括周期、振幅、位相和波形四个基本特征。国际上常用的 Walter 分类法依据频率将其分为：δ 波（0.5~3.5Hz）、θ 波（4~7Hz）、α 波（8~13Hz）、β 波（14~26Hz）和 γ 波（26Hz 以上）。

脑电图可反映中枢神经系统功能状态。大脑的疲劳状态与 α、θ 波密切相关，随着工作时间增加、疲劳程度加深，脑电相关能量参数（$\theta+\alpha$）/β 呈上升趋势，α 和 θ 波段的相对能量增加，β 波段的相对能量减少。在剧烈运动后的疲劳状态时，慢波明显增多，α 波节律变为不均衡，时慢、时快、波幅降低，可出现 1.5~6Hz 的慢波且其周期和波幅极易变化，表明大脑皮质抑制过程占优势，过度运动时脑电图对光刺激无节律同步化反应，在定量运动负荷试验后波幅降低，一般脑电图作为综合功能检查中的一个指标，结合其他检查结果综合评定。

四、体质指标测定运动适宜度

体质测试评价可以全面地评价人体形态、素质、功能情况，借助仪器设备可以对人体的体质做出定量的评估。在锻炼前、后进行体质测试，然后比较两次测试的结果，可以间接地评价运动适宜度。如表 5-3 所示：

表 5-3　测试指标

类别	测试指标	
	20~39 岁	40~59 岁
形态	身高、体重	身高、体重
功能	肺活量、台阶试验	肺活量、台阶试验

续 表

类别	测试指标	
	20~39 岁	40~59 岁
素质	握力、俯卧撑（男）、1min 仰卧起坐（女）、纵跳坐位体前屈、选择反应时、闭眼单脚站立	握力、坐位体前屈、选择反应时、闭眼单脚站立

评定标准：体质测试评分是采用单项评分和综合评级进行评定。单项评分包括身高、标准体重评分和其他单项指标评分，采用 5 分制。综合评级是根据受试者各单项得分之和确定，共分四个等级：一级（优秀）、二级（良好）、三级（合格）、四级（不合格），见表 5-4。任意一项指标无分者，不进行综合评级。

表 5-4　综合评定标准

等级	得分（20~39 岁）	得分（40~59 岁）
一级（优秀）	＞ 33 分	＞ 26 分
二级（良好）	30~33 分	24~26 分
三级（合格）	23~29 分	18~23 分
四级（不合格）	＜ 23 分	＜ 18 分

如果在按某一种练习方法、练习强度、练习次数、练习节律进行锻炼，经过一段时间后进行体质评估，其体质得分提高，则视为该运动处方是合乎该锻炼者的需要，达到或向着运动适宜度方向发展；反之，则认为该运动处方没有向着运动适宜度的方向发展。

下面我们分别就身体形态、功能和素质三类测试指标举例。

1. 身体形态指标——体重

开始运动阶段体重下降，但 1~2 天后能恢复正常。如果体重持续下降，并伴有其他异常现象，表示健康状况不良或运动强度过大。

2. 身体功能指标——肺活量

（1）肺活量的测定：①连续测定 5 次肺活量（每隔 15 秒测量一次）；②将 5 次测量值描记在坐标纸上；③运动前、后各测 1 组，进行比较。

（2）评价方法：如果没有其他特殊原因，运动后肺活量平均值低于运动前水平，或几次测定值连续下降，即为运动不适宜；如果运动后肺活量平均值逐渐高于运动前水平，或几次测定值连续升高，即为运动适宜。

3.身体素质指标——反应时

反应时是指刺激信号（光、声音等）出现后，机体迅速做出反应的最短时间。分为简单反应时和选择反应时。疲劳时反应时明显延长，特别是选择反应时延长更明显，表明大脑皮质分析功能下降。

五、人体热辐射测定运动适宜度

人体内部的细胞在进行新陈代谢的过程中产生热量，形成自身的红外线热辐射。不同细胞产生的热量不同，热量由体内向体表传递，不同细胞的热量传递均有一定的规律。正常人体是一个代谢基本平衡的热辐射体，若某一区域的新陈代谢出现代谢异常活跃或减低，则提示该部位组织细胞发生了异常，可能出现病理性改变。

热扫描成像系统（图5-1）的工作原理是：利用红外热辐射接收器接收人体细胞新陈代谢过程中的红外线辐射信号，经计算机处理、分析，基于特定规律和算法重建出对应于人体所检查部位的细胞相对新陈代谢强度分布图，并加以断层，测量出热辐射源的深度和数值，依据正常与异常组织区域的热辐射差来诊断身体变化情况。

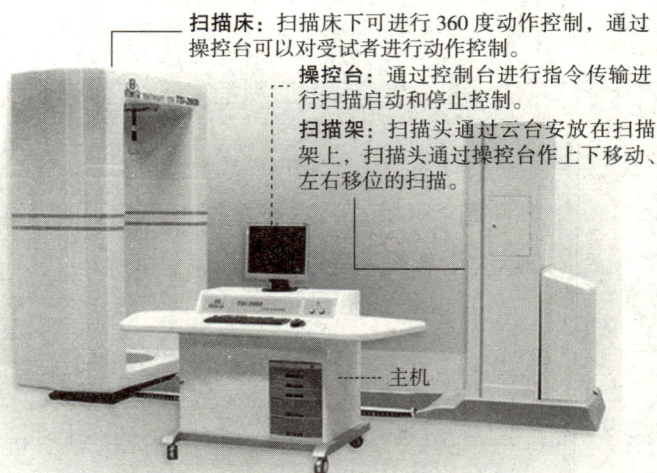

扫描床：扫描床下可进行360度动作控制，通过操控台可以对受试者进行动作控制。

操控台：通过控制台进行指令传输进行扫描启动和停止控制。

扫描架：扫描头通过云台安放在扫描架上，扫描头通过操控台作上下移动、左右移位的扫描。

主机

图5-1　热扫描成像系统

运动是一个能量消耗并产生热量的过程。在运动前后，通过热扫描成像系统进行扫描可判定身体局部区域代谢热的变化情况，作为对运动项目、运动强度、运动幅度、运动频率进行评估的依据，以了解该项运动对于人体代谢的影响。从而选择出有针对性的运动项目、适宜的运动节律、运动幅度，最终获得有针对性的适宜的运动处方。

六、生物电反馈技术测定运动适宜度

生物电是生物的器官、组织和细胞在生命活动过程中发生的电位和极性变化。是生命活动过程中一类物理－化学变化，是生物正常生理活动的表现，也是生物活组织的一个基本特征。

生物体内广泛、繁杂的电现象是正常生理活动的反映。从统计意义上说，生物电是有规律的。在一定条件下，一定的生理过程对应着一定的电反应。因此，依据生物电的变化，可以探知生理过程是否处于正常状态，如心电图、脑电图、肌电图等生物电信息的检测等。因此，当把一定强度、频率的电信号输到特定的组织部位，根据生物电反馈信号，则又可以快速、无创地了解其生理状态。

1. 生物电反馈之一，生物电扫描系统测定运动适宜度

生物电扫描系统（图 5-2）采用低压直流电刺激感应技术，激活人体各脏器的间质细胞的电生理活性，依据该电信号在人体组织内反馈信号的单向导通性，进行即时电流分析法分析，以数字化形式采集人体功能的信息，通过数字模型对数据进行 3D 重建，对人体整个机体的各组织、各器官进行全面的扫描及功能评估。

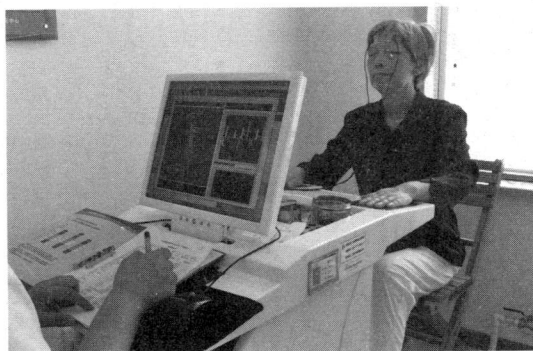

图 5-2 生物电扫描系统

该系统可以对人体的呼吸系统、循环系统、骨骼系统、生殖系统、泌尿系统、消化系统、神经系统、内分泌系统、免疫系统等进行评估，以确定各组织的正常活性。

依据生物电扫描获得人体各个器官的活性值，并与正常组织进行比较，活性值应该处于 $-20 <$ 组织 < 20 范围之内，凡是偏离这一范围的视为该组织器官的活性异常。如果把生物电扫描系统应用于运动适宜度的探索，则需要对运动前后的效果进行评估与比较，一次运动前后可以进行测试比较，一段时间运动前后也可以进行测试比较，综合分析结果可以确定运动的效果与质量，判断运动适宜度的范围。

2. 生物电反馈之二，反射区生物电反馈系统测定运动适宜度

反射区生物电反馈能够反映机体、器官的能量状态和发展趋势。该方法通过手传感器将手部机体反射区的状态以不同表现形式反映出来，不同器官的实时反馈图、机体整体动态能量光环图、器官光环图、能量轮（能量环）活动等。通过人体能量监测的形式，对器官能量的即时状况如能量充盈或是缺失、稳定或是失稳进行描述。

把反射区生物电反馈应用于运动适宜度的研究，则需要对运动前后的效果进行评估与比较，一次运动前后可以进行测试比较，一段时间运动前后也可以进行测试比较，综合分析结果可以确定运动的效果与质量，间接地确定运动适宜度的范围。

目前，主流的亚健康测试是人体能量（亚健康）监测系统，可同时对143个生物反馈点进行低频电流扫描，快速获取身体50个器官的能量数据。图5-3、图5-4是人体能量监测系统及测试报告。

3. 生物电反馈之三，生物电阻系统测试运动适宜度

生物电阻抗分析法是进行人体成分（体脂肪量、肌肉等）分析的一种方法。通过测量脂肪与肌肉的变化情况，可直观反映一段时间运动是否对机体产生了预期的效果。图5-5、图5-6是人体体成分测试仪及测试报告。

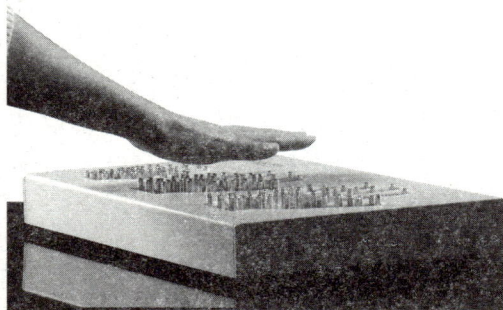

图 5-3 人体能量监测系统

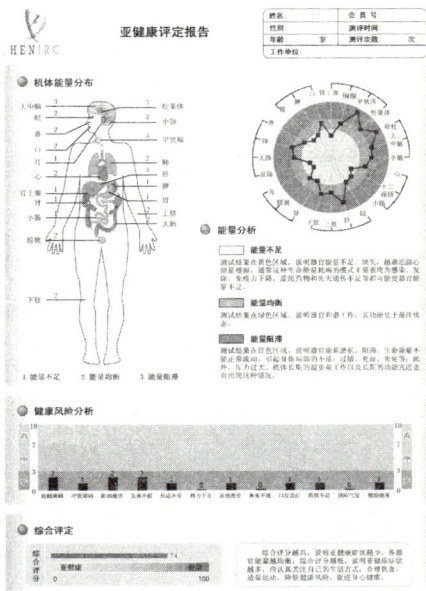

图 5-4 人体能量监测系统测试报告

图 5-5 人体体成分测试仪

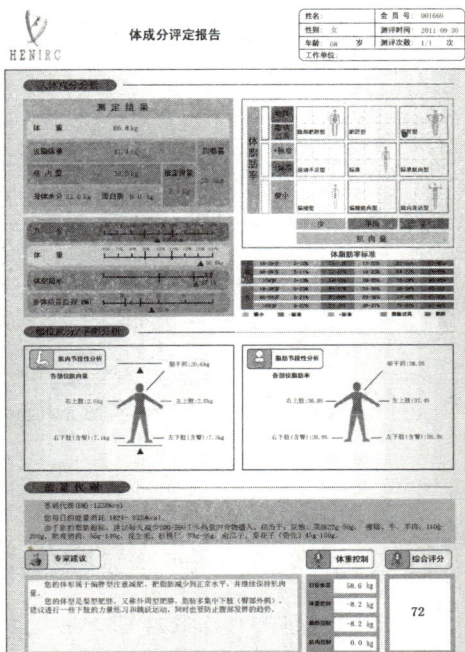

图 5-6 人体体成分测试报告

七、运动能耗仪测定运动适宜度

研究证实，运动不足是导致慢性病发生、发展、转化的重要危险因素。而运动不足的一个重要评价指标就是能量消耗的合理性。因此，对运动量化监督，包括将日常生活中的运动量化、数据化，对于建立个体化的运动适宜度意义十分重大。如果不能定量精确地监测人体运动能量消耗的情况，运动指导将如盲人摸象。但由于人体的运动是一个包括频率、强度、运动类型、运动时间和个体差异性很大的多维变量，所以运动能耗是一个随运动类型和运动时间变化的不稳定数值，其大小与人的体重和运动能力有关，这也为能耗的检测增加了很多困难。在单独使用心率、计步器和三维加速度计测量人体运动能耗时，三维加速度计法是最理想的一种方式，三维加速度计测量运动能耗方法的研究，由于可以获得身体活动的频率和强度，并可以进行持续的测量，进而受到大家的关注。

运动能耗仪（图5-7）是一个精确测定人体运动消耗情况的仪器，可以通过定量控制记录运动强度、频率及运动时间，为科学有效的监测运动数据提供有力依据。为有效干预肥胖、糖尿病、高血脂、高尿酸、骨质疏松等慢性病提供了监控方式，为个体持续适宜的运动提供可供参考的数据支持。

图5-7　运动能耗仪

八、肌肉检测技术探索运动适宜度

运动中的肌肉和血管在肌肉收缩时被机械地压缩，当肌肉有节律地工作时，流经血管的血流量会在肌肉收缩时下降而肌肉放松时上升。骨骼肌的张力是肌肉收缩时的机械应力。肌张力有助于确保身体平衡，维持身体各部分的相对位置，给肌肉活动提供必要的背景应力。为了避免过度训练及其引发的运动伤害，监控运动者的肌肉状况显得非常重要。

肌肉检测技术的工作原理是采用轻微的机械冲击力来唤起肌肉的自由振荡（如图 5-8 所示）。通过加速度探头来记录肌肉的自由振荡状态，得到反映肌肉机械力学特性的振荡曲线。根据该振荡曲线计算出相应的参数：振荡频率（肌张力）、弹性、硬度等生物机械力学特性参数。这些参数可以帮助描述肌肉的功能状况和血流在肌肉中的供给情况。从而，客观地反映肌肉的功能状态及疲劳风险程度，以便适当地调整运动和放松，控制恢复过程。这对运动适宜度的建立具有重要的实际意义。

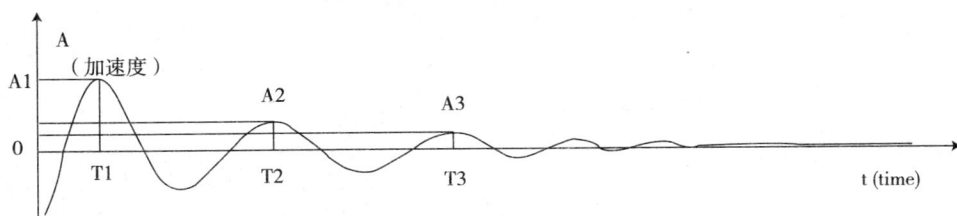

图 5-8　肌肉检测技术原理示意

1. 肌肉检测指标

（1）伸缩性（以频率伸缩性来表达）：是指存在于放松状态下的肌肉的机械张力。单位：Hz，它用来描述肌肉在动作和放松之间的恢复状况。伸缩性高于正常值将会扰乱肌肉中的血流状况。因为肌肉中的血管越是收缩就越少血液能流通到达肌肉。肌肉伸缩性的升高导致疼痛、运动能力下降、过载和其他现象。但较低伸缩性又可以显示较低的运动能力和肌肉疲软无力。

（2）硬度：是指肌肉抵抗外力使其形变的能力。单位：N/m，根据运动性能，硬度与拮抗肌在运动中的阻力相关联。较硬的肌肉需要更大的努力才能使拮抗肌伸展开，这就导致较低的运动效率。身体两边硬度的不对称性（不平衡）会扰乱运动的节奏。

（3）弹性（以对数衰减值来表达）：是指肌肉产生收缩形变后恢复到原始状态的能力。它描述了在运动中肌肉血流的供给状况，以及提高运动速度的能力。

运动中骨骼肌血流的供给仅当其外形在两次收缩的间隙能迅速地恢复到原始状态才有效。换句话说，肌肉必须要有好的弹性才能保证良好的血流供给。弹性的下降会引起肌肉更快疲劳，并且如果肌肉弹性不好其运动速度必定受到限制。肌肉弹性的升高是训练效果适宜的指示器。

2. 肌肉检测对运动适宜度建立的意义

（1）可以直观地监测运动对运动者肌肉产生的效果，分析身体主要部位肌肉疲劳风险等级及主要部位运动损伤风险等级，从而判定运动强度是否适宜。

（2）确保施加的运动量持续适宜，及早察觉训练过度，从而避免过度训练引起的伤害，为科学的锻炼指导提供依据。

（3）客观地评价在前一次训练后肌肉的恢复水平状况，使运动者知道恢复时间是否足够，准确地设定下一个新的训练周期和训练量。避免疲劳运动，同时也可评价肌肉受伤后复原的状况，确定开始恢复训练的时间和训练量。

（4）可以通过检测弹性的高低及其在运动前后的变化特征来判定运动者的肌肉是耐力型还是爆发力型。

（5）分析身体左右侧肌肉状况的对称性。

3. 肌肉检测技术在运动适宜度建立过程中的应用举例

（1）肌肉硬度、弹性、伸缩性指标在运动适宜度建立过程中的应用：根据运动的内容，肌肉特性参数将会随着时间的推移朝着某一方向发展。当这些参数的改变被记录并显示，运动效果就可以被客观评价。如果弹性下降和伸缩性升高，这种情况通常说明了肌肉处于疲劳状态和运动能力下降。适宜的运动过程中肌肉的弹性应该保持在同一水平或有所改善。作为运动的结果，弹性评分是首要的对运动响应的肌肉特性参数，并且应该上升。如果弹性评分维持在较高状态，那么下一个提高的评分就是伸缩性，再后来就是硬度评分的上升。同时肌肉伸缩性升高会导致肌肉血液供应状况的变差，因为肌肉血管受到更大的压迫而使更少的血液流经肌肉，新陈代谢过程就会降低，因而肌肉就需要更多的时间才能恢复。如果这种状态持续数周，肌肉进入过载状态，运动者会感到疲乏然后疼痛，为了避免疼痛，运动者就必须降低肌肉收缩的力度，这样一来就会直接导致运动成绩的下降。图5-9可以直观地反映异常的状态。

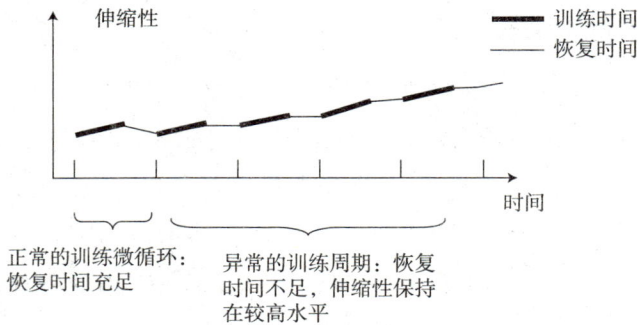

图 5-9　不同的训练周期对肌肉伸缩性的影响

当运动过度或者不适宜时，肌肉的活性纤维会被打断，而且胶原质的被动纤维会被低弹性的疤痕组织所取代，弹性降低会带来损伤风险的上升。因为这时候肌肉抵抗机械应力的能力会相应下降，较低的肌肉弹性也导致运动成绩下降。

（2）肌肉对称性指标在运动适宜度建立过程中的应用：人体各部位很大程度上是一个对称体，以身体中心为中轴呈左右对称。最好的肌肉状况是两侧的性状为近似，也就是身体两侧的参数越接近就越好，差异程度不应该超过 5%。对称性差异如果在 5%~10% 提示应该对肌肉的危险性状况引起特别关注。若差异性超过 10%，应该重复测量步骤，以确保测量无误。如果反复测量所得的结果仍超过 10%，就表示肌肉处于不正常的状态了，应尽快调整运动适宜度。

（3）个体标准在运动适宜度建立过程中的应用：个体标准可以作为诊断某一特定人员的肌肉状况的初步基准值，一个较为专业的运动者的个体标准是通过若干次检测建立的。这些检测最少以一周为微循环的运动，并且在该循环内最少每天检测一次。一段时间后（如一年）后，个体标准可以根据一年的检测或者适当的周期的检测结果来形成。为了检测和计算肌肉收缩状态下的标准，必须保证每次检测肌肉都是在相同的状态下。因此，在运动中定期进行肌肉监测，记录每次监测的数据，就可以评估肌肉参数是否随着时间推移正朝着我们想要的方向发展，从而及时调整运动适宜度。

九、精神压力检测技术探索运动适宜度

精神压力检测技术是依据心率变异的相关因素来评估分析自主神经系统的平衡。精神压力检测技术是基于心率变异性理论等理论建立的。

1. 心率变异性（HRV）理论

心率变异性是指逐次心搏间期的微小差异，它产生于自主神经系统对心脏窦房结的调制，随着体内外环境的变化而时刻变化，使得心搏间期一般存在几十毫秒的差异和波动。这种变化在体表记录的常规心电图上常难以测出或因微小而略而不计，这种心搏的周期性变化叫作心率变异性（HRV）。HRV 分析被认为是目前一种无创性检测与评价心脏自主神经功能及其动态活动变化的最好方法。

2. 图形解读

（1）心率变异性波形图（HRV）

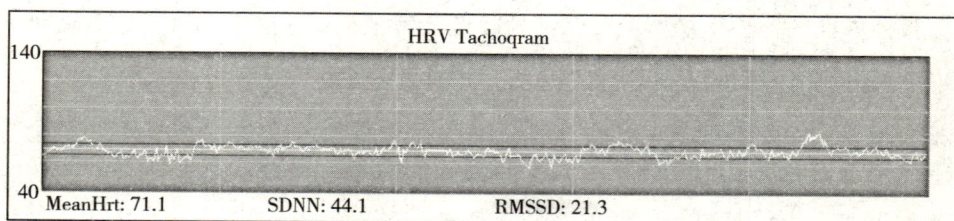

图 5-10　心率变异性波形图

图 5-10 是检测记录时间内，心率变异程度的波形图。（横轴：时间 time。竖轴：心率 bpm）

中间的白色线代表着平均心率，两条黑线之间的间距代表着心率变异标准偏差。

健康人的标准偏差较大，疾病或承受压力状态下的标准偏差降低。即，两条红线之间的间距越大，心率变异就越大，机体健康状态越好；反之亦然。

②心率变异性直方图

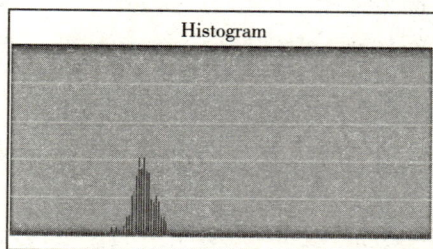

图 5-11　心率变异性直方图

图 5-11 是将心率变异度以直方图显示的，横轴为心率，竖轴为个数数字。心率变异性大的健康人，其直方图中小山峰的形状是底部宽平兼峰高矮小；而变异性小的人，小山峰形状是底部窄兼峰高尖锐。

③心率变异性散点图（RRV）

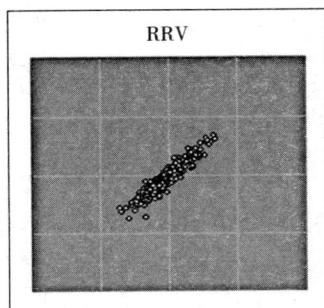

图 5-12 心率变异性散点图

图 5-12 也是代表心率变异性的结果图。把瞬间的心率顺次连续的点画在 X 和 Y 坐标上。变异性大时，整个点状图广而散地分布于一定范围内；变异性小时，点状图的分布聚集于一处。

3. 精神压力检测技术在运动适宜度建立过程的作用

精神压力检测技术对运动中的自主神经监测在运动适宜度的建立过程将发挥重要的作用，通过结合诸如主观感觉、生理指标等其他方式共同监控运动适宜度。

（1）自主神经系统平衡检查（HRV）：通过对运动前、中、后的自主神经系统平衡性进行持续检测，可评估自主神经系统在运动全过程的变化发展趋势，这对判定和摸索运动适宜度具有重要的指导意义。

（2）对精神压力、身体疲劳度的检测：利用精神压力检测技术，可评估运动前、中、后的精神状态和身体疲劳程度，这对评估参与者的精神状态和运动强度的适宜性具有重要的参考价值。

十、动脉柔韧度检测技术探索运动适宜度

动脉僵硬度的改变早于结构的改变，是各种心血管事件发生发展的生理及

病理基础，动脉的脉搏波传导速度（PWV）和踝臂血压指数（ABI）可作为评估动脉僵硬度的重要指标，动脉僵硬度的改变可作为运动是否适宜的重要参考依据。

1. 技术原理

心脏每次向大动脉搏出血液的过程中，主动脉壁产生脉搏波，并以一定的速度沿血管壁向末梢传播，这种波动即脉搏波，脉搏波在动脉的传导速度即脉搏波传导速度（PWV），可通过测量两个动脉记录部位之间的脉搏波传导时间（PTT）和距离（L）求得，计算公式为：PWV（cm/s）=L/PTT。通常情况下数值越大，反映血管壁越硬。

踝臂血压指数（ABI）是指胫后动脉或足背动脉的收缩压与肱动脉收缩压的比值。ABI 主要用于评估下肢动脉血管狭窄、阻塞情况。

2. 应用现状

Blacher 等在对 530 名高血压患者所做的研究发现，PWV 与动脉粥样硬化存在显著相关性，并且 PWV ≥ 1400cm/s 作为心血管疾病发生危险性的强预测因子具有很高的应用价值 [18, 19]。

研究证实，ABI 异常是心、脑血管事件和死亡率的独立预测因子。一项对 2615 名 40 岁以上高血压患者进行 ABI 测试的研究表明，高危高血压患者的冠心病危险度越高，发生 ABI 异常的可能性越大。该正相关效应在大于 60 及大于 70 岁年龄段的高危高血压患者中尤为明显 [20]。ABI 的临床应用价值在国内外已得到广泛认可。

3. 评估指标

（1）动脉的脉搏波传导速度——PWV：如不考虑年龄因素，PWV 的基准值为 1400cm/s。PWV 增大，表示动脉硬度增高，顺应性差，心脑血管疾病的发病风险越大。反之，则血管硬度低，顺应性佳。

① PWV 高出正常值的 20% 以下属于正常；

② PWV 高出正常值的 20%~30% 属于轻度硬化；

③ PWV 高出正常值的 30%~50% 属于中度硬化；

④ PWV 高出正常值的 50% 以上属于重度硬化。

⑤当 ABI 值小于 0.9 时，PWV 值仅供临床参考，不作诊断标准使用。

（2）踝臂血压指数——ABI：ABI 作为诊断阻塞性动脉硬化症（ASO）的指标被普遍使用，其判断标准是由 AHA（美国心脏学会）1993 年制定的。正常范围是 0.9~1.4。

① ABI < 0.9：有动脉堵塞的可能性；

② ABI < 0.8：动脉堵塞的可能性较高；

③ 0.5 < ABI < 0.8：有一处存在动脉堵塞；

④ ABI < 0.5：有多处存在动脉闭塞；

⑤ 0.9 < ABI < 1.0：动脉有堵塞的趋势；

⑥ 1.3 < ABI < 1.4：动脉有硬化的趋势。

4. 动脉硬化检测技术在运动适宜度建立过程中作用

动脉硬化检测技术通过对运动中的动脉弹性、血压、下肢闭塞的改变可对运动适宜度建立发挥重要作用：

（1）动脉硬化检测技术可对运动者的身体素质尤其是心血管系统的现状做出评估，从而对运动者的运动能力做出准确的判断，避免运动过度造成意外事件的发生。

（2）动脉硬化检测技术可对运动者运动过程的血压、动脉弹性等的改变做出准确的评估，从而为调整运动强度提供相应的依据。

第六章

健康节律运动分类

一、依据运动时物质代谢方式不同进行运动分类

依据人体运动时物质代谢方式的不同，节律运动可分为有氧节律运动、无氧节律运动和混合型节律运动。

1. 有氧节律运动

指在运动期间人体是以有氧分解代谢为主。即人体在氧气充分供应的情况下，以糖、脂肪、蛋白质三大供能营养物质代谢产生的能量供给机体运动需要。它的运动特点是强度适中，持续时间较长。常见的运动形式有有氧步跑、大步走、长距离慢速游泳、娱乐滑冰、太极拳、排球、骑自行车、广场舞等。

2. 无氧节律运动

指在运动期间人体氧供应不足或人体内的糖消耗过快来不及经过氧分解，而不得不依靠"无氧供能"的方式产能供给机体运动需要。无氧运动通常是指人体在短时间内进行高速、剧烈的运动，引发运动时呼吸急促，氧气的摄取量不能满足代谢需要，在体内代谢过程产生过多的乳酸，导致肌肉疲劳，运动后感到肌肉酸痛。无氧代谢利用的代谢物质只能是糖类，脂肪和蛋白质不参与无氧代谢。常见的无氧节律运动项目有：速跑、快速游泳、速滑、自行车赛、快节奏舞蹈、竞技比赛、肌力训练（力量训练）等。

3. 混合型节律运动

指同时融合了有氧节律运动和无氧节律运动的运动形式，如足球、橄榄球、网球、篮球、乒乓球、间歇训练等。

机体启动哪一种代谢方式，取决于机体承受的运动强度。在运动强度相对较小，氧的供给充分，机体以能源物质的有氧氧化获得能量，即有氧节律运动；当运动强度较大时，氧的供给相对不足，机体则可利用糖原的酵解，生成乳酸获得能量，即无氧节律运动。由此可见，在一般情况下，划分有氧节律运动和无氧节律运动，主要是根据运动过程中有无乳酸产生来判定。当运动强度耗能速率大于有氧产能最大速率时，必然动用产能更快的无氧方式，但无氧代谢的终产物会很快限制机体代谢过程，故无氧供能维持的时间较为短暂。如

一千五百米跑或四百米游泳等运动，最初的 1 分钟左右的时间主要由肌糖原无氧分解提供能量，之后都需要开始利用氧气燃烧糖原、脂肪和蛋白质，故此类运动的前段是无氧代谢供能后段是有氧供能。

在运动中，运动强度的设定与选择是决定能量供应方式的关键。譬如，对于低强度（＜ 30%VO2max）长时间的运动而言，脂肪的代谢消耗为主要的能量来源；而碳水化合物在高强度（＞ 70%VO2max）的运动期间，占有能量消耗供应的优势。也就是说，当我们从事低强度长时间运动时，以脂肪的代谢利用为主；而当运动强度逐渐增强之际，反而以碳水化合物为能量的供应来源。如图 6-1 所示：

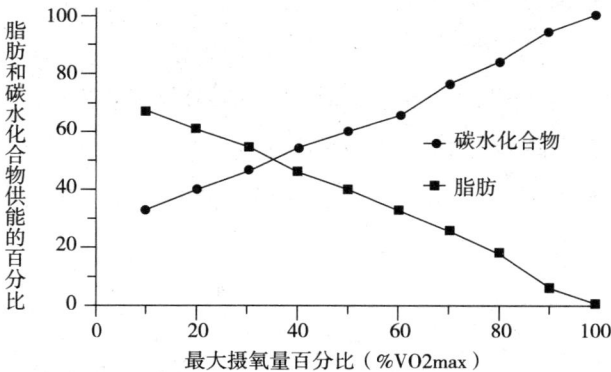

图 6-1　不同运动强度时的能量供应特点

过于轻微的运动如散步不是有氧节律运动，也达不到理想的锻炼目的。适度强度的有氧节律运动，能更好地锻炼心肺功能、改善基础代谢，提高人的体力、耐力和新陈代谢的能力。

在实际运动过程中，可以借助于心率判定运动强度。运动心率在 120~180 次 / 分的生理负荷称为阈限内负荷，心率在 120 次 / 分以下称为阈限下负荷，心率高于 180 次 / 分称为阈限上负荷。从运动生理学角度来说，正常的人，从事阈限下负荷的练习，不需要动员内脏器官的潜力就能完成，不足以引起血压、血液成分、尿蛋白和心电图等的明显变化，达不到增进健康、增强体质和刺激有机体超量恢复的阈值，因而运动收效不大；相反，从事阈限上负荷的练习，由于心动周期短，心室没有足够的充血时间，因而心脏每搏输出量减少，无法满足有机体大运动量所需要的血氧供应，影响运动效果或导致疲劳甚至有损于健康。一般情况下，如果没有先天性疾病或相关运动禁忌疾病，一般要求每次有氧节律运动强度达到适当心率。

研究表明，（220－年龄）×（55%~90%）的适当脉率时的强度为中等偏上的运动强度，是对人体健康改善最佳的运动强度。运动持续时间是有氧节律运动的另一项重要的指标，根据美国运动医学的研究，有氧节律运动的前20分钟，由肌糖原作为主要能源供应，脂肪供能在运动后15~20分钟才开始启动。这也意味着尽管你保持了适宜的运动强度，但如果时间不够也仅仅是在消耗身体的肌糖原，对于心肺功能改善及体脂肪消耗都不能取得理想的效果。所以在有氧节律运动中，一般都要求运动持续30分钟以上。

对一般的中老年人群而言，锻炼时应以有氧节律运动为主。运动负荷按适应心率的下限进行。这是因为有氧运动的运动强度相对较小，机体各器官不易出现伤害事故，又能取得较好的锻炼效果。

对有锻炼基础的年轻人而言，为了提高自身的身体素质、提高机体承受剧烈运动的能力、提高肌肉及速度素质，则须安排一定比例的无氧节律运动。

本书探讨的主要是有氧节律运动。

二、依据运动目的、方式、方法不同进行运动分类

节律运动按照运动目的、方式、方法不同，可以分为基础性、调节性、针对性节律运动。

（一）基础性节律运动

基础性节律运动的运动特征是动作规律循环、时间持续30分钟以上的有氧全身运动。这类运动的目的是适当提高锻炼者体温、脉搏、呼吸频率，但不造成肌肉酸痛、呼吸急促等无氧现象。基础性节律运动的强度必须控制在有氧代谢范畴内。

常见的基础性节律运动如下：

★ 有氧步跑、慢跑

★ 快步走

★ 原地踏步、原地跑

★ 广场舞、广场操

★ 慢速游泳

★ 拉伸运动

★ 有氧力量锻炼

优点：基础节律运动能够促进锻炼者的新陈代谢，综合提高人体机能素质，加速细胞营养代谢、血液循环、促进组织损伤修复更新，是健康锻炼的基本方法。

不足：基础节律运动虽然对于人体全身各个脏器良性刺激较为均衡，但对于亚健康、疾病康复等人群的针对性脏器功能干预指向不明，针对性的强化锻炼不足，对于特定器官（包括运动不足的关节）健康改善效果较慢。

适宜人群：作为健康人群的日常锻炼项目。对于亚健康、疾病康复人群需要以基础节律运动作为基础锻炼项目，同时，需要增加调节性节律运动或针对性节律运动。

（二）调节性节律运动

调节性节律运动是通过特定部位的节律性运动方式，给予人体心、肝、脾、肺、泌尿等器官或系统以良性刺激。通过对应组织、器官、系统及神经、微循环、淋巴循环等施加良性刺激，达到调节改善相应脏器代谢功能的目的。研究发现，人体特定关节的节律运动具有特殊的作用和意义。这些节律运动是指人体五个主要（部位）关节的活动，即颈椎、肩部、肘部、髋部、膝部的节律运动。

对调节性节律运动的研究主要进行了以下几个方面：

★ 颈椎节律运动对大脑的影响

★ 肩部节律运动对肝胆的影响

★ 肘部节律运动对心肺的影响

★ 髋部节律运动对脾、胰腺、胃肠道的影响

★ 膝部节律运动对泌尿系统的影响

优点：特定关节的节律运动对于改善相应器官或系统（心、肝、肺、肠胃、

泌尿等）的功能活性具有意义。

不足：需专门学习，对动作的完成有一定的标准及要求。

适宜人群：调节性节律运动尤其适合亚健康和疾病康复等人群，对神经、内分泌、免疫和特定器官的综合性代谢疾病（如糖尿病、高血压、高血脂等代谢综合征）、骨质疏松、消化功能退化等的调节改善具有意义。进行调节性节律运动前，应该增加基础性节律运动或针对性节律运动的辅助。

（三）针对性节律运动

针对性节律运动主要针对具体关节部位（如颈、肩、肘、腕、腰、髋、膝、踝等关节部位）及其周围附属结构（如肌肉）所采取的具有关节针对性的康复运动。通过具体关节的节律运动对关节及周围血液循环、代谢物质交换、关节及周围组织温度提升、提高酶活性有积极的帮助。从而，提高局部关节及周围组织的抗炎、修复、免疫等能力。针对性节律运动的干预已广泛的运用于医疗治疗、康复训练、大众保健等方面。针对性节律运动可分为以下几种：

★ 颈部关节针对性节律运动

★ 肩部关节针对性节律运动

★ 肘部关节针对性节律运动

★ 腰部关节针对性节律运动

★ 髋部关节针对性节律运动

★ 膝部关节针对性节律运动

★ 踝部关节针对性节律运动

优点：针对性节律运动对特定关节部位的疾病具有改善效果，动作具有准确的关节针对性。

不足：需专门学习，对动作的完成有一定的标准及要求。

适宜人群：针对性节律运动适合于明确的退行性关节炎、关节肌劳损、关节及其附属结构发生疾病的人群。进行针对性节律运动前，应该增加基础性节律运动或调节性节律运动的辅助。

（四）组合性节律运动

人体是由不同的生理系统构成的集合体，各个系统之间存在着一定的相互关联，并保持动态平衡。这些平衡是由整体的功能、结构及特定系统的功能与结果来维持的。一旦这些平衡被打破，人体就出现疾病或亚健康的风险，即一个或多个系统出现功能异常。不同的节律运动对人体不同的组织、器官、关节等的干预程度不相同。因此，针对个性化的健康问题，必须制定个性化的运动干预方案，才能获得好的干预结果。

节律运动作为一种科学有效的干预方式越来越受到人们的重视。不同节律运动组合有自己适宜的干预对象，常常也有各自的优点和遗憾。随着研究中心对节律运动研究的不断深化，越来越多的实验证实多种节律运动形式的优化组合，对疾病或亚健康风险的干预效果远远优于单一类型的节律运动。即应该根据健康目的，有目的地进行节律运动组合，即所谓运动处方化。个性化的节律运动处方，就是指在充分评估身体状况的基础上，根据不同类别的节律运动的特点在适宜度的范围内进行优化组合，从而达到最佳的目的。

为此，在查阅相关文献并结合前期的相关研究的基础上，我们对组合性节律运动的特点和优势进行了研究，并分类如下。

1. 基础性、调节性、针对性三类节律运动中，同一类别运动组合应用

● 基础性节律运动组合应用

按氧酵解可分为：有氧节律运动、无氧节律运动、混合型节律运动；

按运动目的可分为：力量性节律运动、速度性节律运动、耐力性节律运动或组合节律运动形式。

这类运动组合适合于健康或症状轻微的亚健康、疾病康复人群锻炼。

● 调节性节律运动组合应用

按调节系统可分为：神经 – 内分泌 – 免疫调节；

按脏腑器官可分为：心、肝、肺、肠胃、泌尿系统功能调节。

这类运动普遍适合各类亚健康、疾病人群、脏腑疾病问题明确的人群锻炼。

● 针对性节律运动组合应用

按关节部位可分为：颈椎病、肩周炎、腰椎间盘突出症，以及肘、膝、踝等各个部位的退行性关节炎；

按关节周围组织疾病可分为：腱鞘炎、滑膜炎、关节肌劳损等疾病。

这类运动适合关节问题明确的人群进行康复锻炼。

锻炼者可以根据身体实际情况，在遵循运动适宜的原则下，选择一项或多项基础性节律运动，配合一项或多项调节性、针对性节律运动都是可行的。例如既选择游泳又选择有氧步跑，或者既选择颈部节律运动又选择肩部节律运动。

研究中还发现有氧基础节律运动联合力量性基础节律运动，比单纯有氧基础节律运动能更明显地提高冠心病患者的心肺功能。

2. 基础性、调节性、针对性三类节律运动的相互组合应用

研究中心在前期对高血脂、高血糖、高血压等节律运动的干预研究中发现：基础性、调节性、针对性三种类别的节律运动，若彼此合理组合应用，对慢性代谢性疾病或亚健康的干预效果往往优于单一节律运动。如研究发现：

基础性节律运动有氧步跑 30 分钟，联合 20 分钟调节性节律运动对 100 名糖尿病患者进行 2 个月干预，血糖的调节作用远远优于单一的有氧步跑运动，也优于单一的调节性节律运动。

基础性节律运动有氧步跑 30 分钟联合 20 分钟调节性节律运动对 200 名高血脂患者进行 2 个月干预，血脂的调节作用远远优于单一的有氧步跑或单一的调节性节律运动。

这些研究初步证实了基础性、调节性、针对性三类节律运动合理选择，联合应用将取得比单一节律运动更佳的效果，这个结果值得进行更深入的探究。

第七章

基础性节律运动的研究与应用

基础性节律运动对人体健康素质、运动素质的提高作用极大。持续的基础性节律运动能够有效改变人体以下生理机制，并由此实现健康改善。

- 提高人体糖、脂肪、蛋白质的基础代谢能力；
- 改善心、肺的摄氧及供血功能；
- 促进血液、淋巴液循环；
- 增加人体骨骼肌比例；
- 减少脂肪储备；
- 促进均衡发育；
- 提高抗衰老及损伤修复能力；
- 强化神经 – 内分泌 – 免疫网络调节能力；
- 预防骨质疏松症等。

在日常生活中，大多数的持续运动锻炼形式都可以归于基础性节律运动的范畴中。例如：

- 在室内进行的锻炼，如小范围有氧步跑、原地踏步、原地跑、原地高抬腿、原地颤抖、健身房部分器械锻炼等；
- 在室外可进行的锻炼，如有氧步跑、快步走、慢跑、太极拳、广场舞、滑冰滑雪等；
- 在场地进行的锻炼项目，如游泳、羽毛球、网球、乒乓球等；
- 节奏欢快的锻炼项目，如韵律操、舞蹈、广场舞等。

一、基础性节律运动对基础代谢的影响

有氧运动的前 20 分钟以内，运动能量的主要来源是体内储存的糖原，特别是肌糖原和肝糖原。有氧运动 20 分钟以后，由于糖原大量消耗，供能逐渐转变为脂肪供能为主。脂肪被动用时先分解为甘油和脂肪酸，甘油可以直接氧化供能，而脂肪酸则变为乙酰辅酶 A，再进行代谢。由于脂肪供能需氧量多，在运动强度达到缺氧程度时，脂肪氧化提供能量的代谢将变得困难。因此，随着运动时间的延长，不同运动形式每公斤体重所消耗的能量不尽相同。见表 7-1：

表 7-1 不同运动不同时间每公斤所消耗的能量（千卡／公斤体重）

运动方式	时间（分钟）			
	30	60	90	120
慢走	1.43	2.86	4.92	5.72
快走	2.29	4.58	6.87	9.16
滑冰	2.51	5.01	7.53	10.04
滑雪	4.80	9.60	14.40	19.20
游泳	5.10	10.20	15.30	20.40
篮球	2.95	5.90	8.85	11.80
有氧步跑	4.25	7.58	12.54	15.36
慢跑	3.45	6.90	10.35	13.80
中速跑	5.00	10.00	15.00	20.00
乒乓球	2.00	4.00	6.00	8.00
羽毛球	2.25	4.50	6.75	9.00
自行车	2.14	4.28	6.42	8.56
交谊舞	1.55	3.10	4.65	6.20

通过一段时间系统的基础性节律运动训练后，可使运动时能量利用出现节省化。即在完成同样的运动负荷时，消耗的总能量较少，能量效用提高。

能量利用节省化的主要原因是：经过系统的训练后，运动动作会更加协调自如，附加动作大大减少，一些与动作无关的肌肉紧张减少，因而出现能量利用的节省化。此外，长期的系统训练也提高了呼吸、循环系统的功能水平。如长期运动者在运动负荷的训练时，比那些没有参加过训练运动者的心率低，呼吸频率也较少，因而呼吸器官及心脏消耗的能量也就较少。

二、基础性节律运动的研究与运动方案

（一）有氧步跑

1. 有氧步跑的特点

（1）适应人群广泛。有氧步跑是指跑步速度在 0~6 公里／小时范围内的一

种可调速、非常缓慢的运动方式。它的行进速度比慢跑速度更慢，甚至可以是原地跑。因此，有氧步跑可以被描述为"用慢跑的姿势、走路的速度让自己'颠'起来"。有氧步跑强调跑者依据自己的体力随时调整自己的速度及身体重心起伏的程度，强调跑的愉快与持续。适合各类人群日常锻炼，也非常适合运动弱势人群建立运动能力、培养运动习惯，以及恢复性锻炼。

（2）运动强度可延伸范围大。有氧步跑与慢跑的区别是速度。当运动速度超过快走速度（6公里/小时）时，即超出步跑而成为慢跑运动。有氧步跑也可以是中低强度运动的体能培养方式。

（3）运动安全性好。有氧步跑相较于一般跑步及大步走，对关节带来的反作用冲击力更小、心肺负担更小、平衡调控更好、能量代谢适应要求更低。因此，对关节、肌肉、心血管、跌倒等运动损伤的保护更好。

（4）运动条件低。有氧步跑是一种不受时间、场地、装备限制，可以随时随地开展、人人都能做到的运动。

2. 有氧步跑的主要指标

有氧步跑时人体的运动能量消耗是随运动进行分时段有差别的，由糖、脂肪、氨基酸等营养物质的有氧代谢产生能量供给机体需要。在营养供给充分保证的情况下，有氧步跑以糖、脂代谢供能为主。此时，有氧步跑对增加体内糖、脂肪消耗的作用明显。在营养不良状态下，有氧步跑将启动氨基酸代谢供能。此时，运动将引起肌肉分解、免疫力下降及机体功能紊乱。

有氧步跑的特点是机体处于低强度运动状态。

（1）运动脉搏。每分钟70~120次范围。并随时因人、因时、因体感灵活调节。有氧步跑运动需要较长时间的持续。

（2）运动时间。持续30分钟后对代谢的促进影响较为明显，持续60分钟以上的有氧步跑效果最好。但对速度的要求是慢于快走的行进速度。

3. 有氧步跑的优点

（1）有氧步跑是随时随地可以锻炼的运动。家里、办公室、健身房、公园，任何狭小场地或广阔天地都可以进行锻炼。

（2）有氧步跑无须其他人配合，不受人员数量限制。一个人可以跑，一家人可以跑，一群人也可以跑。

（3）有氧步跑是只需要一双鞋的运动。除了身体和一双舒适的鞋，无需任何其他条件，不需要借助任何器械。

（4）有氧步跑是时间效率高的运动。有氧步跑免除了往返运动场所的时间，减少了运动前准备工作和运动善后时间，随时可以开始锻炼。

（5）有氧步跑是可以使运动进入生活的运动。采购、看电视、等车、排队、课间、工间甚至讨论工作等，任何腿不受约束的时候，都可以进行有氧步跑。

（6）有氧步跑是任何年龄都能进行的运动。只要还能走稳，就可以有氧步跑。

（7）有氧步跑是适合更多体质状态的运动。不论以前是否参加过锻炼，不论现在身体是否健壮，只要还能走稳，就可以开始有氧步跑。

（8）有氧步跑是运动绩效显著的运动。一个月的有氧步跑，即可以感受到体重、体型、精神、体能的明显改善。6个月的有氧步跑，跑者健康状况、形体及精神面貌焕然一新。

（9）有氧步跑是享受的运动。有氧步跑会带给你令人愉悦的红润容貌、令人羡慕的矫健身姿。

4. 有氧步跑的动作规范

通俗地说，有氧步跑的要领就是"用慢跑的姿势，走路的速度让自己'颠'起来"。（图7-1）

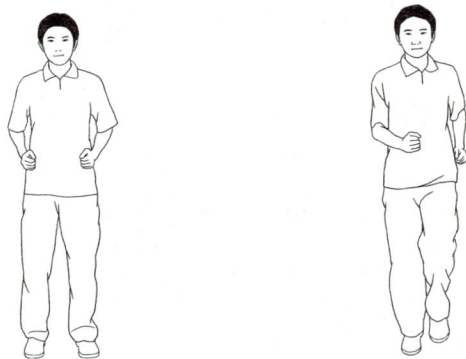

图7-1　有氧步跑

（1）上身动作规范：有氧步跑时自然摆臂很重要。正确的摆臂姿势可以起到维持身体平衡、协调步频的作用。摆臂时肩部要放松，两臂各弯曲约成90°，两手半握拳，自然摆动，前摆时稍向内，后摆时稍向外。身体稍前倾，幅度应以自然、舒适为好。如果过分前倾，将会增加背部肌肉的负担；如果后仰，则会导致胸腹部肌肉过分紧张。上身躯干不要左右摇晃或上下起伏太大，目视前方，而不是盯着眼前的地面。

（2）下身动作规范：腿部动作应该放松。一条腿后蹬时，另一条腿屈膝前摆，腿自然放松，依靠大腿的前摆动作，带动髋部向前上方摆出，落地时支撑脚位于身体的正下方，避免脚后跟冲击着地，腿始终保持弯曲，支撑脚拉离地面后不要过度前伸。

（3）呼吸调节：呼吸从容，提倡吐净吸满。通常，刚开始跑步前期十几分钟，呼吸可能不稳定，时快时慢，时深时浅。随着时间延长呼吸会逐步稳定。适当张口协助鼻进行呼吸。

（4）步幅控制：每步左右脚尖迈出0~1.5脚长，不宜过大，不提倡大步快跑。

（5）速度调节：速度主要依靠脚迈动的频率调节为主，步幅调节为辅。身体运动速度为0~6公里/小时。当运动速度为0时，就成为原地跑。有氧步跑的速度把控是控制的核心！切记是用走路的速度慢慢跑。"步跑"速度以人可以相互交谈为宜。

（6）运动量掌握：运动量要循序渐进。以第二天依然可以进行锻炼为宜。

（7）运动中的疲劳期：运动的前15分钟常常感觉疲劳，只要稍加坚持疲劳即可减退，从容度过疲劳期（约5~15分钟）就轻松了。

（8）运动能力的提高：

①1~3个月适应期：速度为0~4公里/小时。每天有氧步跑控制在3000米；

②6个月体能增强期：速度为0~6公里/小时。每天有氧步跑不超过5000米。

③12个月的自由期及以后：速度可以超过6公里/小时进入慢跑速度，每天运动不少于5000米为宜。

具体速度依据个人的具体情况而定，不要超出个人体能去追求速度和距离。

5. 有氧步跑的代谢改善

有氧步跑对人体健康的促进作用十分显著，归纳起来主要有以下几个方面。

（1）有氧步跑的燃脂效果远好于步行

若以 60kg 体重的人为例，以 4~5 公里 / 小时左右的速度行走 1 小时，能量消耗大约是 240kcal。如果要代谢消耗 1kg 的脂肪（约 7000kcal），则须步行约 29 小时。对 30 名有氧步跑运动者进行了为期一个月的跟踪研究（借助运动能耗仪），有氧步跑 1 小时耗能约为 564kcal，燃烧 1kg 的脂肪需 12 小时。有氧步跑的能量消耗是步行的 1.9~2.6 倍。

有氧步跑运动时人体重心的上下振幅大于步行是其能耗增加的原因。由于有氧步跑运动能耗提高，因此更容易提高人体代谢状态，促使代谢消耗增加。同时，代谢状态提高使得运动结束后还能较长时间维持较高的体温。当人体处于较高代谢（体温偏高）状态时，可以帮助持续消耗能量的时间加长。此外，步跑因运动强度可控，属于可长时间进行的低强度的有氧运动，乳酸产生较少，肌肉不易疲累，身体能够轻松维持更长的运动时间，消耗的能量（血糖、脂肪）也就更多了。如果，有氧步跑时的运动消耗和结束后持续消耗合并计算，相同时间的锻炼，有氧步跑的能量消耗可以达到走路运动能量消耗的 3 倍甚至更高。因此，减肥或健身效果也更加显著。

中、高强度的跑步（8~12 公里 / 小时），虽然一般资料提示单位时间内所消耗的能量要高于有氧步跑（低于 6 公里 / 小时）。但实际人群测试结果可见，有氧步跑累计能量消耗更多。分析认为，卡路里消耗量虽然受到速度快慢影响（原则上跑得越快，消耗越快）。但是，有氧步跑可以使运动持续的时间更长，故卡路里累计消耗量更多。因为，采用快跑的方式，跑者常常处于或临界无氧状态，乳酸代谢造成运动疲劳，跑者持续运动时间较短。因此，对于大众健身而言，高强度的快跑实际锻炼效果不如低强度的有氧步跑或慢跑。

（2）有氧步跑显著提高肺活量

人体在安静状态下，呼吸多采用浅而慢的方式。这样可以节省用于呼吸肌工作的能量消耗。有氧步跑时呼吸加深加快提高了肺泡的通气量，调动平时几乎休眠的肺泡无效腔进入工作状态，来摄入比平常加倍的氧气（呼吸肌工作的能量消耗也随之增多）。对 30 位参与有氧步跑的受试者的研究可见，持续 1 个月的有氧步跑肺活量普遍提高了 100~300ml。这对进一步提高肺泡通气量是有益处的。

（3）有氧步跑对心血管系统的影响

有氧步跑加快了心脏搏动的节律，以供给肌肉更多富含氧气的血液。如果长期坚持步跑，心脏持续得到锻炼，所能承受的突发负荷会加大。即使身体在非运动的状态，心脏每次搏动输血量也增加，有利于改善周身供血。同时，心脏搏动次数可以减少，心肌也能得到相对较长时间的间歇休整。

有氧步跑时下肢肌肉的不断节律收缩，改善了血液循环，有效地促进下肢静脉和盆腔、腹腔静脉血液的回流；从而可预防血栓性脉管炎和痔疮。

有氧步跑还使血流加快、血压波动幅度加大。由此，增加了血管平滑肌的锻炼，改善了血管的张力和弹性，促进了血液流动，防止血脂在管壁上的沉积。经常参加有氧步跑的老年人群的健康测评结果显示，其动脉弹性、血脂、血糖、血压更趋于正常，冠状动脉、心脏等活性指标显著改善。

（4）有氧步跑对骨骼关节系统的影响

1）有氧步跑对关节的影响

①骨关节处包裹的软骨组织依赖于运动产生的压力抽吸作用而获得营养。有氧步跑等节律运动时，身体有节奏的上下起伏可使大部分关节软骨组织交替地受压和减压。受压时软骨基质内的液体溢出，减压时关节液进入基质，如此反复交替为软骨细胞提供营养，刺激软骨细胞的新陈代谢，促进胶原、氨基己糖的合成，加快软骨组织的修复和再生。

②有氧步跑等节律运动可促进全身及关节局部的血液循环，排出代谢产物，提高局部温度。关节局部的血液循环及温度的提高，有利于炎症的消退，促进关节功能恢复。

③有氧步跑等节律运动加强了关节周围肌肉力量，提高关节周围韧带、肌肉的伸展性，提高关节的灵活性，扩大关节运动的幅度，加强关节的稳定性，进一步防止关节的继发性损害及腰椎间盘突出等。

2）有氧步跑对骨密度的影响

①依据重力应激的原理，有氧步跑时身体有节奏的上下起伏，使大部分骨

组织交替地受压和减压。骨组织不断地受压和减压，能够刺激骨膜诱导成骨细胞生长。尤其对髋部骨骼组织有很好的骨源性刺激。改善骨骼的代谢活性，促进破骨细胞向成骨细胞转变。

②有氧步跑增加了骨骼的重力应激作用。重力应激使骨小梁排列整齐与应力作用更为一致，尤其是纵向长骨得到不断的应力性刺激，骨骼增粗、肌肉附着处的骨突出增大、骨密质层增厚、有效增加骨密度。同时，促使关节附近的肌肉强壮。

③有氧步跑促进循环代谢，增加了对骨骼的血液供应。循环的改善使骨骼获得更多的营养和氧气，有利于血液向骨骼内输送骨骼所需的系统营养，促进骨骼形成，减少骨质中钙盐的脱离。

④有氧步跑等节律运动提高人体及骨的弹性和韧性。骨的弹性和韧性提高，提高了骨骼抗折断、弯曲、压拉及扭转等能力，从而推迟骨骼的老化过程。

（5）有氧步跑对消化系统的影响

有氧步跑的过程中，人体节律性的低频振动及呼吸系统工作的加深、加快，使腹部膈肌大幅度地上下移动，腹肌活动幅度也加大。由此，对肠胃道及消化腺会产生持续节律性的按摩。同时，经常性的有氧步跑等节律运动加强了副交感神经的刺激及调节能力。消化系统主要受副交感神经调控，其功能的改善促进了消化系统消化腺的内分泌及消化道的外分泌，从而使食物消化、营养吸收、胃肠排空、排便等功能得到有效改善。对经常参加有氧步跑等节律运动的老年人群的健康测评显示，其胃肠活性显著改善，蠕动能力得到有效提升。

（6）有氧步跑对精神压力的调节

长时间处于精神高度紧张的状态下，自主神经调节能力减退，人体对压力处于适应性习惯状态失去了应有的警觉，常常自我感觉尚可坚持。而正是这种缓慢不可察觉的神经调节能力的衰退，导致了很多突发疾病和猝死的出现。长期的疲劳工作可造成头痛、失眠、多梦、嗜睡等多种不良反应。为进一步验证有氧步跑对精神压力的调节作用，研究中选取48名年龄为25~34岁的职场白领。随机分为3组，每组6人。

设计运动速度为：

有氧步跑组：4公里/小时。

慢步组：3 公里 / 小时。

快步组：5 公里 / 小时。

每组不间断运动时间为 40 分钟，运动后休息 40 分钟后进行再次检测。结果如表 7-2、表 7-3、表 7-4。

表 7-2 有氧步跑、慢步、快步对自主神经系统活性的影响

级别	运动前	运动后	有效率
步跑组	94.7 ± 11.5	101.7 ± 8.9	100%
慢步组	96.5 ± 13.5	97.8 ± 8.6	83%
快步组	94.6 ± 18.8	88.6 ± 7.8	67%

备注：自主神经系统活性等级，50~70 为极差，71~90 为差，91~110 为正常，111~130 为好，131~150 为优秀。

结果显示，运动后有氧步跑组的自主神经系统活性改善效果最佳，慢步其次，快步最差。

表 7-3 有氧步跑、慢步、快步对自主神经系统平衡性的影响

组别	运动前	运动后	有效率
步跑组	66.7 ± 26.8	50.8 ± 18.2	83%
慢步组	64.5 ± 27.7	48.8 ± 21.9	67%
快步组	54.8 ± 27.9	47.6 ± 23.8	50%

备注：自主神经系统平衡性等级，0~50 为平衡，51~100 为不平衡，101~150 为极不平衡。

结果显示，运动后有氧步跑对自主神经系统平衡性的改善效果最佳，步行其次，快步走最差。

表 7-4 有氧步跑、慢步、快步对抗压能力的影响

组别	运动前	运动后	有效率
步跑组	95.0 ± 7.6	99.5 ± 5.0	83%
慢步组	104.7 ± 21.6	101.0 ± 8.5	50%
快步组	101.6 ± 9.1	91.0 ± 5.2	33%

备注：抗压能力等级，50~70 为极差，71~90 为差，91~110 为正常，111~130 为好，131~150 为优秀。

结果显示，运动后有氧步跑对机体抗压能力的改善效果最佳，慢步其次，快步最差。

6.步跑、跑步、步行运动特点分析

（1）有氧步跑与跑步的关节受力：有氧步跑与跑步运动的动作类似。但有氧步跑的步幅只是自身脚长的0~1.5倍，且速度慢于快走，步幅速度也只有慢跑的几分之一。因此，施加在地面上的作用力小很多，从而，关节保护效果更好。

（2）有氧步跑与步行的关节受力：一般步行主要依靠脚后跟抬起带动整个脚抬起，然后脚后跟先着地再带动整个脚掌的同时落地。步行时动作较为单一重复，参与关节较少且固定，人体动作显僵硬。而有氧步跑时身体弹性起伏，全身关节几乎全部参与。同时，落地以脚掌先着地，然后迅速过渡到全脚掌着地，这种缓冲落地方式分散了地面的反冲击力。冲击力分散的方式，确保了各关节既能得到适度减震，减轻了脚后跟、脚踝、膝、髋、腰椎等关节的冲击力传导。

（3）总结：有氧步跑同时融合了步行缓慢的速度优势，也吸纳了慢跑弹性姿势的优势，又很好地避免了步行和跑步各自对关节不利的影响因素，对关节的锻炼和保护起到了扬长避短的作用。适宜的运动可以显著改善关节活性。有氧步跑是中老年及康复患者最佳的锻炼方式之一。

（二）健康大步走

行走是身体活动中最简单，也是最基本的移动方式。属于节律运动的一种。研究表明，大步快走是很好的体育锻炼项目之一。科学的大步走，再加上一些简单有趣的锻炼方法，会使健身的锻炼效果大大提高，而且还具有预防各种疾病的作用，这便是被称为"健康大步走"的运动。坚持每天30分钟的大步走锻炼有益健康。尤其对那些因体力、年龄、健康等问题而惧怕运动的人来说，健康大步走是非常容易接受的运动之一。

（三）节律性原地踏步

原地踏步是一种很好的康复训练性运动。属于节律运动的一种。坚持每天

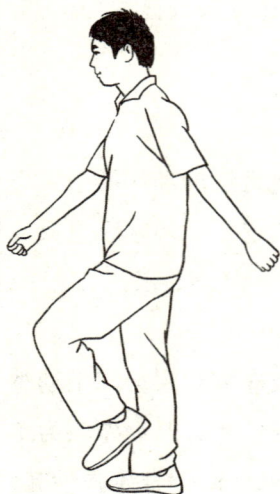

图 7-2　原地踏步走

至少一次，每次 30 分钟以上的节律性原地踏步，有利于全身血液循环、消化蠕动、运动系统恢复等。也适合平衡性下降的年迈老人日常活动。

促进新陈代谢：可增加能量的消耗，促进多余脂肪的利用和增强肌肉力量。

增强心脏功能：可一定程度上改善冠状动脉血液循环。

改善关节功能：有助于下肢骨骼和关节功能的改善。

原地踏步锻炼效果的好坏，与姿势有着十分密切的关系。（图 7-2）

冠心病、高血压、慢性关节炎、脑血管意外后遗症、呼吸系统疾病及重度亚健康风险人群，运动要循序渐进，以运动后轻松舒服为宜，建议每分钟原地踏步 30~60 步，每次 15~20 分钟。运动时，可手扶稳固物体以增加身体的稳定性。

消化系统疾病、神经衰弱、亚健康风险及老年人，建议节律性原地踏步的速度为每分钟 60~90 步，每次 30 分钟以上。

节律性原地踏步尤其适合身体素质较差、运动平衡能力不足、重病恢复、不适合室外运动、智障及运动控制能力障碍人群。

（四）节律运动操（舞）

舞蹈是一种运动表达艺术。它通过规律的动作跟随音乐的节拍表现为节律的特征。节律运动舞范围极广，包括健身操（舞）、广场操（舞）、传统舞蹈、现代舞蹈等。大量研究表明，长期坚持节律运动操（舞）对人体健康改善非常显著。尤其在增强心肺功能、促进血液循环、加快人体新陈代谢、改善关节的灵活度、缓解压力、改善自主神经功能等方面效果显著。

北京市人体健康预警测评与营养干预研究中心在对节律运动研究的基础上编创了中国首套节律运动舞（中青年舞和中老年舞各一套）。该套节律运动舞将节律运动的理论和实践成果融入舞蹈之中，从而使节律运动的表现形式更加多样，丰富了节律运动研究应用范畴。该套节律运动舞通过对头、颈、肩、胸、肘、腕、髋、膝、踝等人体主要关节部位的动作频率、动作强度的适宜设计，综合兼顾了基础性、调节性、针对性锻炼的运动方式，成为寓健于乐的优秀项目。这套节律运动舞将许多舞蹈动作健美操化，通过有氧健美操的形式进行锻炼，同时，通过调动人体动作、表情、姿态、情感等多种生理和心理功能，使舞蹈者在连贯流畅的动作节奏、优美动听的配乐声中翩翩起舞，优雅而有韵律感，实现了舞蹈的美感和科学运动健身的有效组合。

为研究节律运动舞对人体健康的改善作用，研究中心招募了 50 名年龄在 40~60 岁的中老年受试人群，每天下午 1 次，为期 1 个月。研究前后采用生物电全身扫描技术、动脉硬化检测技术对受试者进行检测，结果显示节律运动舞可显著改善人体新陈代谢及脏器活性，并使受试者血压、动脉弹性等得到显著改善。（表 7-5、表 7-6、表 7-7、表 7-8）

表 7-5　节律运动舞对基础代谢率的调节

	运动前	30 天运动后
基础代谢率	$-16.56\% \pm 8.72\%$	$-9.28\% \pm 6.22\%$**

注：*$P < 0.05$，**$P < 0.01$，与运动前比较。n=50。

表 7-6　节律运动舞对部分脏器活性值的影响

	运动前	30 天运动后
下丘脑区域	-27.10 ± 8.70	-15.12 ± 21.01**
垂体区域	-32.54 ± 25.70	-21.78 ± 16.16***
左心室	-12.22 ± 26.25	-7.44 ± 18.83*
大动脉	-15.64 ± 17.08	-9.70 ± 16.32**
上腔静脉	-26.24 ± 19.62	-14.80 ± 22.43**
肝右叶区域	-34.44 ± 28.65	-18.48 ± 19.65***
胆囊区域	-19.32 ± 26.34	-12.66 ± 29.18**
胰腺区域	-15.02 ± 21.32	2.22 ± 18.64***
胃区域	-29.42 ± 23.10	-13.04 ± 26.46***

续　表

	运动前	30 天运动后
升结肠区域	−31.28 ± 22.61	−20.84 ± 21.90**
小肠区域	−26.20 ± 15.54	−8.56 ± 19.95***
左肾区域	−36.32 ± 21.26	−15.32 ± 22.46***
膀胱区域	−34.00 ± 23.57	−25.88 ± 18.53*

注：*$P < 0.05$，**$P < 0.01$，***$P < 0.001$，与运动前比较。n=50。脏器正常生物活性值范围为 −20 < N < 20；当活性值 < −20 时，提示脏器代谢低下，耗氧量减少，可能有慢性炎症存在；活性值 > 20 时，提示脏器代谢处于过强状态，耗氧量增加，可能有局部缺血，急性炎症或水肿存在。活性值的绝对值越大，表示与正常功能状态的差距越大。

表 7-7　节律运动舞对血压的影响（单位：mmHg）

	运动前	30 天运动后
收缩压	136.25 ± 7.65	126.54 ± 5.55**
舒张压	76.24 ± 6.54	68.67 ± 5.43*

注：*$P < 0.05$，**$P < 0.01$，与运动前比较。n=50。

表 7-8　节律运动舞对动脉弹性及下肢血管闭塞程度的影响

	运动前	30 天运动后
baPWV（左）	1296.2 ± 88.6	1065.7 ± 66.0**
baPWV（右）	1376.2 ± 77.6	1120.3 ± 95.4***
ABI（左）	0.89 ± 0.05	1.0 ± 0.05**
ABI（右）	0.87 ± 0.03	1.03 ± 0.07**

注：① *$P < 0.05$，**$P < 0.01$，***$P < 0.001$，与运动前比较。n=50。②踝脉搏波速度（brachial-ankle PWV，baPWV）：PWV 越快，动脉的弹性越差，僵硬度越高。③踝臂指数（ABI）：ABI 是指胫后动脉或足背动脉的收缩压与肱动脉收缩压的比值，反映下肢动脉粥样硬化狭窄、阻塞程度。其判断标准为：0.9 < ABI < 1.3 为正常；ABI ≤ 0.9 为有动脉阻塞的可能性；ABI ≤ 0.8 时为动脉阻塞的可能性极高。

（五）游泳

　　游泳是一种在水中依靠自身漂浮，借自身肢体动作进行的水中节律运动。属于节律性运动的一种。常见的游泳姿势有蛙泳、自由泳、蝶泳、仰泳。各种泳姿均符合节律运动的相关特性。经常参加强度为有氧节律的游泳运动有益人体健康。有氧游泳运动时间需要适度控制，一般健康人群，适宜的时间应该在30~60分钟为宜，超过120分钟或水温低于20℃时，游泳可能消耗过多能量损害健康。同时，有癫痫史、高血压、心脏病、中耳炎、急性眼结膜炎的人群不适宜进行游泳运动。

（六）力量及塑型锻炼

有氧步跑、健身操、节律运动舞等基础性节律运动后进行适当的力量锻炼对健康十分有益。适当的力量训练能让身体各部相互协调，刺激肌肉细胞的生长并促进营养新陈代谢的进行。力量锻炼特别推荐以下3个简单方便的运动方式：上肢力量及塑型锻炼、腹肌力量及塑型锻炼、下肢力量及塑型锻炼。

1. 力量锻炼——上肢斜推运动

（1）享受上肢斜推运动

主要锻炼部位：胸肌、肩三角肌、上背肌、肱三头肌等。上肢斜推运动非常简单，但具有非常好的锻炼效果。它锻炼了腕、肘、肩、颈等关节力量，滑利关节延缓肌肉及结缔组织退化，增加改善上肢的血液循环及神经功能，促进静脉回流以及减轻静脉压。每次锻炼后应该体会双臂、胸部等肌肉收紧、发热、隆起的感觉，每个月均可见肌肉线条及肌肉群不断清晰。运动后锻炼者能够享受到神清气爽、精神愉悦、倍感自信的畅快。

（2）运动要领

初次参加上肢斜推运动的锻炼者，可以将运动能力的提高分为四个阶段。

1）第一阶段——肩高斜推（图7-3）

①动作。手扶大概肩部高度的稳固物体。例如墙、横栏、高沙发背或五斗柜等。锻炼时，两臂平伸两手支撑略宽于肩；当双臂伸直时身体基本直立，肩肘做屈伸运动时，胸部尽量贴近手扶的物体；运动中人体背腰臀尽量保持一条直线。

②呼吸。每推1次呼吸1次，动作要求与呼吸配合，屈伸速度以完成锻炼时体力稍有疲倦，但尚能坚持为限。

③次数。每天 1~2 次，每次练习 50 次。

④晋级。经过 1 个月练习后可进二级。

2）第二阶段——腰高斜推（图 7-4）

①动作。手扶大概腰部高度的稳固物体，例如写字台、窗台、矮沙发背等。其他动作要领同上。

②呼吸。每推 1 次呼吸 1~2 次，动作要求与呼吸配合，屈伸速度以完成锻炼时体力稍有疲倦，但尚能坚持为限。

③次数。每天 1~2 次，每次推 50 个。

④晋级。经过 1~2 个月练习后可进三级。

图 7-3　肩高斜推　　　　　　　　　　图 7-4　腰高斜推

3）第三阶段——膝高斜推（图 7-5）

①动作。手扶大概膝部高度的稳固物体，例如床沿、沙发坐部、条几等。其他动作要领同上。

②呼吸。每推 1 次呼吸 1~2 次，动作要求与呼吸配合，屈伸速度以完成锻炼时体力稍有疲倦，但尚能坚持为限。

③次数。每天 2 次，每次推 50 个。

④经过 1~2 个月练习后可进四级。

4）第四阶段——自由推（俯卧撑）（图 7-6）

①手扶低于膝高的任何稳固物体，亦可直接触地，其他动作要领同上。

②每天 1 次，每次 10 分钟。

③第四阶段运动不建议 50 岁以上中老年人锻炼。

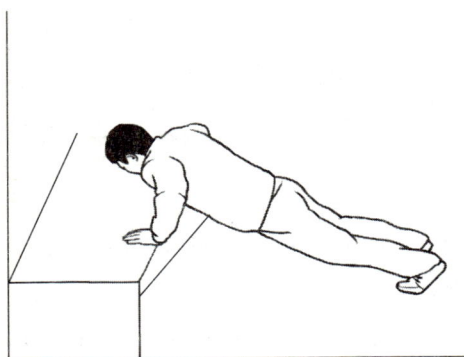

图 7-5　膝高斜推

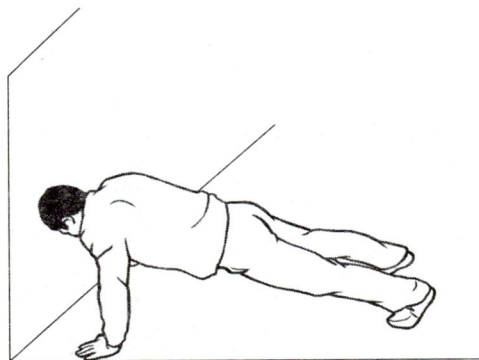

图 7-6　自由推（俯卧撑）

2.力量锻炼——仰卧屈腿运动

（1）享受仰卧屈腿运动

主要锻炼部位：下腹肌、侧腹肌、腹肌、腰背肌等。每次锻炼后应该体会腹部、腰部、大腿等肌肉收紧、发热、隆起的感觉，每个月均可见腰部塑形改善、肌肉线逐步隆起，腰臀部形体收紧，腹肌增强。运动后锻炼者能够感受到神清气爽、精神愉悦。

（2）运动要领

初次参加仰卧屈腿运动的锻炼者可以将运动能力的提高分为三个阶段。

1）第一阶段——单腿屈提（图 7-7、图 7-8）

①动作。人体平躺，左右腿分别向腹部提起，至大腿与脊柱成 60° 左右，小腿与大腿不要求伸直，可以根据个人体力弯曲提起。左右腿分别交替从容运动。

②呼吸。每呼吸 1~2 次提腿屈伸 1 次，屈腿配合呼吸有序进行。提腿速度保持呼吸微微加深加快，均匀从容，保持有氧状态。完成锻炼时体力稍有疲倦，但尚能坚持为限。

③次数。每天 1 次，每次练习 50 个。

④1 个月练习后腹肌不再酸困时可进入第二阶段。

图 7-7　仰卧屈腿运动预备姿势　　　　图 7-8　仰卧屈腿运动第一阶段

2）第二阶段——单腿直提（图 7-9）

①动作。人体平躺，左右腿分别向腹部绷直提起，至大腿与脊柱成 60~90°，小腿与大腿尽量要求伸直。左右腿交替从容运动。

②呼吸。每呼吸 1 次提腿 1 次，提腿配合呼吸有序进行。提腿速度保持呼吸微微加深加快，均匀从容，保持有氧状态，完成锻炼时体力稍有疲倦，但尚能坚持为限。

③次数。每天 1 次，每次练习 50 个。

④晋级。练习 1 个月后腹肌不再酸困时可进第三阶段。

3）第三阶段——双腿屈提（图 7-10）

①动作。人体平躺，左右腿同时向腹部提起，至大腿与脊柱成 60~90°，小腿与大腿尽量要求伸直，从容运动。

②呼吸。每呼吸 1 次提腿 1 次，提腿配合呼吸有序进行。提腿速度保持呼吸微微加深加快，均匀从容，保持有氧状态，完成锻炼时体力稍有疲倦，但尚能坚持为限。

③次数。每天 1 次，每次提腿锻炼 50 个。

④晋级。练习 1 个月后腹肌不再酸困时可进入自由锻炼阶段。

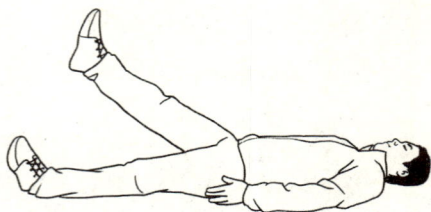

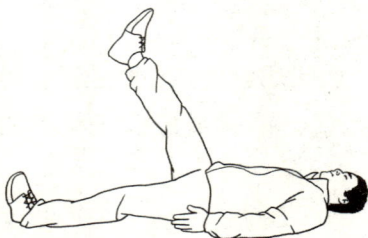

图 7-9　仰卧屈腿运动第二阶段　　　　图 7-10　仰卧屈腿运动第三阶段

3. 力量锻炼——下蹲运动

（1）享受蹲起运动

蹲起运动主要锻炼部位：大腿、腹部、臀部、背腰肌肉等，以及增加腰、髋、膝、踝关节活动范围，滑利活动关节，延缓关节蜕变，增加改善下肢的血液循环及神经功能，促进静脉回流以及减轻静脉压。每次锻炼后应该体会双腿、腹部等肌肉收紧、发热、隆起的感觉，每个月均可见肌肉线逐步隆起。运动后锻炼者能够享受到神清气爽、精神愉悦、倍感自信的畅快。

（2）运动要领

初次参加下蹲运动的锻炼者可以将运动能力的提高分为三个阶段。

1）第一阶段——辅助蹲起（图7-11）

①动作。双脚分开齐肩宽，可手抓扶稳定物体，例如树干、门框、横栏等牢固物体。两膝弯曲下蹲，两手微微用力辅助减轻腿部受力，从容运动。

②呼吸。每呼吸2次蹲起1次，蹲起速度为呼吸微微加深加快，均匀从容，保持有氧状态。以完成锻炼时体力稍有疲倦，但尚能坚持为限。

③次数。每天1次，每次蹲起50个。

④晋级。1~2个月练习后不需要辅助支撑时可进第二阶段。

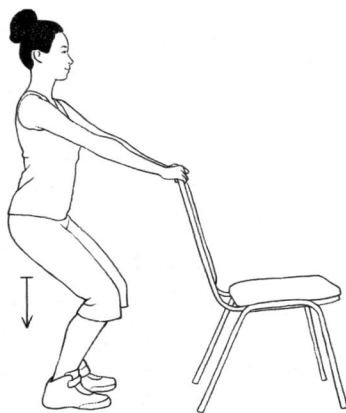

图 7-11　有氧下蹲第一阶段

2）第二阶段——缓慢蹲起（图7-12）

①动作。双脚分开齐肩宽，两膝弯曲下蹲，双腿受力从容运动。

②呼吸。每呼吸2次蹲起1次，蹲起速度为呼吸微微加深加快，均匀从容，保持有氧状态。以完成锻炼时体力稍有疲倦，但尚能坚持为限。

③次数。每天1次，每次蹲起50个。

④晋级。1~2个月练习后不需要辅助支撑时可进第三阶段。

3）第三阶段——自由蹲起（图7-13）

①动作。双脚分开齐肩宽，两臂同时前后从容摆动，两膝弯曲下蹲，双腿受力从容运动。

②呼吸。呼吸与蹲起自由配合，均匀从容，保持有氧状态。

③次数。每天蹲起次数不限。50岁以上中老年人不建议过快及100个以上的蹲起运动。

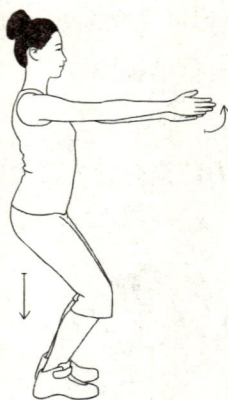

图 7-12　有氧下蹲第二阶段　　　　　图 7-13　有氧下蹲第三阶段

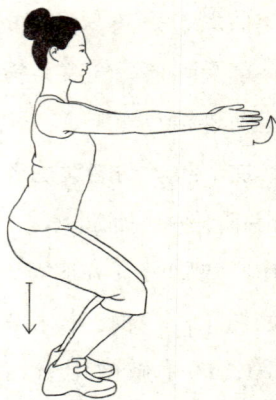

（七）拉伸运动

在进行诸如有氧步跑、慢跑、游泳、球类等基础性节律运动前后，进行适当的拉伸运动对预防损伤、巩固运动效果意义重大。

①拉伸运动能有效地防止肌肉僵硬和血液淤积在肌肉里。放松的肌肉有利于血液循环，为运动肌肉提供营养。

②拉伸运动能促使运动时肌肉内产生的乳酸快速排泄，减轻其对肌肉的酸性刺激，缓解肌肉酸痛。

③拉伸运动能有效提高身体柔韧性增加肌肉运动幅度，使健身动作更加轻松标准。同时，系统的伸展训练能拉长肌肉和肌腱，增加柔韧性和协调性，减少运动损伤。

④拉伸运动通过牵拉肌肉外膜，促进了肌肉纬度的增加，改善了身体线条。

注意：每次锻炼后应该体会双臂、腰部、大腿、小腿等肌肉感觉有点"张力"或"酸"，但绝对不能到"痛"的程度。

1. 颈部拉伸（图 7-14）

运动要领：

保持仰卧的姿势，拉伸脊椎上部及颈部。颈部拉伸时十指交叉置于脑后，与耳朵齐平，缓缓抬高颈部与地面约成 10~20°，感到颈后部有轻微的拉伸感，保持 3~5 秒，然后缓缓恢复起始姿势。重复直到颈椎上部及颈部逐步放松，整个过程保持下颌放松呼吸顺畅。

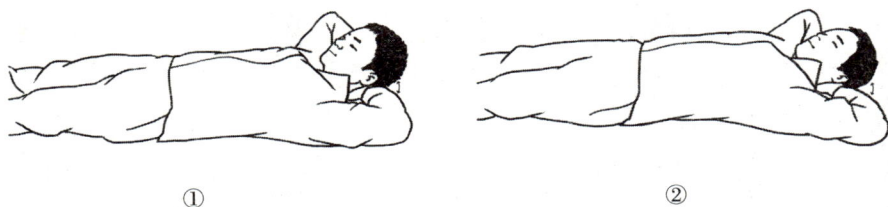

① ②

图 7-14 颈部拉伸

2. 肩部拉伸（图 7-15）

运动要领：

首先两脚并拢两腿直立、挺胸、塌腰、收髋，然后两手放在背后互抓掌心向内，两臂慢慢地向后、向上抬高 10~30°，上身保持正直，保持 5~10 秒，再恢复准备姿势，反复进行。

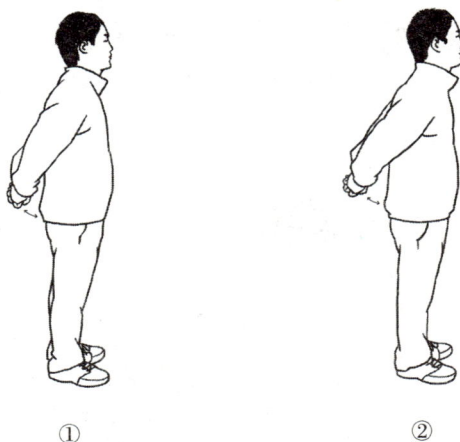

① ②

图 7-15 肩部拉伸

3. 肱三头肌拉伸（图7-16）

运动要领：

保持稳定的站立姿势，双脚以肩宽分开，微屈膝，挺胸、收腹。然后，右手屈肘并放在头后，使手掌能尽量贴在背部的中间，左手握住右手肘，并轻轻向左拉动40~60°，能感到上臂后侧的肌肉拉紧的感觉，保持20~30秒。交换左右手重复前面的动作。

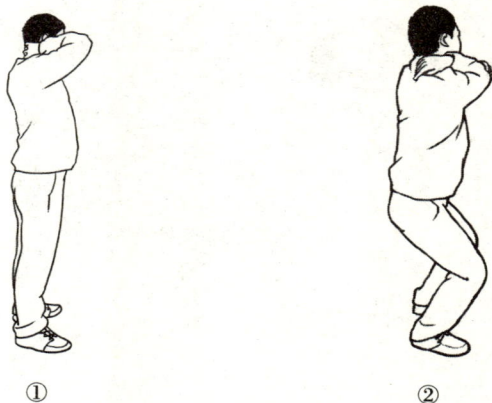

①   ②

图7-16　肱三头肌拉伸

4. 腰部拉伸（图7-17）

运动要领：

坐在地板上，弯曲左脚，左膝盖靠在胸部，右脚伸直，身体向前倾斜，两手往右脚小腿的中部方向伸展，保持5~10秒，再恢复准备姿势，再换另一侧进行拉伸动作，反复重复。

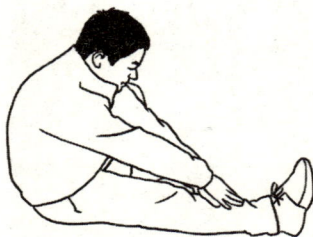

图7-17　腰部拉伸

5. 躯干拉伸（图 7-18）

运动要领：

两脚分开与肩同宽，膝盖微弯，左手向上越过头部向外伸展，右手自然放在腹部，腰部向右伸展 10~20°，保持 10~20 秒，再恢复准备姿势，换另一侧进行拉伸动作，反复重复。

6. 齐腰压腿（图 7-19）

动作要领：

把腿放在支撑物上，髋部后坐，臀部要平，支撑腿与地面垂直，膝部挺直，被压腿脚尖向上并有意识地向回勾扣，上身用力向前移动，使被压腿成一直线。脚尖回勾有利于拉长腿部韧带、肌腱、肌肉，上身前移可拉长躯干，试着以手指触碰小腿处。每次练习 10 分钟。

图 7-18　躯干拉伸

①　　　　　　　　②　　　　　　　　③

图 7-19　齐腰压腿

压腿锻炼最好是在有氧步跑、跳绳，步行等运动之后进行。初练压腿搁腿的高度要由低到高，刚开始练习压腿时高度不宜过高，髋关节保持在自然的生理状态，循序渐进，不可操之过急，防止摔倒和对关节造成损伤。待逐渐熟练后高度可保持在齐腰高。压腿时，呼吸均匀从容，保持有氧状态。

7. 双手触地拉伸（图 7-20）

运动要领：

两脚并拢，两腿挺膝直立，挺胸、塌腰、收髋，慢慢弯腰，两臂下伸，慢慢地最大限度地往下伸，保持 10 秒后，上身再恢复准备姿势，反复 5~10 次。

①   ②   ③

图 7-20　双手触地拉伸

8.俯卧翘脚拉伸（图 7-21）

运动要领：

俯卧于床上，两臂自然放于体侧，先让两臂伸直后伸，头向后仰，胸背随后伸离床面，保持 5~10 秒，反复 10 次。

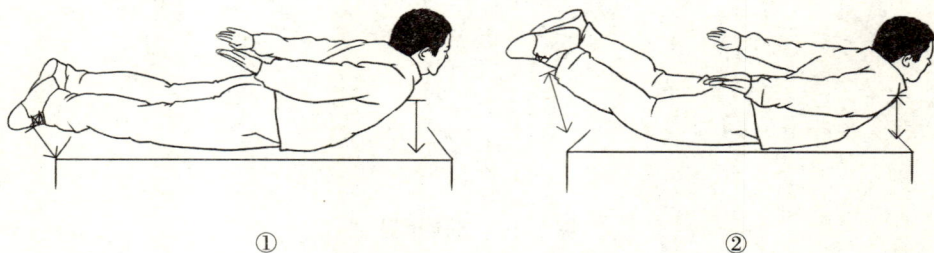

①   ②

图 7-21　俯卧翘脚拉伸

9.侧卧翘腿拉伸（图 7-22）

运动要领：

全身左侧躺，左臂伸直，头枕于左肩部，左侧腿大小腿弯曲呈 90° 平放床上，将右腿轻放在左腿上，放松脚趾脚背，收紧臀部肌群，吸气时右腿抬起与地面呈 30° 夹角，右手向上举起并延伸（手与身体呈 90°），保持 3~5 秒后呼气放下手脚。反复 10 次后换另一侧。

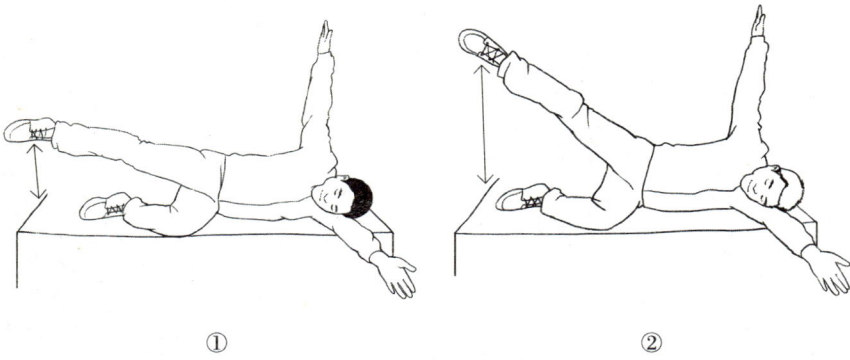

①　　　　　　　　　　②

图 7-22　侧卧翘腿拉伸

第八章

调节性节律运动的研究与应用

人体颈、肩、肘、腰、膝等不同关节持续的、节律性的运动，对心、肝、脾、肺、泌尿等器官及神经－内分泌－免疫网络的功能可产生良性的刺激。我们把运动对非运动器官刺激而产生的积极改善称为调节，把这一类运动称为调节性节律运动。

《黄帝内经》中《灵枢·邪客》记载：肺心有邪，其气留于两肘；肝有邪，其气留于两腋；脾有邪，其气留于两髀（两胯）；肾有邪，其气留于两腘（膝部）。意思是心肺、肝胆，消化、泌尿系统等有疾病时，通过局部特定关节活动及拍打，能够帮助症状缓解。但是究竟其内在是什么道理，古人受科学技术手段的局限，未能究其根源。为此，我们利用现代生理学、生物电、热成像等科学技术手段，组织了针对肘关节、肩关节、髋关节、膝关节运动的相关研究，尝试探索运动调节心肺、肝胆，消化、泌尿及神经－内分泌－免疫网络等功能的关联和奥秘。

人体颈、脊柱及四肢的活动，受到来自背部脊柱发出的相应神经调控，反过来持续的肢体运动引发了肌肉升温、酶活性提高、生物电强度、淋巴液推送增强等的改变。这些改变又对不同区域（包括背部脊柱不同节段）的神经节、血液、淋巴液循环及周围组织和神经中枢等产生了刺激。肘、肩、髋、膝等关节不同部位的运动对应的肌肉群不同，运动引起刺激的区域就不同。因而，特定运动带来的刺激，可以调节区域范围的神经－内分泌－免疫网、区域范围组织、区域范围内脏器官的工作状态，即不同运动方式，调节的健康问题不同。持续的节律性运动能够较长时间保持这种刺激。因此，刺激带来的调节能力也就更强。

较长时间的、持续的节律性运动，对交感神经和副交感神经的交替兴奋与抑制控制有更好的锻炼作用。因此，刺激带来的神经调节能力也就更强。

长期的、特定肢体关节的节律性运动，还可加速对应肢体及关节的新陈代谢过程，为关节及周围组织的损伤修复创造条件。详细论述见针对性节律运动章节。

多年来，我们以生理学为思想基础，以营养学、运动学、临床医学为理论工具，利用体适能、生理生化、人体代谢、生物电等现代科学研究手段，动用了30多套、100多台仪器设备，动员17000人次参与了调节性节律运动的相关研究，并结合相关的文献资料，最终发现，特定的肢体运动方式，对健康的影响有特定的指向：

- 颈部持续的节律运动，对颈、肩及背部脊柱（颈1-7关节）形成较为明显的运动刺激。良性重复的刺激，对颈椎及大脑功能有双向调节作用，对于改善颈上、中、下神经节对应靶器官功能（包括心供血功能）有积极的帮助。

- 肘部持续的节律运动，对背部脊柱胸椎（胸椎1-4关节）附近区域形成较为明显的运动刺激。良性重复的刺激，对心肺功能有双向调节作用，对改善心肺功能有积极的帮助。（图8-1）

- 肩部持续的节律运动，对背部脊柱胸椎（胸椎5关节）附近区域形成较为明显的运动刺激。良性重复的刺激，对肝胆功能有双向调节作用，对改善肝胆功能有积极的帮助。

- 髋部持续的节律运动，对髋及背部脊柱消化区神经形成刺激（对应胸椎第6-8关节，胸椎第12至腰椎第2节部位）。良性重复的刺激，对消化（脾脏、胰腺、胃肠道等）功能有双向调节作用，对改善消化功能有积极的帮助。

- 膝部持续的节律运动，对背部脊柱泌尿区神经形成刺激（对应脊髓胸段第12节和腰段1、2节发出的交感神经构成）。良性重复的刺激，对泌尿系统功能有双向调节作用，对于改善泌尿系统功能有积极的帮助。（图8-2）

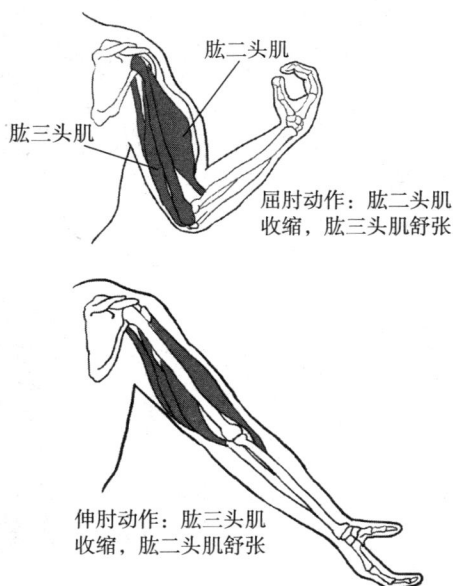

图8-1 肘关节屈伸时肌肉参与图　　图8-2 有氧下蹲时肌肉参与图

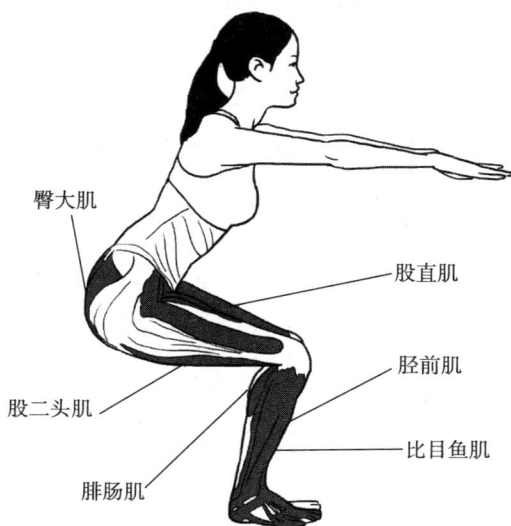

节律运动对生理调节的作用机制可能如下：

● 人体关节的运动，尤其是颈部及四肢关节受到来自背部脊柱发出的相应神经调控。反过来持续的肢体节律运动，使背部脊柱对应区域的血液循环加快，附属区域的代谢增强，代谢提高了对应区域组织温度及循环改善。人体代谢温度改善使神经、肌肉、血管等得到放松，改善局部淋巴循环和淋巴液推送能力，提高酶的活性及神经递质等的活性，进而从神经 – 内分泌 – 免疫网络的角度，综合影响了对应系统或相关脏器的代谢与活性。

● 人体关节的运动，尤其是颈部及四肢关节的持续规律运动，是交感神经与副交感神经的兴奋与抑制不断得到锻炼，提高了自主神经的调控能力，进而影响了对应性系统或相关脏器的调控能力。

● 长期的、特定肢体关节的持续性节律性运动，可提供组织器官间相互的按摩促进了代谢。从而，提高了对应的生理系统或相关脏器的活性。如腹部的持续节律运动可为消化系统提供相互间适度的按摩，帮助消化液分泌、促进肠胃蠕动及排空，加快营养物质的消化和粪便的排除。从而提高了人体消化系统功能和健康水平。

● 长期的、特定肢体关节的持续性节律性运动，提高了运动关节区域及附近肌肉韧带力量、关节的灵活性和稳定性，促进了肢体及关节的新陈代谢过程，为关节及周围组织的损伤修复创造条件。

一、调节性节律运动的研究与运动方案

（一）颈部节律运动对大脑的影响

研究发现，颈部节律运动对大脑活性影响较为突出。

颈部节律运动是以颈部关节仰低、侧弯、旋转的运动组合。

1. 实验对象及检测指标

选取 35~50 岁无严重脑部疾病的职场白领 125 名，测试期间要求实验对象保持生活状态相对一致，严格控制抽烟、喝酒、熬夜、药物等可能影响实验结果的因素。

实验前 125 名受试者均有不同程度的颈椎不适和睡眠障碍。采用生物电进

行全身扫描，结果发现 125 名受试者锻炼前大部分指标均处于异常范围。

重点观察指标：①颈椎关节代谢活性，颈 1- 颈 7（C1–C7）的生物活性值；②大脑皮质的活性值，左、右侧额叶皮质活性，颞叶及左、右侧边缘系统区域活性，垂体区域活性，下丘脑区域活性，杏仁体活性；③神经递质：5- 羟色胺活性、多巴胺、儿茶酚胺、乙酰胆碱。

2. 运动方案

颈部节律运动的动作规范如下：

（1）前屈后仰：前屈的幅度以下巴接近前胸皮肤为标准，后仰的幅度尽可能达到后仰极限，即头与后背接近 150° 为标准。（图 8–3）

（2）左右倾斜：向左、右倾斜的幅度以耳朵尽量接近左、右肩为标准。（图 8–4）

（3）左右摆头：向左、右摆头以头部尽量与左、右肩平行为标准。（图 8–5）

每天上下午各进行一次时长 15 分钟的颈部节律性运动，连续 30 天。

图 8-3　前屈后仰

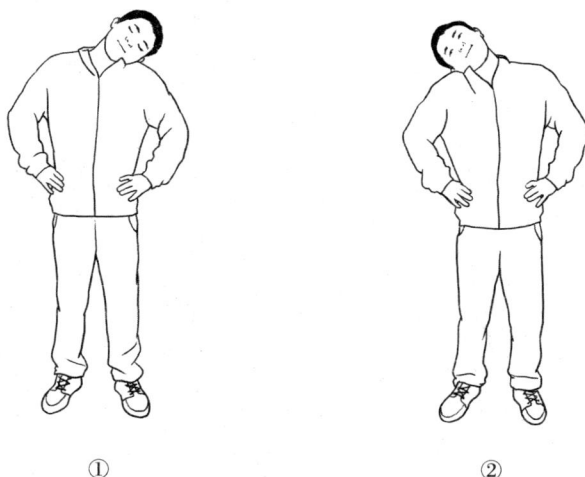

①　　　　　　　　　②

图 8-4　左右倾斜

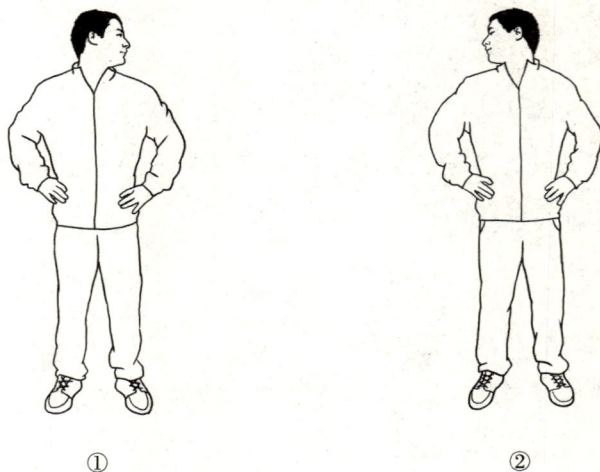

① ②

图 8-5 左右摆头

3. 结果

（1）受试者主观感觉

30 天运动后，125 名受试者中有 115 名颈椎不适感减弱或消失。

30 天运动后，125 名受试者中有 107 名睡眠质量改善。

（2）受试者颈椎及大脑活性、神经递质活性值的变化

实验后绝大部分受试者颈椎及大脑活性、神经递质活性值较运动前显著提高（$P < 0.05$、$P < 0.01$ 或 $P < 0.001$）。相关结果见表 8-1 至表 8-3。

表 8-1 颈部节律运动对颈椎活性值的影响

	运动前	运动 30 天后
C1	−62.75 ± 14.23	−25.38 ± 18.24***
C2	−62.75 ± 14.23	−25.38 ± 18.24***
C3	−62.75 ± 14.23	−25.38 ± 18.24***
C4	−58.38 ± 16.76	−14.63 ± 25.23**
C5	−40.63 ± 21.99	−13.25 ± 22.16**
C6	−37.00 ± 24.79	−11.00 ± 22.93*
C7	−37.00 ± 24.79	−11.00 ± 22.93*

注：*$P < 0.05$，**$P < 0.01$，***$P < 0.001$。n=125。颈椎正常生物活性值范围为 −20 < N < 20。

表 8-2 颈部节律运动对大脑相关活性指标的影响

	运动前	运动 30 天后
右侧额叶皮质	−41.63 ± 14.15	−4.75 ± 23.95**
左侧额叶皮质	−45.13 ± 13.78	−14.13 ± 21.92**
颞叶及右侧边缘系统区域	−56.75 ± 18.59	−16.38 ± 20.59**
颞叶及左侧边缘系统区域	−51.38 ± 14.50	−20.38 ± 15.18**
垂体区域	−56.75 ± 12.43	−24.13 ± 16.57**
下丘脑区域	−37.00 ± 19.60	−17.50 ± 15.31*
杏仁体	51.38 ± 14.50	20.38 ± 15.18**

注：*$P < 0.05$，**$P < 0.01$，与运动前比较。n=125。正常生物活性值范围为 $-20 < N < 20$。

表 8-3 颈部节律运动对神经递质活性值的影响

	运动前	运动 30 天后
5- 羟色胺	−12.50 ± 5.35	−4.38 ± 9.43*
多巴胺	17.50 ± 4.63	3.75 ± 7.44**
儿茶酚胺	−15.00 ± 5.35	−5.00 ± 7.56**
乙酰胆碱	7.50 ± 10.35	2.50 ± 13.88*

注：*$P < 0.05$，**$P < 0.01$，与运动前比较。n=125。正常生物活性值范围为 $-10 < N < 10$。

可见，颈部节律运动对颈椎、大脑活性等相关指标调节改善明显。

当然，颈部节律运动应该根据个体健康情况掌握安排。推荐在基础性节律运动后，控制好节奏进行练习。

（二）肩部节律运动对肝胆的影响

研究发现，肩部节律运动对人体肝胆代谢活性影响较为突出。

肩部节律运动是指以肩部屈伸、旋转、开合为主的肢体运动。

1. 实验对象及检测指标

选取 30~50 岁无肝脏急性病的城市白领 60 名。测试期间要求实验对象保持生活状态相对一致，严格控制抽烟、喝酒、熬夜、药物等可能影响实验结果的因素。

实验前采用生物电扫描技术、远红外热量采集技术对 60 名受试者进行了检测。检测结果发现大部分实验人群锻炼前指标均处于异常。

重点观察指标：①肝胆代谢活性，肝脏、胆囊区域活性；②肝胆区自主神经活性，肝、胆囊自主神经活性；③肝胆区代谢热状态，胸5节附近区域。

2.运动方案

肩部节律运动的动作标准规范如下。

（1）预备姿势：自然站立，两脚并拢，两手五指紧压两肩中部，与身体在同一个平面上。抬头略挺胸并有规律的呼吸，目视前方，小腹微收。（图8-6）

（2）肩部上提：两手紧随肩部向上提起，幅度以两手背贴紧为标准，同时低头，低头的幅度以下巴接近胸前皮肤为标准。（图8-7）

（3）肩部环转：以肩关节为支点和发力点，两手紧压两肩中部从准备姿势开始由前向后画半个圈后回到准备姿势。（峠8-8）

（4）屈臂旋肩：以肩关节为支点和发力点，两手紧压两肩中部从准备姿势向前旋转，相交于胸前，幅度以两前臂接触为标准，扩张背部。（图8-9）

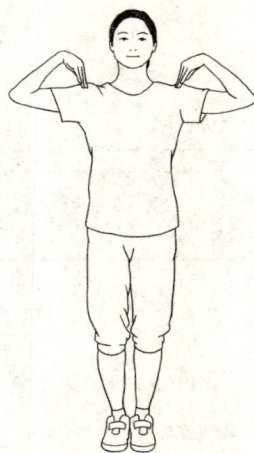

图8-6　预备姿势

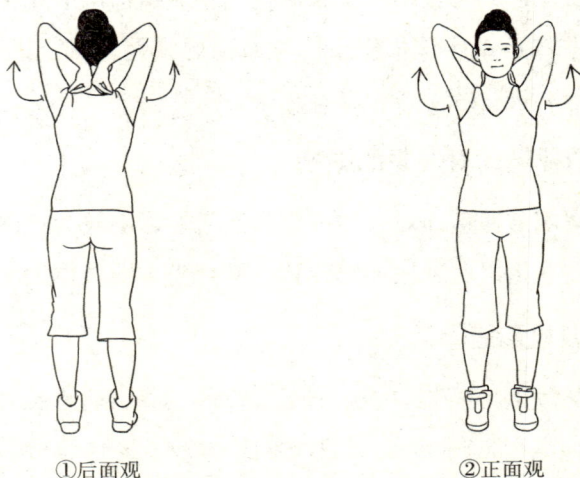

①后面观　　②正面观

图8-7　肩部上提

①　　　　　　　　　　　　　　②

图 8-8　肩部环转

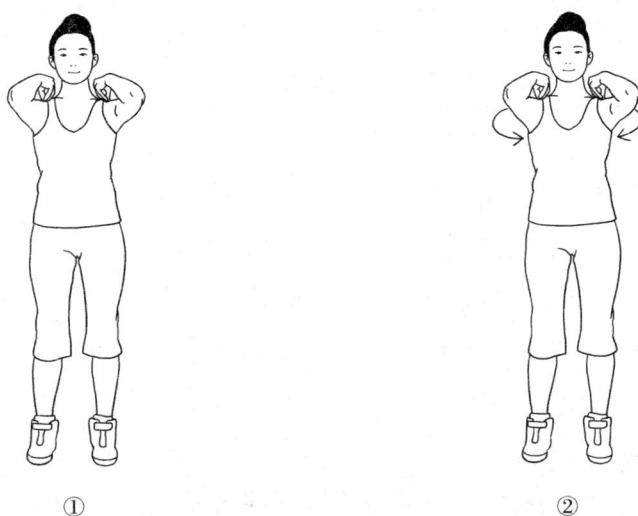

①　　　　　　　　　　　　　　②

图 8-9　屈臂旋肩

每天进行一次时长 30 分钟肩部节律运动，连续 30 天。

3. 结果

（1）肩部节律运动对肝胆代谢活性的影响

实验后所有受试者肝胆活性较运动前显著提高（$P < 0.05$ 或 $P < 0.01$）。（表 8-4）

表 8-4　肩部节律运动对肝胆活性的影响

	运动前	运动后
肝左叶及胆管区域	40.17 ± 38.58	11.00 ± 18.81**
肝右叶区域	−13.67 ± 26.61	−13.16 ± 14.66*
胆囊区域	44.00 ± 37.68	11.67 ± 12.13*

注：*P < 0.05，**P < 0.01，与运动前比较。n=60。肝胆正常生物活性值范围为 −20 < N < 20。

（2）肩部节律运动对肝胆自主神经的影响

实验结束后肝胆自主神经活性较运动前显著改善（P < 0.05 或 P < 0.01）。（表 8-5）

表 8-5　肩部节律运动对肝胆自主神经活性的影响

	运动前	运动后
肝脏自主神经活性值	30.75 ± 25.21	6.25 ± 9.81*
胆囊自主神经活性值	−53.13 ± 43.54	−9.75 ± 23.64**

注：*P < 0.05，**P < 0.01，与运动前比较。n=60。正常生物活性值范围为 −20 < N < 20。

（3）肩部节律运动对肝区自主神经区域代谢热的影响

此处所指的肝区自主神经区，主要是指从脊柱胸椎第 5 节出发，对应肝脏、胆囊的自主性神经丛所覆盖的区域。热扫描成像的测试发现：练习肩部节律运动后，肝区的热代谢发生了明显的变化，代谢温度显著上升。见彩插 1。

本研究的结果提示：肩部节律运动对肝胆功能有双向调节作用，使其活性向平衡方向移动。

肩部节律运动对肝胆活性的调节有较好的应用前景。在实践中，可以根据情况掌握好节奏进行锻炼。肩部节律运动推荐在基础性节律运动后进行练习。

（三）肘部节律运动对心肺的影响

研究发现，肘部节律运动对人体心肺区代谢活性影响较为突出。

肘部节律运动是指以肘关节为活动关节进行的屈伸、旋转、开合为主的肢体运动。

1. 实验对象及检测指标

选取 30~50 岁无严重心肺疾病城市白领 60 名。实验期间严格控制抽烟、喝酒、休息、药物等可能影响实验结果的因素。

实验前采用生物电全身扫描技术、远红外热量采集技术对 60 名受试者进行了检测。实验前检测发现所有受试者心肺生物活性均有异常。

重点观察指标：①生物电扫描，心肺区代谢活性；②生物电扫描：心脏、肺自主神经活性；③热成像扫描：心肺区代谢热（胸椎第 1-4 节附近区域）。

2. 运动方案

肘部节律运动的动作标准规范如下。

（1）原地肘部屈伸：两脚自然分开与肩同宽，双手合十，十指向前，两臂上臂与前臂呈 90°，向上摆动时掌虚置于胸前，向下摆动时到小腹。一上一下为一次。注意：上身不动，摆小臂带动上臂。（图 8-10）

（2）原地肘部左右摆动：两脚自然分开与肩同宽，两手掌心相对，前臂垂直于上臂，先左后右各 45 度做水平摆动，一左一右为一次。注意：上身不动，摆小臂带动上臂。（图 8-11）

（3）原地屈肘旋肘：左手叉腰，右手迅速向斜前方 45° 伸出，掌心向前。右手由掌变拳（握拳时大拇指置于无名指根部），迅速收回置于胸前，拳不高于下巴，

图 8-10 原地肘部屈伸

肘关节屈 120° 左右的同时旋后 60° 左右，同时肘部下蹲，幅度为大小腿后侧成 60° 左右。然后右手由拳变掌，肘关节伸 120° 左右的同时旋前 60° 左右，同时肘部抬起呈站立姿势。然后再做反方向动作，动作相同，方向相反。（图 8-12）

（4）原地肘部侧举：两脚自然分开与肩同宽，两手自然下垂，屈肘时两手心相对，在胸前开合，划八字，屈肘约 120°。注意：手向上时高不过肩，掌心相对相距约 10 厘米。手向下时手臂不可外翻。（图 8-13）

（5）踏步击掌：两手握拳平行相对，两臂经前至胸前平屈后振。两臂经前

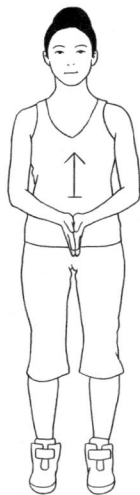

伸直至侧举后振，同时由拳变掌，掌心向前，两手臂与身体垂直。两臂经前击掌，右脚右跨成弓步，右腿的脚尖向侧前方，肘盖对准脚尖，同时两手握拳成右臂胸前平屈（拳心向后）、左臂侧举（拳心向前）后振，左臂与身体约成120°，头左转，眼看左方。恢复准备姿势。然后再做反方向动作，动作相同，方向相反。（图 8-14）

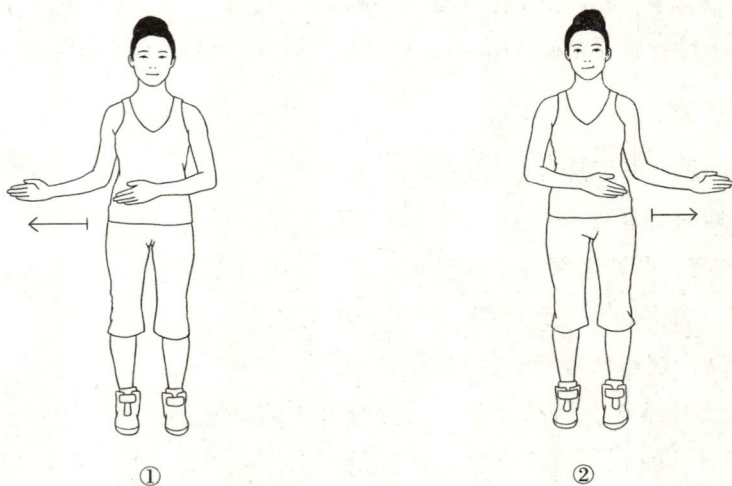

图 8-11　原地肘部左右摆动

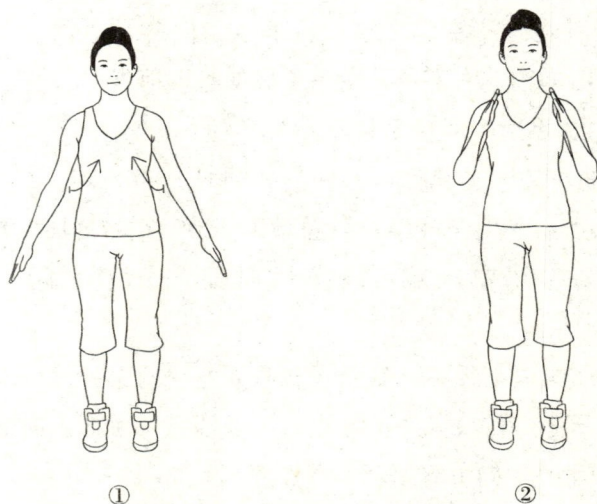

图 8-12　原地肘部侧举

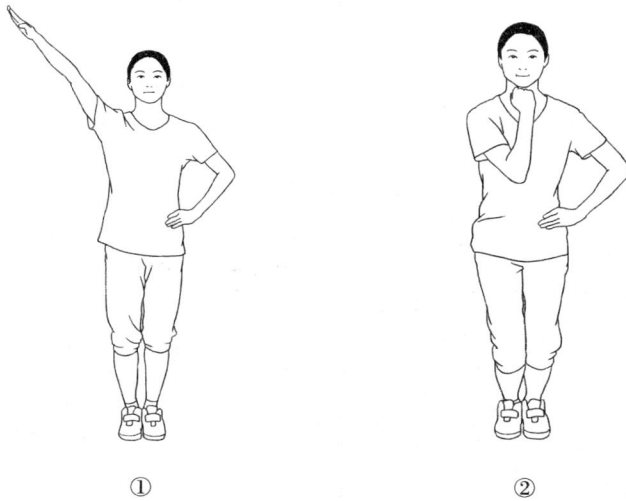

①　　　　　　　　　②

图 8-13　原地屈肘旋肘

①　　　　②　　　　③　　　　④

图 8-14　踏步击掌

每天进行一次时长 30 分钟肘部节律运动，连续 30 天。

3. 结果

（1）肘部节律运动对心肺生物活性的影响

实验后所有受试者心肺生物活性较运动前显著提高（P < 0.05 或 P < 0.01）。（表 8-6、表 8-7）

表 8-6　肘部节律运动对肺活性的影响

	运动前	30 天运动后
左肺区域	−32.0 ± 25.87	−14.75 ± 14.38*
右肺区域	−31.63 ± 25.87	−9.26 ± 4.32**

注：*$P < 0.05$，**$P < 0.01$，与运动前比较。n=60。生物活性值围为 $-20 < N < 20$。

表 8-7　肘部节律运动对心脏活性的影响

	运动前	30 天运动后
左心室	38.00 ± 42.31	7.50 ± 12.94**
右心室	−12.63 ± 39.29	−7.88 ± 15.43*
大动脉	10.13 ± 29.42	−2.63 ± 10.62*
上腔静脉	−6.38 ± 40.98	−2.25 ± 15.25*
下腔静脉	−12.63 ± 36.10	−7.88 ± 11.97*

注：*$P < 0.05$，**$P < 0.01$，与运动前比较。n=60。生物活性值围为 $-20 < N < 20$。

（2）肘部节律运动对心肺自主神经生物活性的影响

所有受试者心肺自主神经生物活性值较运动前显著改善（$P < 0.01$）（表 8-8）

表 8-8　肘部节律运动对心肺自主神经的影响

	运动前	30 天运动后
心脏自主神经活性	54.88 ± 25.97	17.63 ± 14.14**
肺自主神经活性	54.88 ± 25.97	17.63 ± 14.14**

注：*$P < 0.05$，**$P < 0.01$，与运动前比较。n=60。生物活性值围为 $-20 < N < 20$。

（3）肘部节律运动对心区代谢热的影响

此处所指的心区主要是指调节心、肺的自主神经所覆盖的区域。支配心区的自主神经分布是由交感干的胸 1-4 节发出的心支以及迷走神经的心支共同组成，心丛分布于心脏。

支配肺区的自主神经分布是由交感干的胸 2-4 节的分支和迷走神经的支气

管分支组成，位于肺根的前、后方，其分支随支气管和肺血管的分支入肺。

根据热扫描成像的测试发现，在练习肘部节律运动后，心区的热代谢发生了明显的变化，代谢温度显著上升。（彩插2）

本研究的结果提示：肘部节律运动对于心肺功能有双向调节作用，使其活性向平衡方向移动，改善了心肺区活性。

肘部节律运动对心血管和呼吸系统的活性改善有帮助。在实践中，应该坚持循序渐进的原则，根据情况掌握好节奏，在基础性节律运动后进行练习。

（四）髋部节律运动对消化系统的影响

研究发现，髋部节律运动对人体消化系统（脾、胰腺、胃肠道区）代谢活性影响较为突出，对消化系统活性的改善具有积极的效果。

髋部节律运动是指以髋部前、后、左、右屈伸、水平旋转为主的肢体运动。

1. 实验对象及检测指标

选取30~50岁无严重消化系统疾病但存在便秘、消化不良、消化道菌群紊乱等现象的70名受试者。实验期间严格控制抽烟、喝酒、休息等可能影响实验结果的因素。

实验前采用生物电全身扫描技术、远红外热量采集技术对参试者进行了检测。结果发现所有受试者消化系统生物活性均有异常显示。

重点观察指标。①生物电扫描：消化系统相关脏器活性；②生物电扫描：腹腔消化系统自主神经活性；③热成像：消化系统代谢热、胸椎及腰椎代谢改变。

2. 运动方案

髋部节律运动的动作标准规范如下。

（1）预备姿势：自然站立两脚并拢，抬头略挺胸并有规律的呼吸，目视前方，小腹微收。（图8-15）

（2）原地摆臂旋髋：双腿分开约与肩同宽，手掌握拳

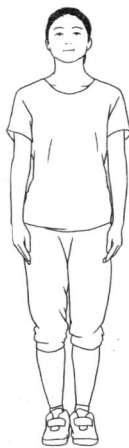

图8-15　预备姿势

（大拇指置于无名指根部），上臂与前臂成 90° 的姿势，两臂适当幅度自由前后摆动，全身放松。摆臂时双脚不离开地面，随着两臂前后摆动，髋部左右旋动。髋部左右旋动幅度以超过两脚外侧边缘 5~10 厘米为标准。（图 8-16）

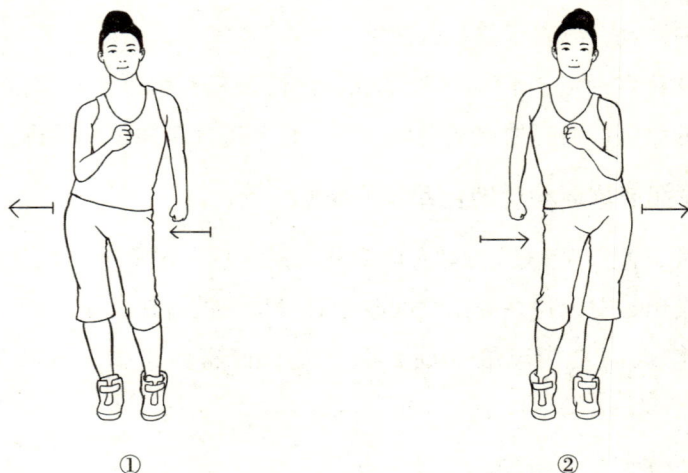

图 8-16　原地摆臂旋髋

图 8-17　原地双手叉腰旋髋

（3）原地双手叉腰旋髋：双腿分开约与肩同宽，双手叉腰，以腰为轴，顺时针旋转，向前以超过脚尖 5 厘米为标准，向左右以超过两脚外侧边缘 5~10 厘米为标准，向后以超过后脚跟 5~10 厘米为标准。注意：以腰部的力量带动上身的转动。然后再逆时针旋转，动作相同，方向相反。（图 8-17）

（4）原地叉腰摆髋：右脚向右平行迈出 20 厘米的同时，双手叉腰。髋部向右扭动，幅度以超过右脚的外侧边缘 5~10 厘米为标准。再做反方向动作，动作相同，方向相反。（图 8-18）

（5）原地单脚提髋：身体向右侧转 45° 的同时右腿向前迈出 20 厘米，右腿弯曲，弯曲度以大小腿后侧呈 150° 为标准，身体微微向前倾，左腿不弯曲，举起双臂与身体大约成 135°，掌心向前。双侧手由掌变拳（握拳时大拇指置于无名指根部），迅速收回置于两侧腰间，双肘关节屈 90° 左右的同时外旋 60° 左右，同时左腿屈髋 90° 左右，屈膝 120° 左右，脚尖垂直地面。然后再做反方向动作，动作相同，方向相反。（图 8-19）

① ②

图 8-18 原地叉腰摆髋

① ②

图 8-19 原地单脚提髋

（6）原地屈臂下蹲：左手叉腰，右手迅速向斜前方 45° 伸出，掌心向前。右手由掌变拳（握拳时大拇指置于无名指根部），迅速收回置于胸前，拳不高于下巴，肘关节屈 120° 左右的同时旋后 60° 左右，同时膝部下蹲，幅度为大小腿后侧成

60° 左右。然后右手由拳变掌，肘关节伸 120° 左右的同时旋前 60° 左右，同时膝部抬起呈站立姿势。然后再做反方向动作，动作相同，方向相反。（图 8-20）

（7）原地摆髋屈膝击掌。动作一：左脚向左前方迈出 20 厘米左右，两手臂向上抬起与身体呈 150° 左右，手背相对，左髋向左扭动，幅度以超过左脚外侧边缘 5~10 厘米为标准，眼睛向左上方望去。动作二：两手臂向身体两侧弯曲在胸前击掌，右腿迅速向左腿靠拢。动作三：膝部下蹲，幅度为大小腿后侧成 60° 左右。拍手时应将十指自然张开，两手的手掌对手掌，手指对手指，两手从胸前往左右向下画半圆并用力拍击，拍击的同时跺脚。然后再做反方向动作，动作相同，方向相反。（图 8-21）

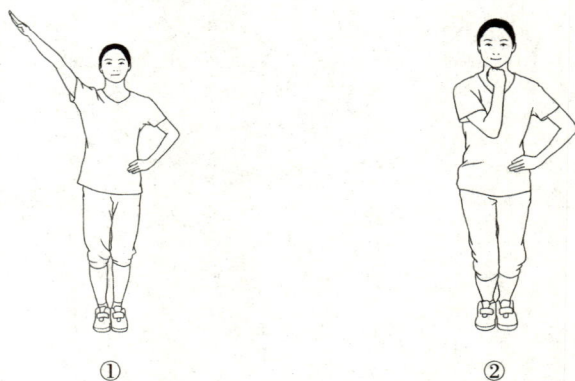

图 8-20　原地屈膝下蹲

图 8-21　原地摆髋屈膝击掌

每天进行一次时长 30 分钟的髋部节律运动，连续 30 天。

3. 结果

（1）受试者主观感觉

所有受试者肠胃动力不足、便秘症状均减轻或消失。

（2）髋部节律运动对消化系统活性的影响

实验后所有受试者消化系统脏器生物活性较运动前显著提高（$P < 0.05$ 或 $P < 0.01$）。见表 8-9。

表 8-9 髋部节律运动对消化系统活性的影响

	运动前	30 天运动后
胰腺区域	−21.63 ± 8.89	−8.85 ± 8.98*
脾脏区域	−18.00 ± 14.18	−6.00 ± 2.51*
胃	−22.63 ± 12.65	12.75 ± 2.60*
十二指肠区域	−21.25 ± 10.10	−9.25 ± 3.37*
升结肠区域	39.38 ± 20.83	14.13 ± 3.78**
降结肠区域	−33.13 ± 8.70	−17.13 ± 11.01*
小肠区域	−34.38 ± 11.61	−13.00 ± 7.90*

注：*$P < 0.05$，**$P < 0.01$，与运动前比较。n=70。生物活性值范围为 $-20 < N < 20$。

（3）髋部节律运动对消化系统自主神经生物活性的影响

实验结束后消化系统自主神经生物活性值较运动前显著改善（$P < 0.01$ 或 $P < 0.001$）。见表 8-10。

表 8-10 髋部节律运动对胃肠自主神经的影响

	运动前	30 天运动后
脾脏自主神经活性	−31.88 ± 15.17	−11.75 ± 9.66**
胰腺自主神经活性	−54.13 ± 16.06	−19.38 ± 11.45**
胃自主神经活性	−62.00 ± 27.82	−17.00 ± 15.98**
小肠自主神经活性	−61.00 ± 29.09	−14.50 ± 18.59**
结肠自主神经活性	−48.38 ± 16.12	−32.25 ± 11.30**

注：*$P < 0.05$，**$P < 0.01$，与运动前比较。n=70。生物活性值范围为 $-20 < N < 20$。

（4）髋部节律运动对消化系统代谢热的影响

热扫描成像系统的测试发现：在练习髋部节律运动后，消化系统的热代谢发生了明显的变化，交感活性显著上升。代谢温度上升意味着该处的自主神经处于一个较高水平的代谢调节过程中。见彩插3。

本研究的结果提示：髋部节律运动能显著改善消化不良、便秘症状，显著改善消化系统活性。

髋部节律运动对消化系统的功能改善有帮助。在实践中，应该坚持循序渐进的原则，根据情况掌握好节奏，在基础性节律运动后进行练习。

（五）膝部节律运动对泌尿系统的影响

研究发现，膝部节律运动对泌尿系统代谢活性影响较为突出。

膝部节律运动是指以膝部前后屈伸、左右摆动、水平旋转为主的肢体运动。

1. 实验对象及检测指标

选取 25~50 岁无严重泌尿系统疾病，但有不同程度的腰酸、尿频、尿不尽等表现的城市白领 56 名。实验期间严格控制抽烟、喝酒、休息、药物等可能影响实验结果的因素。

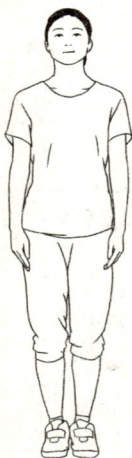

实验前受试者采用生物电全身扫描技术、远红外热量采集技术等进行了检测。结果发现所有受试者泌尿系统生物活性均显示异常。

重点观察指标。①生物电扫描：泌尿系统生物活性。②生物电扫描：泌尿系统自主神经活性。③热成像：泌尿系统、腰椎、骶椎部位代谢热。

2. 运动方案

膝部节律运动的动作规范如下。

（1）预备姿势：自然站立两脚并拢，抬头略挺胸并有规律地呼吸，目视前方，小腹微收。（图8-22）

图8-22　预备姿势

（2）屈膝伸肩：左腿向前伸出 20 厘米，然后双膝下蹲，幅度为大小腿后侧成 120° 左右。摆动时，膝关节伸直，同时以肩部为支点，右臂向前方摆动（掌心向上），摆动时，右肩关节与身体呈 135° 左右，左臂向后摆臂时（掌心向上），左肩关节与身体呈 30° 左右。（图 8-23）

①　　　　　　　　　　　　　②

图 8-23　屈膝伸肩

（3）屈膝摆手：膝部下蹲，下蹲幅度以大小腿后侧呈 120° 为宜，上身正直，同时双手向前伸出与身体呈 90°，掌心相对。注意呼吸，下蹲时吸足气，站起后呼出，脊背和腰要挺直，不要弯曲。（图 8-24）

（4）屈膝侧摆腿：以右腿支撑，双手向上摆起以肘关节屈 60°~90° 为宜，掌心向后，左腿向后弯曲以大小腿后侧呈 90° 为宜，踢腿时左腿向前直膝轻缓踢出，右腿微屈以大小腿后侧呈 150° 为宜，双手肘关节内旋向前伸出至手臂与身体呈 60°，掌心向上。（图 8-25）

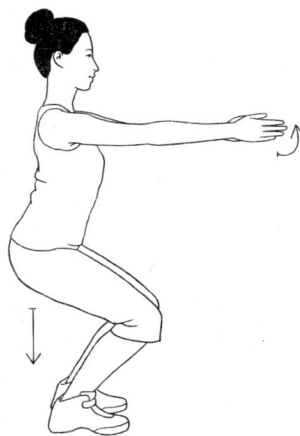

图 8-24　屈膝摆手

（5）屈膝旋臂：左手叉腰，右手向斜前方 45° 伸出，掌心向前。膝部下蹲时右手由掌变拳（握拳时大拇指置于无名指根部），迅速收回置于胸前，拳不高于下巴，肘关节屈 120° 左右的同时旋后 60° 左右，同时膝部下蹲，幅度为大

小腿后侧成 120° 左右。（图 8-26）

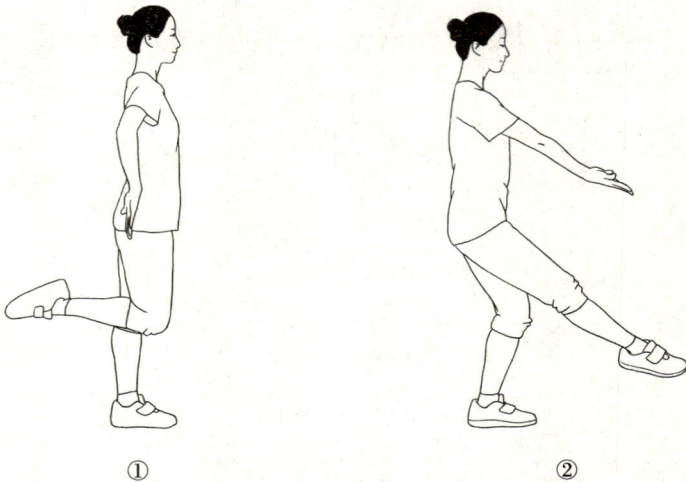

图 8-25　屈膝侧摆腿

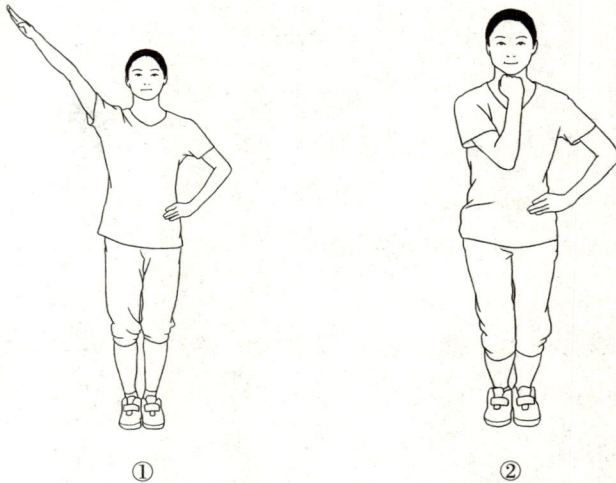

图 8-26　屈膝旋臂

每天进行一次时长 30 分钟的膝部节律运动，连续 30 天。

3. 结果

（1）受试者主观感觉

所有受试者腰酸、尿频、尿不尽等表现减轻或消失。

（2）膝部节律运动对泌尿系统脏器生物活性的影响

实验后所有受试者泌尿系统生物活性较运动前显著提高（$P < 0.05$）。见表8-11。

表8-11 膝部节律运动对泌尿系统生物活性的影响

	运动前	30 天运动后
左肾及输尿管区域	−25.25 ± 47.92	−7.88 ± 15.63*
右肾及输尿管区域	30.50 ± 23.05	15.38 ± 11.91*
膀胱区域	−28.00 ± 13.94	−11.75 ± 8.36*
子宫（或前列腺）周围器官	−25.88 ± 13.94	−7.63 ± 14.34*

注：*$P < 0.05$，与运动前比较。n=56。生物活性值范围为 $-20 < N < 20$。

（3）膝部节律运动对泌尿系统自主神经生物活性的影响

实验结束后泌尿系统自主神经生物活性值较运动前显著改善（$P < 0.05$ 或 $P < 0.01$）。见表8-12。

表8-12 膝部节律运动对泌尿系统自主神经生物活性的影响

	运动前	30 天运动后
肾脏自主神经生物活性	−33.75 ± 7.44	−13.00 ± 7.87**
膀胱自主神经生物活性	−32.13 ± 12.77	−23.13 ± 4.02*
前列腺（子宫）自主神经生物活性	−34.63 ± 9.56	−12.9 ± 7.73*

注：*$P < 0.05$，**$P < 0.01$，与运动前比较。n=56。生物活性值范围为 $-20 < N < 20$。

（4）膝部节律运动对泌尿系统代谢热的影响

膝部节律运动对于背部脊柱肾区部位的自主神经有双向调节作用。此处所指的肾区主要是指支配整个泌尿生殖系统的自主神经所覆盖的区域。对应腰椎第3节至骶椎部位。

根据热扫描成像系统测试发现：膝部节律运动一段时间后，热代谢发生了明显变化，温度上升意味着该处的自主神经也处于一个较高水平的调节过程中。见彩插4。

本研究的结果提示：膝部节律运动能显著改善泌尿系统活性。

膝部节律运动对泌尿系统器官、神经活性有积极的调节作用。在练习期间，注意量力而为，坚持循序渐进的原则。在实践中，可以根据情况掌握好节奏，建议在基础性节律运动后进行练习。

二、调节性节律运动对神经－内分泌－免疫网络的作用

为了进一步验证调节性节律运动对神经－内分泌－免疫网络的调节作用，北京市人体健康预警测评与营养干预研究中心编创了一套涵盖颈部、肩部、肘部、髋部、膝部、踝等部位的调节性节律运动操，并招募了 75 名年龄在 30~60 岁的受试人群，为期 1 个月，每天 2 次练习节律运动操。练习前后采用生物电全身扫描技术对受试者进行检测，观测调节性节律运动对神经－内分泌－免疫网络的影响。相关结果见表 8–13 至表 8–16。

表 8–13　调节性节律运动对自主神经系统的影响

	运动前	30 天运动后
心脏自主神经活性	34.56 ± 27.72	18.54 ± 21.22**
肺自主神经活性	34.56 ± 27.72	18.54 ± 21.22**
肝脏自主神经活性	27.31 ± 8.42	17.43 ± 10.66**
胆囊自主神经活性	−43.21 ± 24.78	−26.32 ± 17.63**
脾脏自主神经活性	−36.96 ± 24.29	−15.23 ± 9.65**
胰腺自主神经活性	−19.56 ± 11.76	−14.25 ± 6.43*
胃自主神经活性	−43.94 ± 18.54	−22.45 ± 18.54**
肾脏自主神经活性	−29.54 ± 15.35	−11.38 ± 4.89**

注：*$P < 0.05$，**$P < 0.01$，与运动前比较。n=75。自主神经系统正常生物活性值范围为 $-20 < N < 20$。

表 8–14　调节性节律运动对神经递质的调节

	运动前	30 天运动后
间质的 5–羟色胺	−13.0 ± 7.5	−5.0 ± 4.7**
间质的多巴胺	−12.0 ± 7.1	−4.0 ± 4.6**
间质的儿茶酚胺	−15.0 ± 4.1	−5.0 ± 4.7**

续 表

	运动前	30 天运动后
间质的乙酰胆碱	−17.5 ± 3.5	−5.0 ± 4.7**

注：*P < 0.05，**P < 0.01，与运动前比较。n=75。神经递质正常生物活性值范围为 −10 < N < 10。

表 8-15　调节性节律运动对内分泌激素的影响

	运动前	30 天运动后
间质的皮质醇	19.20 ± 9.75	8.65 ± 6.78**
间质的醛固酮	23.75 ± 14.45	10.30 ± 6.79**
间质的肾上腺髓质激素	−36.45 ± 9.23	−19.30 ± 9.76**
间质的胰岛素	−15.45 ± 5.32	−6.40 ± 7.32*
间质的甲状腺素	−16.95 ± 5.75	−10.10 ± 6.54*
间质的抗利尿激素	−26.40 ± 8.65	−9.65 ± 9.65**
间质的促肾上腺皮质激素	−15.20 ± 12.58	−4.45 ± 7.64**

注：*P < 0.05，**P < 0.01，与运动前比较。n=75。内分泌激素正常生物活性值范围为 −20 < N < 20。

表 8-16　调节性节律运动对免疫系统的调节

	运动前	30 天运动后
胸腺生物活性	−35.50 ± 16.32	−16.43 ± 18.54***
间质的 ONOOH 活性	6.60 ± 6.24	3.60 ± 4.90*
间质的 NO 活性	7.00 ± 6.61	4.00 ± 5.59**
间质的 H_2O_2 活性	3.20 ± 5.38	1.60 ± 3.74*
间质的 O_2- 活性	3.20 ± 5.38	1.60 ± 3.74*
间质的 OH− 活性	6.20 ± 5.82	3.2 ± 4.76**

注：*P < 0.05，**P < 0.01，***P < 0.001，与运动前比较。n=75。胸腺正常生物活性值范围为 −20 < N < 20。

间质 ONOOH 活性、间质 NO 活性、间质 H_2O_2 活性、间质 O_2- 活性、间质 OH− 活性值的正常范围均为 N ≤ 10。

以上观察表明，涵盖颈部、肩部、肘部、髋部、膝部、踝等部位的调节性节律运动操，对肢体各个关节动作幅度、力量、速度分配设计合理，整体运动的频率、时长、心肺负荷设计适当，音乐旋律积极明快，有很高的借鉴应用价值。持续的调节性节律运动，对于神经－内分泌－免疫网络的活性及平衡等调节效果显著。

第九章

针对性节律运动的应用

持续的针对准确的颈、指、腕、肘、肩、腰、髋、膝、踝等人体主要活动关节部位的运动，我们称之为针对性节律运动。

由于缺乏运动、外伤及其他原因导致的骨骼及其周围附属结构（肌肉）退化、肌力减弱、韧带松弛、非感染性炎症、退行性变、关节及周围组织慢性劳损疼痛等，已经越来越成为困扰人们生活的健康问题。

针对准确关节的节律运动，对这些问题的改善有着显著和不可替代的效果。这种改善的机制如下：

● 针对性节律运动可使运动关节的相应神经、肌肉、血管、淋巴管得到放松，改善了区域循环，提高了组织代谢温度，减少了淤血水肿，促进了营养物质的运输和代谢物排出；

● 针对性节律运动的牵伸作用使肌肉韧带更加强壮、肌肉痉挛减轻，增强了肌群稳定，提高了关节对运动的耐受能力；

● 针对性节律运动改善了关节的灵活度、软组织的自然弹性，避免了肌腱松解粘连，纠正、稳定了小关节的错位，恢复或改善人体正常的生理力线；

● 针对性节律运动改善椎体的骨代谢，使骨骼的有机成分增加，骨的强度、韧性增加，延缓骨质的退变；

● 针对性节律运动有利于患者心理健康。由于关节病痛反复发作、病程较长，患者会有不同程度的情绪、心理反应。节律运动改善患者康复状况，转移患者的注意力，减少不良情绪刺激，有利于患者的恢复和健康生活。

一、针对性关节节律运动操

（一）颈椎关节针对性节律运动操

颈椎由七节颈脊骨连接而成。其向上与颅骨、向下与胸椎相连，主要功能是支持头颅，可以承担前屈、后仰及左右侧屈等活动，具有很大的活动范围。脑部有许多神经及血管经由颈椎传达至全身各处。颈椎损伤和颈椎周围软组织退行性改变都可引起颈椎压迫或刺激颈部血管、神经、神经根和脊髓等，从而引起颈、肩、上肢、头部等不适症状，有时甚至导致肢体功能障碍等。颈椎病具有发病率高，治疗时间长，治疗后极易复发等特点。50岁以上的人都有轻重不同的颈椎不适。长时间保持颈部固定姿势是颈椎病高发的主要原因。

运动疗法作为一种非药物疗法，在预防和治疗颈椎病方面受到了高度关注。为此，北京市人体健康预警测评与营养干预研究中心在前期对节律运动研究的成果上，对颈椎进行针对性节律运动干预研究，并取得了很好的效果。

颈椎针对性节律运动在练习期间，注意量力而为，坚持循序渐进的原则。

动作规范

（1）前屈后伸：站位或坐位均可，站立时两脚分开，与肩同宽，两手叉腰，深呼吸，吸气时使颈部尽量前屈，下颌接近胸骨柄上缘。呼气时使颈部后伸到最大限度，以上动作反复进行。每组锻炼 20~30 次，每天重复 2 组。（图 9-1）

（2）左右倾斜：头部缓缓向左肩倾斜使左耳贴于左肩，停顿一会儿头部返回中位；然后再向右肩倾斜，同样右耳要贴近右肩，停顿一会后，再回到中位。左右反复进行。在头部摆动时需吸气，回到中位时慢慢呼气，做操时双肩、颈部要尽量放松，动作以慢而稳为原则。每组锻炼 20~30 次，每天重复 2 组。（图 9-2）

图 9-1 前屈后仰

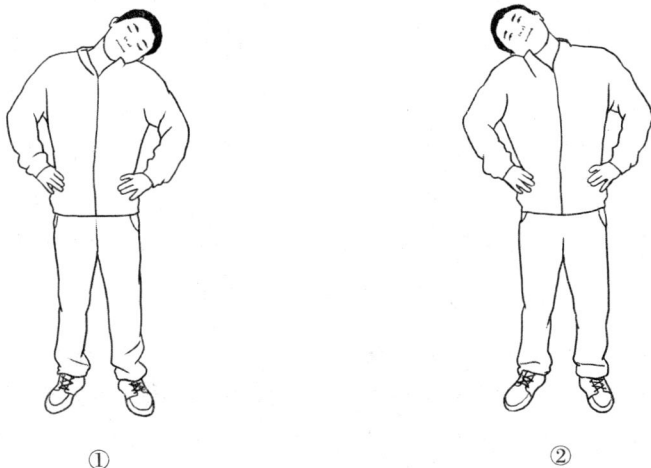

① ②

图 9-2 左右倾斜

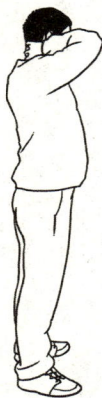

图 9-3　颈部抗阻

（3）颈部抗阻：双手十指交叉放在颈部，头用力向后或左右伸，同时手用力阻挡，头虽然没动，但通过两个方向力的较量，可增加颈部肌肉力量。或者双手往后推下颌（下巴），下颌用力顶手，增强颈前部肌肉。每组锻炼 20~30 次，每天重复 2 组。（图 9-3）

（4）左右摆头：头部缓缓向左摆动使头部与左肩平行，停留片刻后头部返回中位；然后头部再向右摆动，同样使头部与右肩平行，停留片刻后，再回到中位。每组锻炼 20~30 次，每天重复 2 组。（图 9-4）

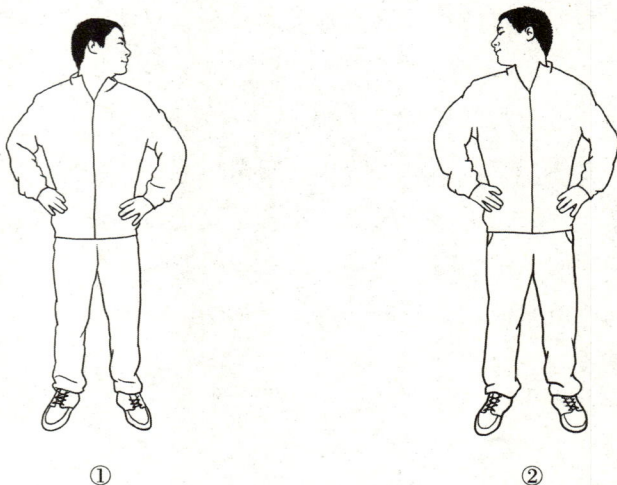

①　　　　　　　　　　②

图 9-4　左右摆头

（5）颈部旋转：此项运动是前 3 项颈部运动的组合。动作要求：从头正位看前方开始，头向右、后、左回到前为绕环一周。然后，向相反方向再绕环一周。做到最大限度，缓慢重复多次。如果有头晕现象，可闭眼做，活动次数自己掌握，但要强调每次做动作的质量。每组锻炼 20~30 次，每天重复 2 组。

（6）肩部上提：自然站立两脚并拢，两手五指紧压两肩中部，与身体在同一个平面上。两手紧随肩部向上提起，幅度以两手背贴紧为标准，同时低头，低头的幅度以下巴接触到胸前皮肤为标准。每组锻炼 20~30 次，每天重复 2~3 组。（图 9-5）

（7）肩部环转：自然站立两脚并拢，两手五指紧压两肩中部，与身体在同一个平面上。以肩关节为支点和发力点，两手紧压两肩中部从准备姿势开始由前向后画半个圈后回到准备姿势。每组锻炼 20~30 次，每天重复 2 组。（图 9-6）

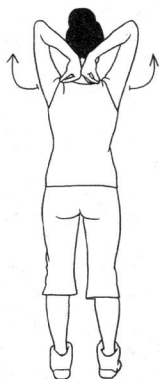
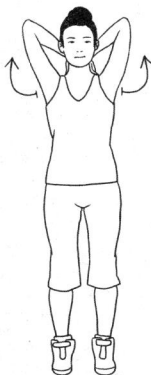

图 9-5　肩部上提　　　　　　　　　图 9-6　肩部环转

（8）提肩缩颈：自然站立双目平视，双脚略分开与肩平行，双手自然下垂。动作时双肩慢慢提起，颈部尽量往下缩，稍微停顿一会后，双肩慢慢放松地放下，头颈自然伸出，还原自然，然后再将双肩用力往下沉，头颈部向上拔伸，停留片刻后，双肩放松，并自然呼气。注意在缩伸颈的同时要慢慢吸气，停留时要憋气，松肩时要尽量使肩、颈部放松。每组锻炼 20~30 次，每天重复 2 组。（图 9-7）

①　　　　　　　　　　　　　　　②

图 9-7　提肩缩颈

（二）肩部关节针对性节律运动操

肩关节是人体各关节中活动范围最大的关节。其关节囊较松弛，关节的稳定性大部分靠关节周围的肌肉、肌腱和韧带的力量来维持。由于，肌腱本身的血液供应较差，随着年龄的增长而发生退行性改变的概率较高。此外，上肢运动锻炼不足，局部血液循环不畅，过度劳累也可造成肩周炎的发生。适宜的节律运动可显著改善肩周炎的症状。

依据节律运动的相关原理，并结合肩周病发病机制，北京市人体健康预警测评与营养干预研究中心编制了肩周关节针对性节律运动操。

在进行节律运动锻炼时，应注意在无痛范围内活动。避免疼痛反射性引起或加重肌痉挛，影响功能恢复。每次活动以不引起疼痛加重为宜。

动作规范

（1）耸肩运动：双腿与肩同宽站立，每次耸肩时肩胛骨尽量上提，使锁骨贴近腮部，还原时尽量使肩胛骨下沉，每组做 20~30 次，每天重复 2 组。（图9-8）

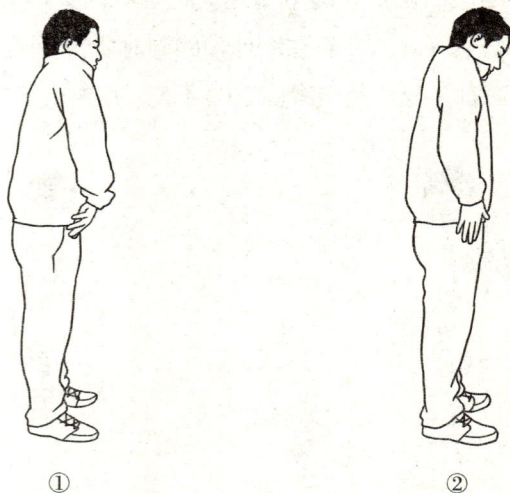

①   ②

图9-8　耸肩运动

（2）屈臂绕环运动：双腿与肩同宽站立，双臂屈曲，手搭在肩上以肩为轴做前、后绕环，每组各做 20~30 次，每天重复 2 组。（图9-9）

（3）梳头运动：站立或仰卧均可，患侧肘屈曲，前臂向前向上并旋前（掌心向上），尽量用肘部擦额部，即梳头动作，连续20~50次，每天重复2组。（图9-10）

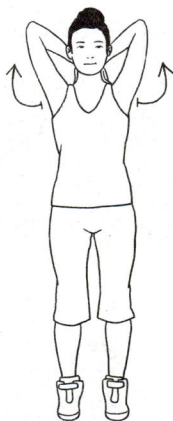

图9-9　屈臂绕环运动　　　　　　　图9-10　梳头运动

（4）两手抱头法：双腿与肩同宽站立，两手紧抱绕后脑；两肘缓慢拉开，与身体平行；然后两肘逐步收拢，似挟头部，连续20~50次，每天重复2~3组。（图9-11）

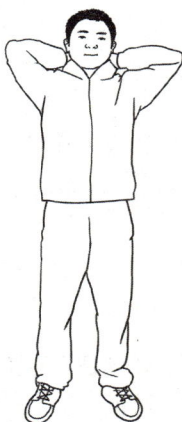

①　　　　　　　　　　　　　　②

图9-11　两手抱头法

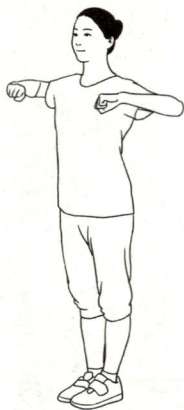

图 9-12　扩胸分肩法

（5）扩胸分肩法：双腿与肩同宽站立，两手放于胸前，两肘与肩平直，手背在上掌心朝下。扩开胸怀，分开双肩、吸气；回复时呼气。每天运动 50~100 次，每天重复 2 组。（图 9-12）

（6）冲拳练习：双腿与肩同宽站立，两膝微屈，两手握拳置于腰间拳心向上。右手用力向前冲拳，前冲时，拳心逐渐转向下，收至腰间时，拳心恢复向上。右手做完，改换左手。每组重复 20~30 次，每天 2 组。此项运动主要是双臂与肩关节在水平位置的活动，用以增加三角肌的力量和外展的幅度。（图 9-13）

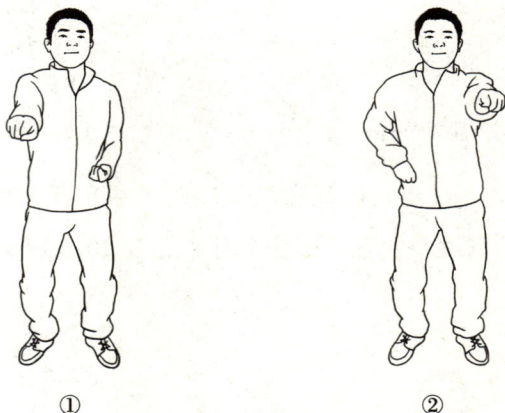

①　　　　　　　　　②

图 9-13　冲拳练习

（7）回旋画圈运动：弯腰垂臂，甩动双臂，以肩为中心，做由里向外或由外向里的画圈运动，用臂的甩动带动肩关节活动。幅度由小到大，每天运动 50~100 次，每天重复 2 组。（图 9-14）

（三）肘部关节针对性节律运动操

肘关节疾病多是由于肘关节在非功能位受到直接或间接的外力冲击，或因用力过猛和局部疲劳过度所引起损伤。其中，"网球肘"为临床常见的肘关节易发疾病。"网球肘"又称肱骨外上髁炎，属慢性损伤性疾病，是经常握拳伸腕者的常见病，经常从事网球、羽毛球、乒乓球运动的人易患此病。

①　　　　　　　　　　②　　　　　　　　　　③

图 9-14　回旋画圈运动

　　肘关节疼痛患者会因为疼痛避免肘部过多运动，使小臂伸腕和伸指以及前臂旋后功能减弱，造成肘关节活动的限制。而通过主动或被动的运动康复训练，可解除肘部肌肉的痉挛与粘连，改善肩与肘关节的柔韧性，提高伸肌与屈肌群的协调能力以及肩臂部肌肉的质量。反复多次或持续的牵拉停顿，对解除痉挛和纤维组织粘连，并使其产生更多的塑性延长、扩大关节活动度有积极的帮助。

　　相关的研究证实，"网球肘"运动干预后，肘关节功能得到显著改善。相关的机制如下：

　　大部分患者的患肢前臂伸腕肌都伴随有不同程度的肌肉紧张现象，这不仅是肱骨外上髁炎疼痛导致的后果，同时，它也是导致肱骨外上髁炎经常复发的一个重要原因。在生理范围内通过主动牵拉与收缩，可逐渐改善断裂的肌纤维和微血管，降低外周阻力，减轻疼痛，解除痉挛，恢复肌肉内部正常解剖结构及肌纤维排列顺序。因此，针对性的肘关节节律运动可以有效帮助恢复和增强伸腕肌群的力量，以及肩胛骨背面的冈下三肌和肱三头肌等肌肉的弹性和伸缩性，改善臂部肌肉的质量，适度提高小臂伸腕、伸指以及前臂旋后功能，消除肱骨外上髁腕伸肌腱附着处疼痛和伸腕肌群走行方向的传导痛，调节神经反射，激活末梢神经，实现改善肘肌群失调状态。

操动作规范

1. 肌肉放松法

前臂肌肉疼痛的患者适宜进行前臂肌肉收缩的肌肉放松训练。常见方式主要有如下几种。

（1）屈肘甩手：背部靠墙站立或仰卧在床上，上臂贴身、屈肘，以肘点作为支点，进行外旋活动。连续20~50次，每天重复2组。（图9-15）

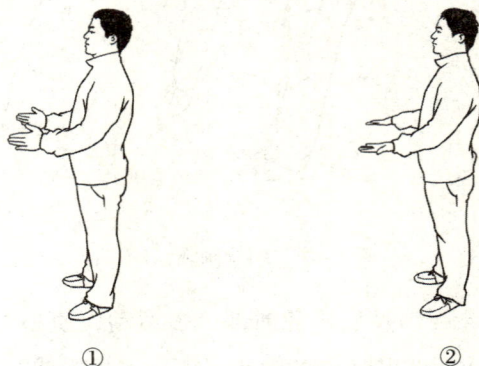

图9-15　屈肘甩手

（2）头枕双手：仰卧位，两手十指交叉，掌心向上，放在头后部（枕部），先使两肘尽量内收，然后再尽量外展。连续20~50次，每天重复2组。（图9-16）

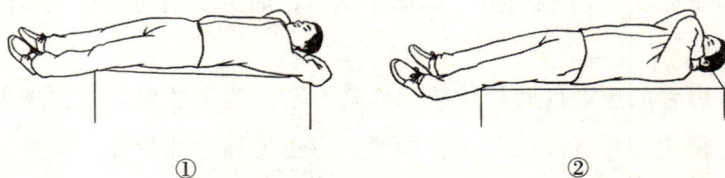

图9-16　头枕双手

图9-17　梳头

（3）梳头：站立或仰卧均可，患侧肘屈曲，前臂向前向上并旋前（掌心向上），尽量用肘部擦额部。连续20~50次，每天重复2组。（图9-17）

（4）展臂站立：双臂伸直，手心向下缓缓外展，向上用力抬起，到最大限度后停1分钟，然后回原处，反复进行。连续2~5次，每天重复2组。（图9-18）

（5）手指爬墙：面对墙壁站立，用患侧手指沿墙缓缓向上爬动，使上肢尽量高举，到最大限度，在墙上作一记号，然后再徐徐向下回原处，反复进行，逐渐增加高度。连续20~50次，每天重复2~3组。（图9-19）

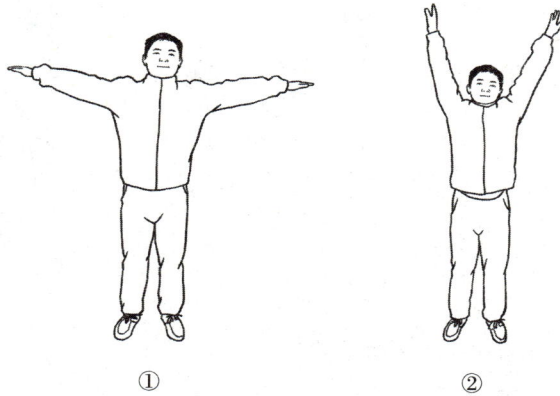

① ②

图 9-18 展臂站立

① ② ③

图 9-19 手指爬墙

2. 被动牵拉放松训练

患者保持患肢放松状态，固定肘关节，辅助训练者一手握住患者手掌，让患肢缓慢、轻柔地做腕屈动作，其间患者会感到前臂肌肉有牵拉伸长感觉，然后回复正常位，反复多次，以患者感觉患部轻松时结束。连续 20~50 次，每天重复 2~3 组。（图 9-20）

3. 主动对抗训练

主动对抗训练是给予患肢一定的负荷，让患肢进行静力性或动力性的力量对抗训练。常见的方式主要有以下几种。

（1）抗阻训练：用橡皮球、沙袋等物品，一般持续 3~5 分钟，时间和次数可以逐渐增加，但是不要一次过长。（图 9-21）

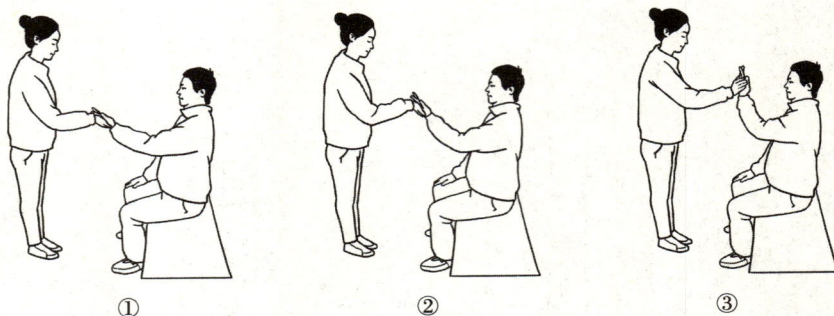

①　　　　　　　　　②　　　　　　　　　③

图 9-20　被动牵拉放松训练

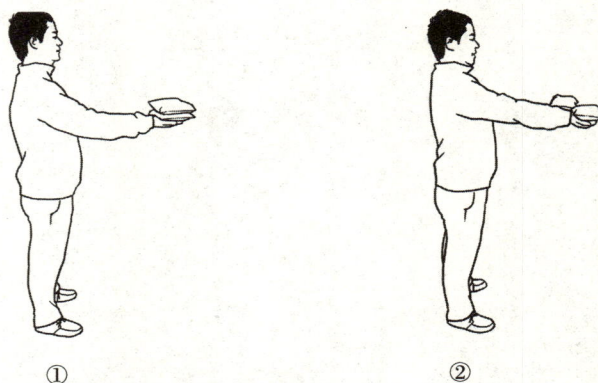

①　　　　　　　　　　　　　②

图 9-21　抗阻训练

（2）屈腕练习训练：借助小球、杠铃、沙袋等物品。开始重量不要很重，重复 10 次为一组，每天 3 组；逐渐增加重复次数，至 30 次时增加 1 磅重量，而减少重复次数至 10 次，再逐渐增加重复次数，如此往复。（图 9-22）

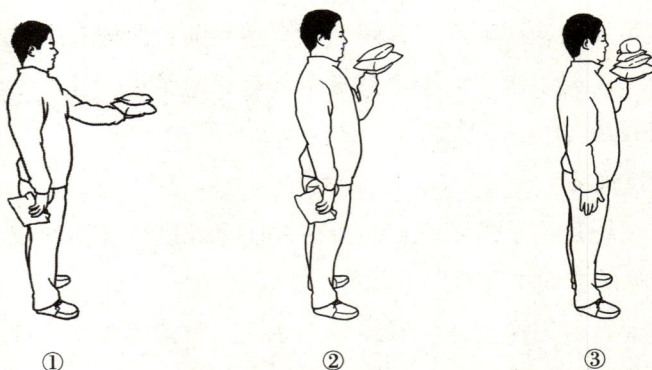

①　　　　　　　　　②　　　　　　　　　③

图 9-22　屈腕练习训练

（3）旋前（后）练习训练：可使用家里的锤子、木棍等练习，绕前（后）一周，每次 3~4 分钟，每天 3 次，再逐渐增加重复次数。（图 9-23）

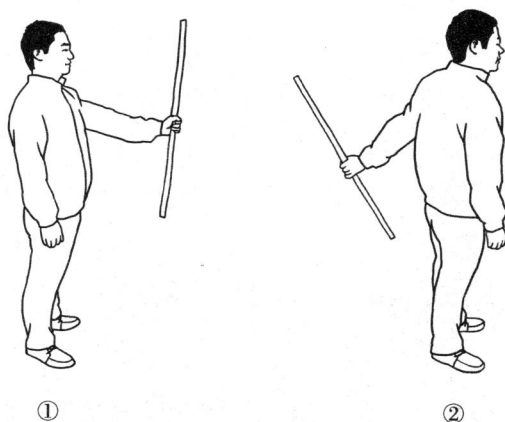

①　　　　　　　　　　　　　　②

图 9-23　旋前（后）练习训练

（四）腰部关节针对性节律运动操

腰椎间盘突出症是最为常见的腰部关节疾病之一。90% 以上发生在 L4-5 和 L5-S1 节段，2% 的发生在 L3-4 节段，2 个节段同时发生的占 6%-19%。腰椎间盘突出后会产生关节退变与骨质增生、退行性腰椎管狭窄、退行性腰椎滑脱症、腰椎不稳和椎间盘变窄等多种问题。腰椎疾病严重影响患者的生活质量。

腰部关节节律运动对预防及治疗腰椎间盘突出症具有经济、简便、安全等优点，成为干预腰椎间盘突出症的基本手段之一。

北京市人体健康预警测评与营养干预中心对腰椎间盘突出症机理研究认为，适宜的节律运动干预确能显著改善腰椎间盘突出症患者症状。机制如下。

● 腰部节律运动可矫正人体腰椎生理姿势，减小腰椎曲度，使腰部保持直立挺拔，减轻突出物对神经和脊髓的压迫，促进神经纤维的再生，并提高神经功能；使神经更好地支配和调节血管的舒缩及开放程度，从而有效地改善腰部肌性组织的营养，加快代谢产物的排出，使神经、血管、肌肉更好地协调一致，使不适症状减轻或消失。

● 腰部节律运动可主动地牵伸背部肌肉群，使肌肉有节奏地收缩和舒张，使腰部血液循环得以改善，锻炼促进有效血管网的形成，并进一步协调好血管的舒缩运动，同时促进腰部肌肉的恢复、再生、愈合，延缓肌肉的纤维化形成，促进腰部的屈伸肌协调一致，改善肌肉及韧带的营养，提高其肌力及弹性，有效地增加腰椎的稳定性有助于腰部组织新陈代谢的提高。进而加强腰背肌群力量，增强腰椎的稳定性及灵活性，矫正腰椎生理曲度变直或后突，由此，带动腰椎节段的牵张，一方面使椎间盘回纳；另一方面可使腰部韧带的弹性增强，腰椎的稳定性增强，使骨骼、肌肉、韧带的功能得到恢复，因此能使腰椎疼痛减轻甚至消失。

针对腰椎间盘进行节律运动锻炼时，也须注意不要过量运动，稍微感到疲劳时需要休息，保持低强度的温和锻炼。切忌急躁和急于求成，不要追求立竿见影的主观感受效果，防止过量运动超过自身耐受。

操动作规范

腰部关节的针对性节律运动可以根据动作难易程度分阶段实施，逐级掌握。

1. 腰部关节第一阶段（恢复）的针对性运动

（1）仰卧抬踝：患者仰卧于床上。两臂自然放于体侧，脚踝上下移动，每次 20~50 个，每天 1~2 次。（图 9-24）

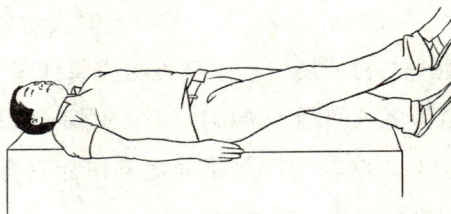

图 9-24　仰卧抬踝

（2）仰卧足跟滑动：患者仰卧于床上，两臂自然放于体侧，轻轻屈伸膝关节带动踝关节运动，每次 20~50 个，每天 1~2 次。（图 9-25）

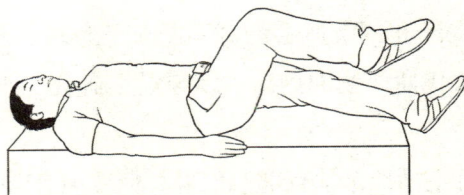

图 9-25　仰卧足跟滑动

（3）仰卧收腹：患者仰卧于床上，两臂自然放于体侧，收缩腹肌使肋骨下沉，坚持 10 秒后恢复原位，每次 20~50 个，每天 1~2 次。（图 9-26）

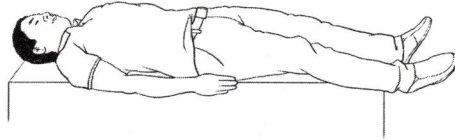

图 9-26　仰卧收腹

（4）倚墙下蹲：身体贴紧墙面，直立双脚距离墙 30cm，缓慢屈膝 45 度，身体下移坚持 10 秒后恢复原位，每次 20~50 个，每天 1~2 次。（图 9-27）

（5）原地抬脚跟：垫脚站立，缓慢上抬和下移足跟，每次 20~50 个，每天 1~2 次。（图 9-28）

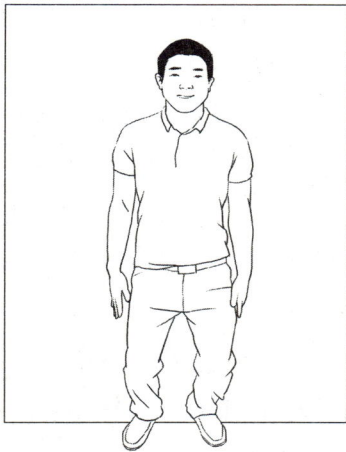

图 9-27　倚墙下蹲

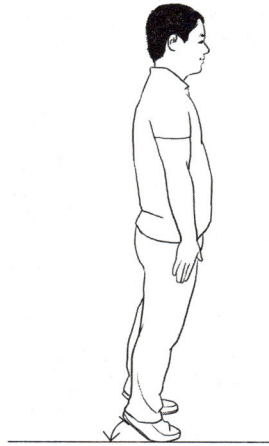

图 9-28　原地抬脚跟

（6）直腿抬高：仰卧位，双臂平放于身体两侧，双腿伸直，放松全身肌肉，将一侧下肢徐徐抬高，五趾背屈，以达到所能达到的最高度，然后徐徐放下。双腿交替抬起。每次 5 分钟。每天 2~3 次。（图 9-29）大量研究已经证实腰椎间盘突出症患者早期行直腿抬高训练有利于患者的术后康复，能提高患者的治疗满意度[9, 10]。

直腿抬高锻炼，可使神经根牵引、松弛、上下移动，促进神经根本身的血液循环，利于神经根的炎症反应早期消退，同时锻炼股四头肌，有利于稳定髋、膝关节。

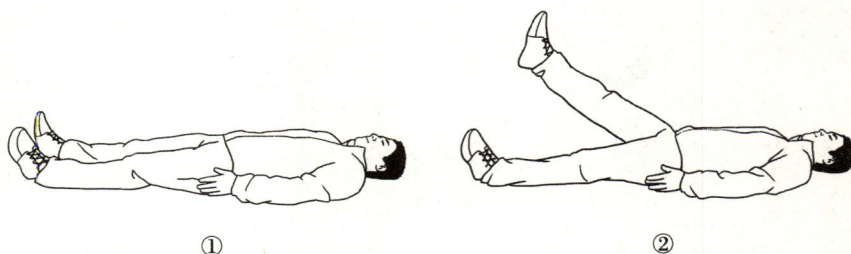

图 9-29　直腿抬高

2. 腰部关节第二阶段（协调）的针对性运动

图 9-30　倒退走（跑）

（1）"倒退走（跑）"（图 9-30）。①倒退走（跑）时头的动作：头正颈直挺胸，目光平视。倒走时，头也可微微转动，用两眼余光扫视道路，避开障碍物，头转动次数不宜太多，应少于脚后退次数，避免频率过快会产生头晕。头的转动要同上下肢活动有机配合，形成一个和谐的整体。②倒退走（跑）时手的动作：双手握拳，两臂前后自然摆动。与腿脚的节奏保持同步进行，脚走一步，臂摆一次，左右对应。左腿后退时，右臂向后摆，右腿后退时，左臂向后摆。③倒退走（跑）时腰的动作：挺胸收腹必然要求腰保持正直，倒走要放松腰部。④倒退走（跑）时脚的动作：倒走时应全身放松，心无杂念，可以走走停停，同时配合腹式呼吸，要求呼吸缓慢均匀，每次应均有微微出汗感。熟练后，可增加锻炼难度，改为倒跑，速度不要太快。每次 15 分钟。每天1~2 次。

倒退走（跑）是人体的一种反向运动，身体的躯干部分是略为向前屈的，倒走（跑）则正好相反，这样就使腿、臀、腰得到功能性锻炼。而腰部病患者，大多是腰肌、臀肌，特别是外旋肌发生劳损所致。而倒走时，每当足跟提起向后迈步时，由于骨盆倾斜和向前走正好相反，这样就可使受伤的肌肉得到充分休息，起到康复和保健作用。

（2）仰卧单膝触胸：仰卧，双膝屈曲，双手将单膝抱至胸口，坚持 20 秒后放松，每次 20~50 个，每天 1~2 次。（图 9-31）

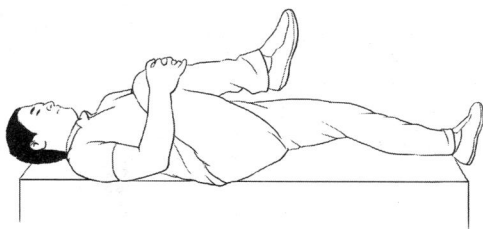

图 9-31　仰卧单膝触胸

（3）仰卧拉伸腿后肌腱：仰卧屈腿，用手辅助直腿抬高，直至腿后肌群感觉被牵拉，坚持 20 秒后放松，每次 20~50 个，每天 1~2 次。（图 9-32）

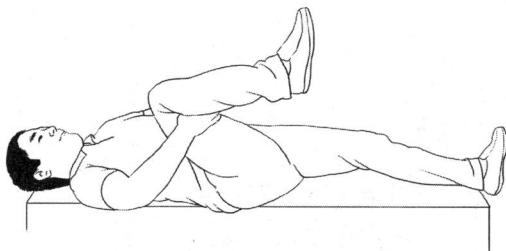

图 9-32　仰卧拉伸腿后肌腱

（4）仰卧滚物：仰卧，屈膝搭在一个物体上（如箱子、球），缓慢轮流抬起双臂用腿将物体拉近和远离身体，坚持 60 秒后放松，每次 5~10 个，每天 1~2 次。（图 9-33）

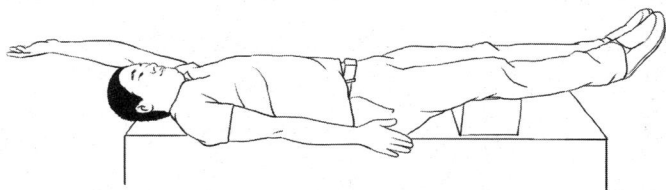

图 9-33　仰卧滚物

（5）坐物抬手：坐在一个物体上，屈膝屈髋90°，轮流抬双臂过头顶，同时双脚轮流抬离地面5厘米，坚持60秒后放松，每次5~10个，每天1~2次。（图9-34）

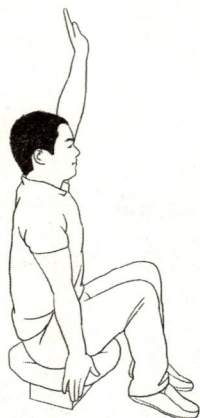

（6）贴墙站立滚物：将物体夹在身体和墙壁之间，缓慢屈膝45~90°，坚持10秒后站直，每次20~50个，每天1~2次。（图9-35）

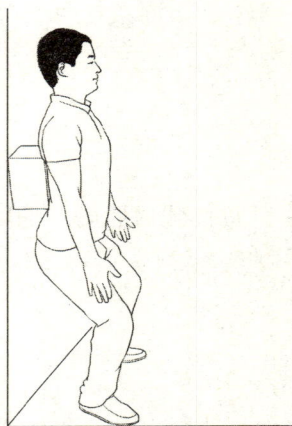

图9-34　坐物抬手

图9-35　贴墙站立滚物

3.腰部关节第三阶段（力量）的针对性运动

（1）飞燕式腰背肌肉功能锻炼（"小飞燕"）：俯卧于床上，两臂自然放于体侧，先让患者两臂伸直后伸，头向后仰，胸背随后伸离床面，双下肢伸直并拢，向后上方抬高。要求上、下肢及头、躯干的动作协调平稳，只让腹部着床，保持5~10秒。每次10分钟。每天3~5次。（图9-36）

研究发现背伸肌功能锻炼可提高腰部肌力，增强脊柱的稳定性，达成新的脊柱平衡，对防治腰椎间盘突出症术后慢性腰痛的发生及复发有较好的疗效。姚怀国[8]等观察随访380例均为L4/5或L5/S1椎间盘突出症术后患者，术后3天开始坚持进行飞燕式功能锻炼，持续3年，其中优200例、良142例，优良率90%。

（2）五点支撑法：仰卧于硬板床，稍屈膝屈髋，双手放身体两侧，以头后枕部、双肘、双足跟着床，做挺腹抬腰动作，做动作时以练习者无明显疼痛、酸胀疲劳能承受为限。其间可稍休息，每天坚持1~2次。（图9-37）

后纵韧带位于椎骨内椎体下方，上连椎体向下延伸到骶椎，持续、长期的五点支撑训练，可能依靠后纵韧带的伸屈起到回纳突出的椎间盘的作用，从根本上缓解椎间盘突出后压迫脊神经根的症状。

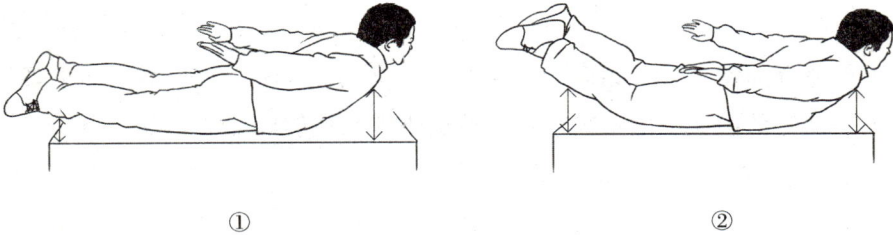

① ②

图 9-36　小飞燕

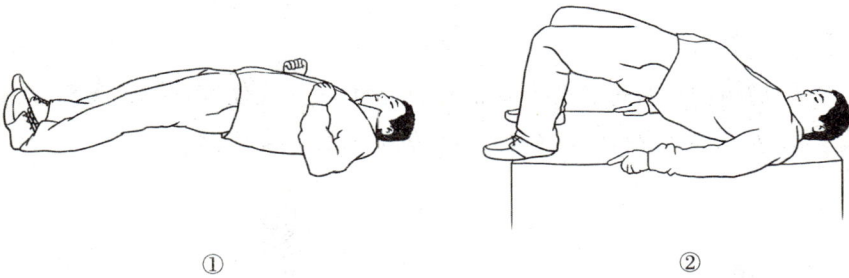

① ②

图 9-37　五点支撑法

（3）俯卧腰椎稳定训练：俯卧在物体上，用手臂支撑，身体挺直不动，双臂缓慢做俯卧撑，每次 3~5 分钟。每天 2~3 次。（图 9-38）

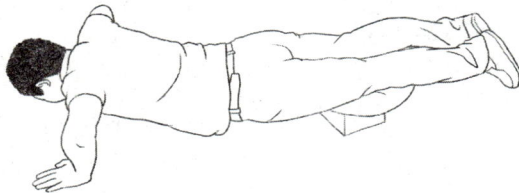

图 9-38　俯卧腰椎稳定训练

（五）髋部关节针对性节律运动操

髋部（腹股沟部位）是躯干与腿相连接的部位，可使躯干和腿向前、后及侧面自主运动。髋部是一系列机体运动的中心，因而容易潜在劳损状态。慢性髋部疼痛是常见的髋部疾病之一，多见于营养、健康状况不良的人群。尤其是老年妇女，其病因常是由关节炎、滑囊炎或肌肉拉伤引起（髂胫束综合征）。当髋关节出现疼痛后，疼痛向下可以向踝关节扩展，向上则可扩展到臀部。无论是什么原因引起的髋部疼痛。髋关节周围萎缩的肌肉会增加髋关节受伤和疼痛的危险。

　　进行适宜的髋关节节律运动，可以有助于减轻或避免髋关节病痛出现。研究证实，适宜的髋关节的节律锻炼，可促进滑膜代谢旺盛并不断产生滑液，有利于软骨的修复和再建，有利于股骨头的修复与塑形，有利于髋关节功能的改善。

动作规范

1. 站立位锻炼

（1）扶物蹲起：身体自然下蹲，单或双手前伸扶住固定物，慢慢蹲起，然后再慢慢蹲下，反复进行 3~5 分钟，每天 2~3 次。（图 9-39）

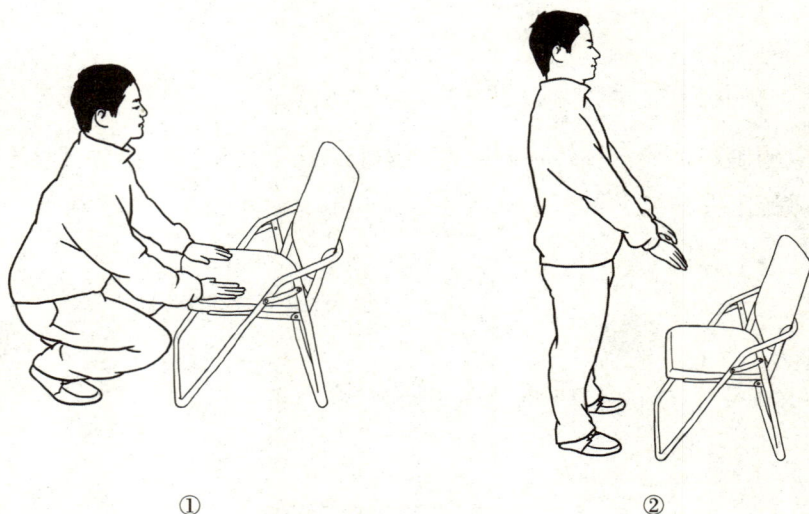

①　　　　　　　　　　②

图 9-39　扶物蹲起

（2）患肢摆动：单或双手前伸或侧身扶住固定物。单脚负重而立，患肢前屈、后伸、内收，外展摆动 3~5 分钟，每天 2~3 次。（图 9-40）

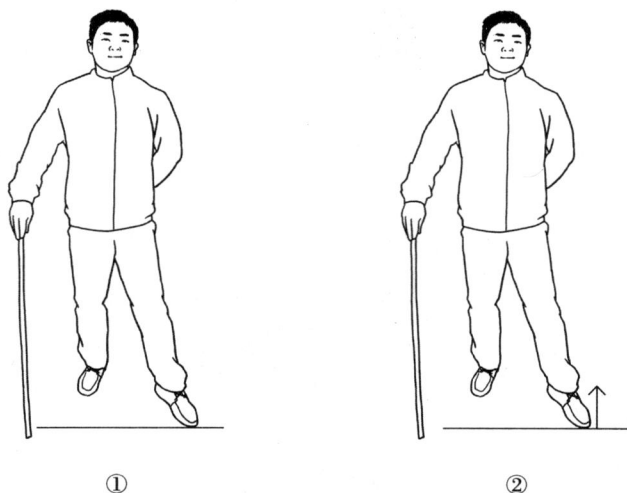

①　　　　　　　　　　　　②

图 9-40　患肢摆动

（3）内外旋转：手扶固定物，单脚略向前外伸，足跟着地，作内旋和外旋运动 3~5 分钟，每天 2~3 次。（图 9-41）

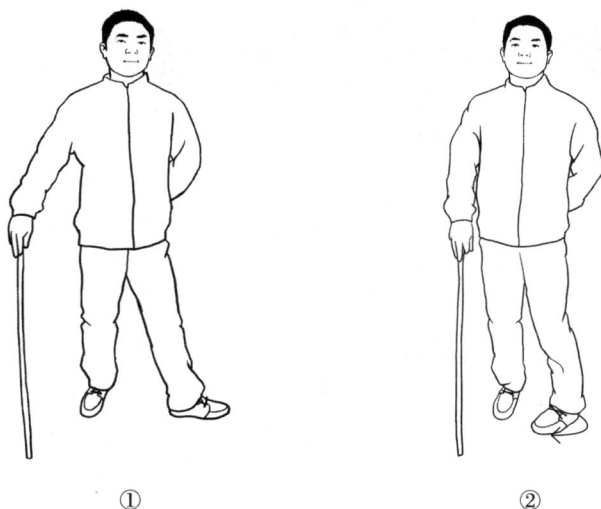

①　　　　　　　　　　　　②

图 9-41　内外旋转

2. 坐位锻炼

（1）屈髋：锻炼者正坐于床边或椅子上，双下肢自然分开，患肢反复做屈髋屈膝运动 3~5 分钟，每天 2~3 次。（图 9-42）

图 9-42　屈髋

（2）抱膝：锻炼者正坐床边、沙发、椅子上，双下肢自然分开，双手叉指合掌抱住胫骨近端前方，反复屈肘后拉与主动屈髋运动相配合，加大屈髋力量及幅度，活动 3~5 分钟，每天 2~3 次。（图 9-43）

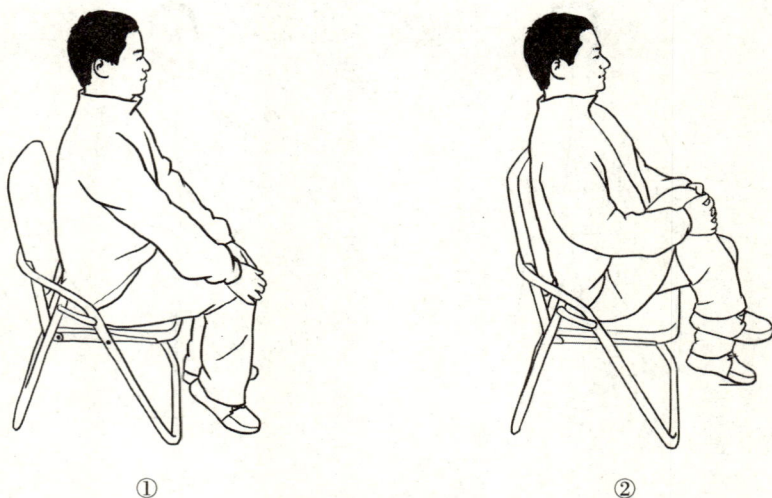

①

②

图 9-43　抱膝

（3）开合：锻炼者正坐于椅、凳上，髋膝踝关节各成 90°，双足并拢，以双足间为轴心，做双膝外展、内收运动 3~5 分钟，每天 2~3 次，以外展为主。（图 9-44）

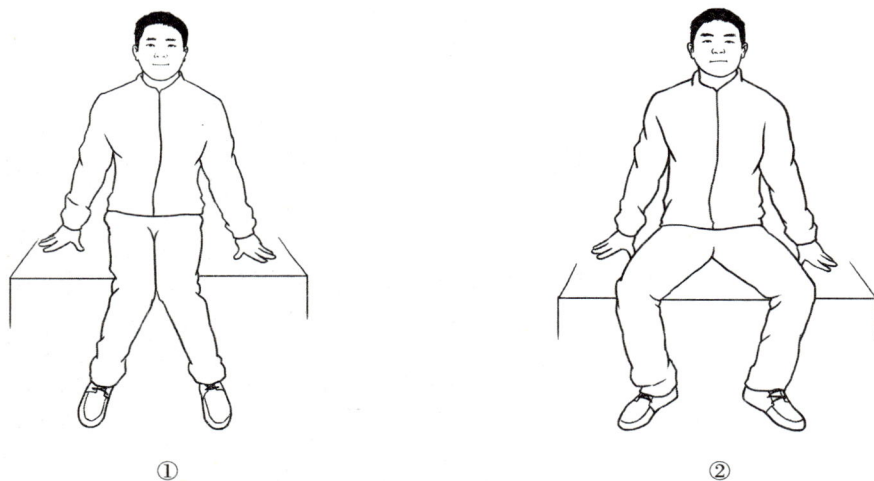

①　　　　　　　　　　　　　　　②

图 9-44　开合

（4）分合：坐于凳边，髋膝踝关节各成 90°，以足尖、脚跟交替为轴旋转外移至最大限度，然后以足跟为轴心，双膝内收外展活动 3~5 分钟，每天 2~3 次。（图 9-45）

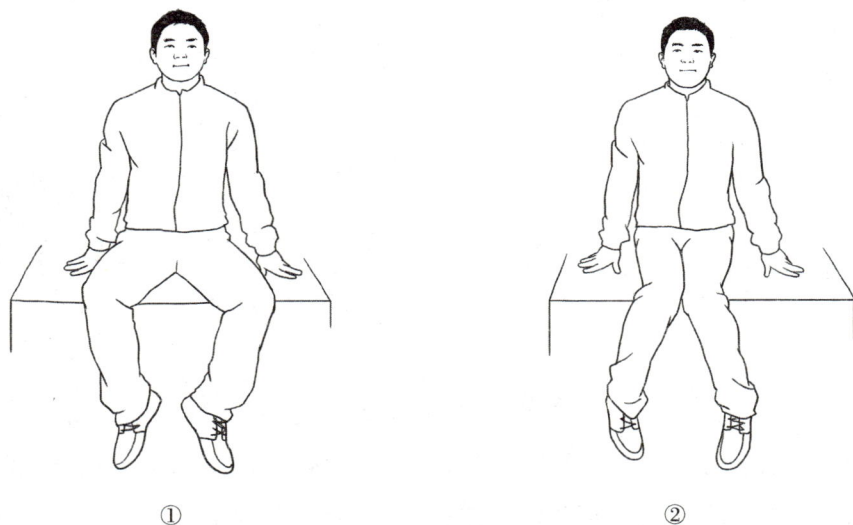

①　　　　　　　　　　　　　　　②

图 9-45　分合

（5）蹬车：锻炼者稳坐于特制自行车运动器械上（功能锻炼车），如蹬自行车行驶一样，活动 10~20 分钟，速度逐渐加快，每天 2~3 次。（图 9-46）

图 9-46　蹬车

3.卧位锻炼

（1）蹬空屈伸：锻炼者仰卧位，双手置于体侧，双下肢交替屈髋屈膝，使小腿悬于空中，像蹬自行车行驶一样地运动 5~10 分钟，以屈曲髋关节为主，幅度、次数逐渐增加，每天 2~3 次。（图 9-47）

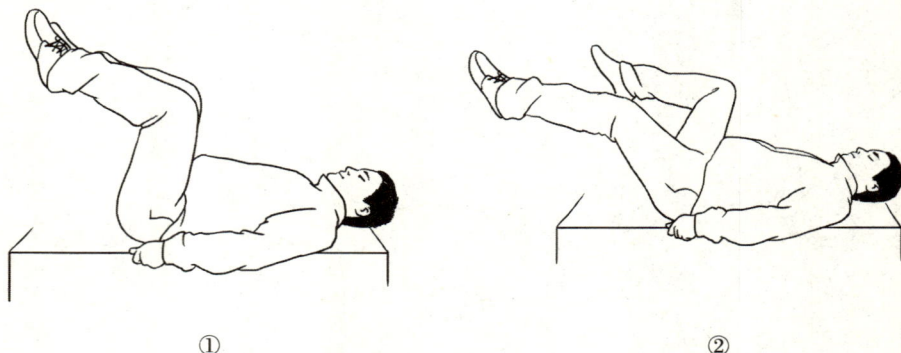

①　　　　　　　　　　　　　　　　　②

图 9-47　蹬空屈伸

（2）抱膝：锻炼者取仰卧位，伤肢屈髋、屈膝，双手叉指合掌抱住胫骨近端前方，反复屈肘向上拉与主动屈髋运动相结合，加大屈髋力量及幅度，持续活动 3~5 分钟，次数、幅度逐渐增加，每天 2~3 次。（图 9-48）

（3）屈髋分合：锻炼者仰卧位，足不离床面，尽量屈膝屈髋，双手置于身体两侧。用双足跟交替为轴，旋转外移至最大限度立稳，然后以双足为轴心，

双膝做内收、外展、内旋、外旋活动 5~10 分钟，以外展为主，幅度逐渐增大，每天 2~3 次。（图 9-49）

图 9-48　抱膝

①　　　　　　　　　　　　　　　　　②

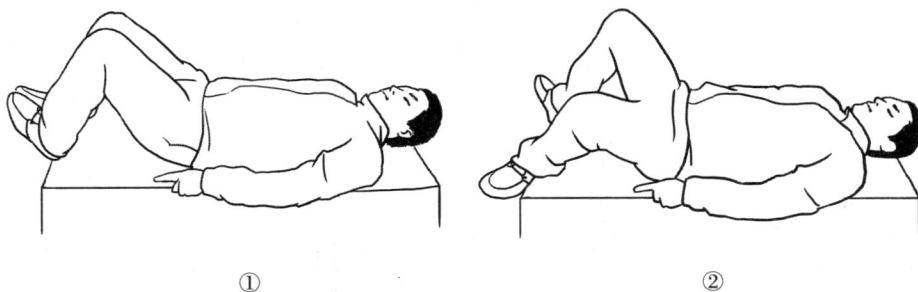

图 9-49　屈髋分合

（4）患肢摆动：取仰卧位，双下肢伸直，双手置于体侧，患肢直腿抬高或抬高到一定限度，做内收、外展活动 5~10 分钟，每天 2~3 次。（图 9-50）

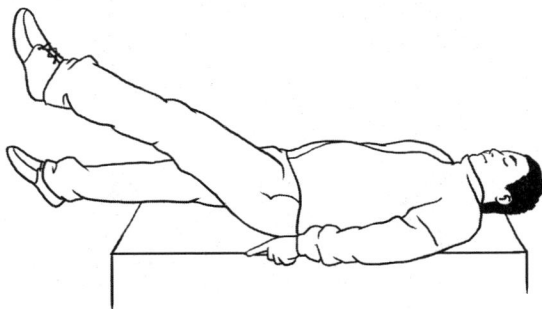

图 9-50　患肢摆动

（5）内外旋转：锻炼者取仰卧位，双下肢伸直，双足与肩等宽，双手置于体侧，以双足跟为轴心、取足尖及下肢做内旋、外旋活动 5~10 分钟，每天 2~3 次。（图 9-51）

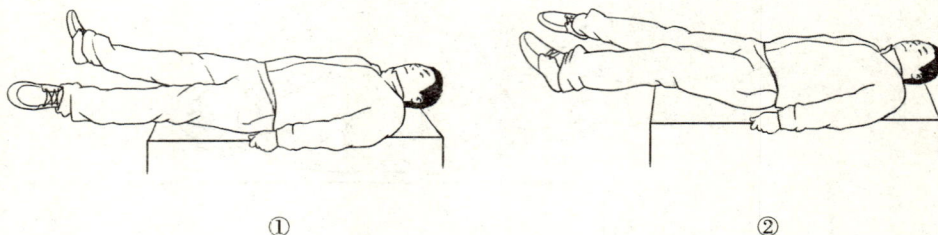

①   ②

图 9-51　内外旋转

（6）开合：锻炼者取俯卧位，双膝与肩等宽，下肢伸直，双手置于胸前上方，然后屈膝 90°，以双膝前部为轴心，做小腿内收、外展活动 5~10 分钟，幅度、次数逐渐增加，每天 2~3 次。（图 9-52）

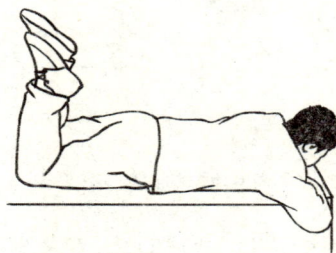

图 9-52　开合

（7）后伸：锻炼者俯卧位，双下肢伸直，双手置胸前上方，患肢后伸活动 5~10 分钟，幅度、次数逐渐增加，每天 2~3 次。（图 9-53）

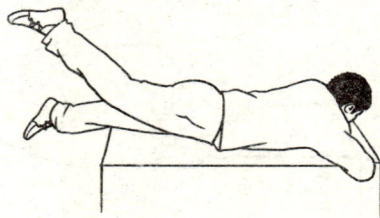

图 9-53　后伸

（六）膝部关节针对性节律运动操

膝关节骨性关节炎是膝关节最为常见的一种疾病，是一种慢性、进行性疾病，以膝关节疼痛、僵硬和活动受限为主要临床表现，以关节基质崩解、软骨细胞明显减少和继发性骨质增生为主要特性。有关研究显示，国内外骨关节炎的总患病率 60 岁以上者达 50%，而在 75 岁以上者人群中 80% 以上患有骨关节炎[12]。

节律运动在膝关节骨性关节炎的康复治疗中应用非常广泛。大量研究显示，轻中度的膝关节骨性关节炎患者，通过低强度适宜的节律运动可明显改善膝关节功能，加强其稳定性。膝关节骨性关节炎应该尽量避免长时间做同一动作或使关节处于同一姿势的运动。如爬山、太极拳、爬楼梯、下蹲起立活动等都可加重病情。

节律运动在膝骨性关节炎的康复治疗实施前需要对膝关节结构、功能做全面评价。并以此评价制定合理的运动量及保护措施，以降低关节面的压力，改善肌张力，防止关节损伤和过度受压。膝关节骨性关节炎节律运动锻炼的原则是主动运动不负重，先锻炼肌力，再逐渐增加关节的综合活动能力。对骨性关节炎有效的针对性节律运动主要以股四头肌的力量练习为主。在膝关节骨性关节炎急性末期和慢性期，应重视膝关节周围肌肉力量的训练。通过训练增加肌力，减少肌肉萎缩，保证关节的正常力学传递。同时，肌力训练可增加关节的活动能力和稳定性。

动作规范

1.股四头肌肌力训练

常用的肌力练习方法包括等长肌力训练、等张肌力训练和等速肌力训练三种。

（1）等长肌力训练：是一种静力性肌力训练方法，训练时不伴关节活动，尤其适合于老年人和股四头肌肌力较弱或者关节肿胀和积液、疼痛明显的患者。由于等长训练不需要关节活动，单一的等长训练在提高肌力、改善肌肉功能方面有一定局限性，因此结合等张肌力训练进行练习非常必要。

股四头肌等长收缩运动：仰卧，膝关节伸展位，有意识地用股四头肌向近心端牵拉髌骨同时腘窝向下压床面。可通过髌骨是否向近心端移动，肌腹是否隆起或变硬来判断有无肌收缩。开始时缓慢收缩，收缩完全后用尽全力，保持 5 秒，然后放松，每次 4~6 分钟，每天 2~3 次。（图 9-54）

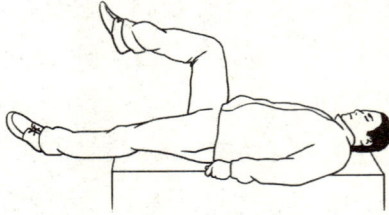

图 9-54　股四头肌等长收缩运动

（2）等张肌力训练：是一种动力性肌力训练方法，即肌肉长度缩短、张力不变的收缩训练。等张肌力训练可增强全关节活动范围内的肌力，改善肌肉运动的神经控制，改善局部血液、淋巴循环和关节软骨营养。优点：可允许多个关节同时运动，不需要昂贵的训练器械。其缺点为：对急性期骨关节炎患者，关节明显挛缩、关节内损伤、运动时疼痛者不适宜。

股四头肌等张收缩运动：患者处于适宜体位，选择适当的阻力装置，如沙袋、哑铃、弹性阻力装置、墙壁拉力器、滑轮系统，等张力矩臂组件如股四头肌训练器等、可变阻力装置或专用的肌力训练器等。确定肌力训练目标，选择适宜的运动强度，固定体位和阻力装置，完成相应的运动动作。（图 9-55）

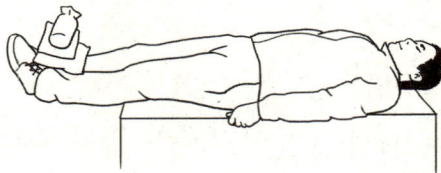

图 9-55　股四头肌等张收缩运动

（3）等速肌力训练：是一种动力性肌力训练方法，即动作速度不变，器械的阻力与练习者用的力量成正比，保证动作过程中肌肉始终受到最大的负荷刺激，兼有等长和等张肌力训练的优点。等速肌力训练时，等速仪器能提供一种顺应性阻力，允许肌肉在整个活动范围内始终承受最大阻力，产生最大肌力，从而提高训练效率。由于等速肌力训练中练习者所遇到的阻力为一种顺应性阻力，当肌力较弱时，等速仪器提供的阻力相应减少，安全性较好，可同时训练主动肌和拮抗肌，提供不同的训练速度，适应日常功能的需要。适宜膝关节骨关节炎患者应用的等速肌力训练方法包括等速向心肌力训练和等速离心肌力训练。其中等速向心肌力训练为最常见的等速肌力训练方式，是指在等速训练中，等速仪器动力臂自动摆动所施加给肢体的力小于肌肉收缩力，保持肌肉等速收缩，肌肉两端向中心靠拢的一种训练方式。等速离心运动是指在等速训练中，等速仪器动力臂自动摆动所施加给肢体的力大于肌肉收缩力，使在收缩中的肌肉被动地延伸，肌肉两端远离中心的一种训练方式。

肌力的改变在膝关节骨性关节炎病程中有重要意义，由于关节周围肌群肌力的下降，影响关节的稳定性，加上肌腱韧带等软组织的强度下降，造成关节稳定性进一步下降，造成关节面的应力分布变化，促使骨性关节炎的发生。因此，增强肌力，提高膝关节的稳定性是膝关节骨性关节炎康复的关键之一。孙启良等证明等长和等张肌力训练均对提高膝关节周围肌群肌力具有显著效果。其中，由于等长肌力训练不需要关节活动，因此更适合老年人，以及关节肌力较弱和关节积液多、炎性反应重的患者练习。另外，等速肌力训练也逐渐被采用，而且具有更好的疗效和安全性，但由于其设备昂贵，操作较复杂且治疗费用高，目前尚较难推广。

2. 仰卧位的直腿抬高运动

仰卧膝关节伸展位，对侧膝关节屈曲90°，首先踝关节背屈，然后整个下肢有意识地向膝部用力，同时直腿抬高至对侧膝关节水平，在空中保持5秒，落下后放松，每次3~5分钟，每天2~3次。（图9-56）此运动不仅可以强化股四头肌，同时可以锻炼大腿后侧肌群。

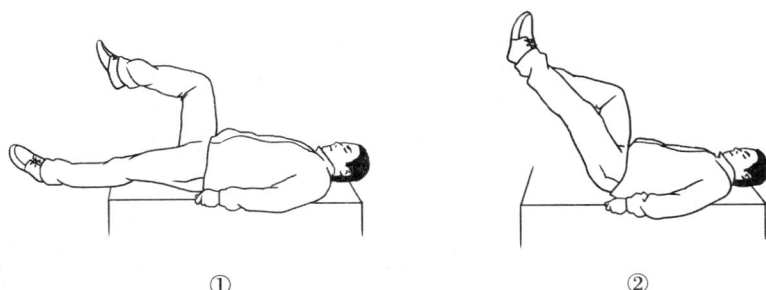

①　　　　　　　　　　②

图9-56　仰卧位的直腿抬高运动

3. 侧卧位的髋关节外展运动

侧卧，膝关节伸展位，做髋关节外展运动，每次 3~5 分钟，每天 2~3 次。此运动不仅可以强化大腿外侧的肌群，同时也强化了臀中肌和臀大肌。（图 9-57）

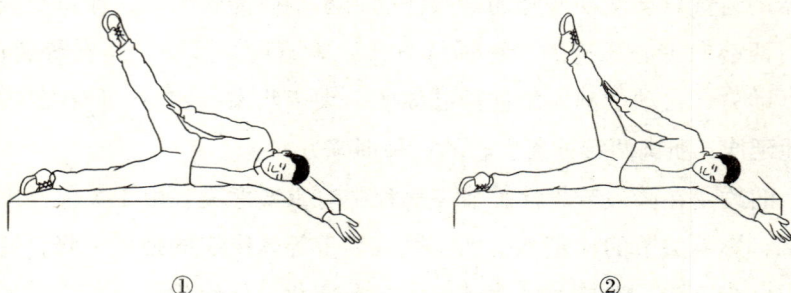

① ②

图 9-57 侧卧位的髋关节外展运动

4. 仰卧位的膝关节内收运动

仰卧，膝关节伸展位，两大腿间放一物体，用力夹物体保持 5 秒，然后放松，反复数次。此方法可强化股内侧和大腿内侧肌群肌力。（图 9-58）

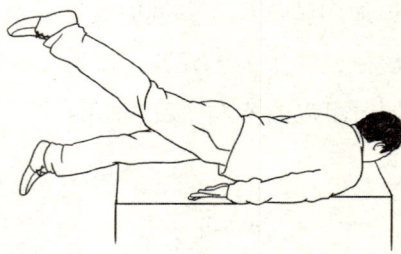

5. 俯卧位的下肢抬高运动

俯卧，膝关节伸展位，髋关节后伸，在空中保持 5 秒，然后放下，每次 3~5 分钟，每天 2~3 次。此运动不仅可以强化大腿后侧的肌群，同时也可以强化腰背肌以预防腰痛。（图 9-59）

图 9-58 仰卧位的膝关节内收运动　　图 9-59 俯卧位的下肢抬高运动

6. 大腿后侧肌群的牵张运动（图 9-60）

较严重的膝关节骨性关节炎的患者，其大腿后侧肌群往往存在挛缩，造成伸展受限，这时股四头肌收缩可刺激髌骨–股骨关节，造成髌骨周围疼痛，因此，牵张大腿后侧肌群可恢复膝关节的活动范围，减轻股四头肌收缩时髌骨 – 股骨关节的负荷，减轻疼痛。具体方法是直腿坐在床上，伸展背部肌肉并用双手去触一侧足，或以胸部贴向大腿，每次 3~5 分钟，每天 2~3 次。

7. 双桥运动

仰卧位，双足踩在床面上，用背部和双足支撑，尽力抬起腰部和臀部。此动作可增强大腿后部肌群和腰部肌群肌力，每次 3~5 分钟，每天 2~3 次。（图9-61）

图 9-60　大腿后侧肌群的牵张运动　　　　图 9-61　双桥运动

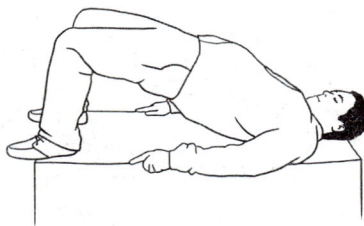

（七）踝部关节针对性节律运动操

踝关节扭伤是十分常见的运动损伤。踝关节扭伤后，没有韧带完全性断裂，没有撕脱骨折，肿胀疼痛减轻后，就应该及早进行适宜的针对性节律运动锻炼。早期功能锻炼需采用被动方法。如在关节活动范围内做被动屈伸、旋转、牵拉，如能结合按摩减轻和松解粘连效果会更好。后期功能锻炼以主动进行关节的屈伸、旋转、肌力训练等功能活动为主。

踝关节扭伤后通过及时正确的针对性节律运动锻炼和使用护具，可明显改善症状并降低再受伤的风险。但值得注意的是，在运动康复期间，疼痛是休息的信号，忍痛训练会减慢痊愈的进程。

踝关节扭伤后针对性节律运动训练常见的有效形式如下[13]。

动作规范

1. 脚踝内翻训练

长坐式（腿部伸直，坐在床上，上身略向后倾，双手为身体提供支撑）踝部内翻训练。使患者处于长坐式坐姿，将训练带缠在脚上。向内翻转健肢一侧

的脚（内翻）。不要向外旋转膝部。每次 4~6 分钟，每天 2~3 次。（图 9-62）

2. 脚踝外翻训练

长坐式（腿部伸直，坐在床上，上身略向后倾，双手为身体提供支撑）踝部外翻训练。使患者处于长坐式坐姿，将训练带缠在脚部外侧，用另一只脚固定。向外翻转健肢一侧的脚（外翻）。不要向外旋转膝部。每次 4~6 分钟，每天 2~3 次。（图 9-63）

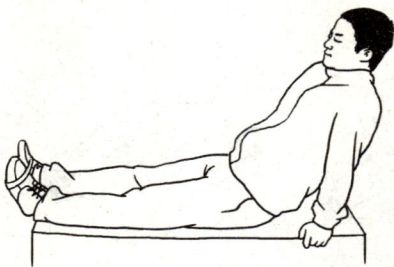 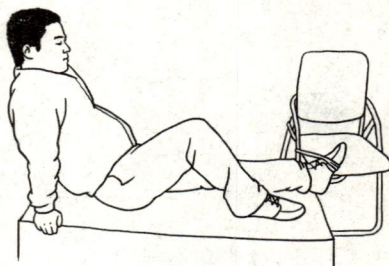

图 9-62　脚踝内翻训练　　　　　图 9-63　脚踝外翻训练

3. 脚踝斜角训练

开始姿势：坐在床上，腿部伸直，使患者处于足底屈、外翻和旋前。在承受弹性阻力的情况下，做（脚）背屈、内翻和旋后（反掌）动作。不要让膝部向内旋转。每次 4~6 分钟，每天 2~3 次。（图 9-64）

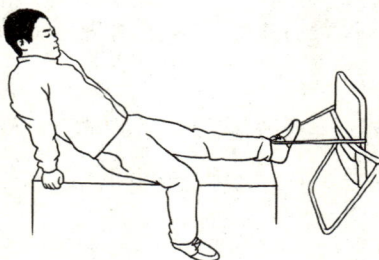 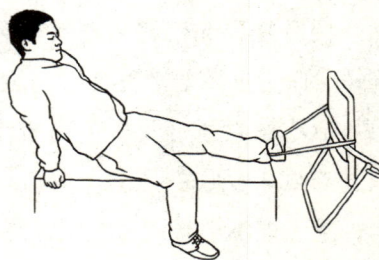

①　　　　　　　　　　　　　　　　②

图 9-64　脚踝部斜角训练

4. 脚踝足背屈训练

将训练带套在一只脚上。让脚部处于自然姿势，足底屈。弯曲膝部来隔离比目鱼肌；伸展膝部来隔离腓肠肌。每次 4~6 分钟，每天 2~3 次。（图 9-65）

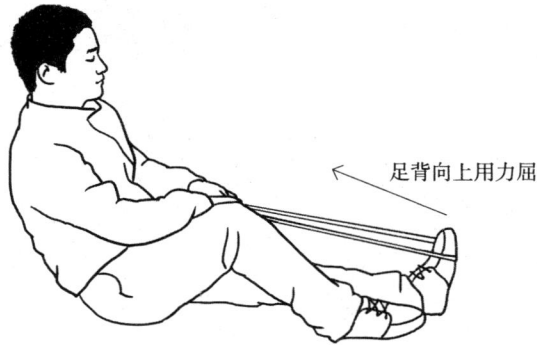

足背向上用力屈

图 9-65 腓肠肌和比目鱼肌收缩舒张训练

5. 脚踝足底屈训练

（1）长坐式踝部足底屈训练（训练腓肠肌）。先处于长坐式坐姿，将训练带套在脚的上前方。保持膝部伸展，向下压脚（足底屈）。每次 4~6 分钟，每天 2~3 次。（图 9-66）

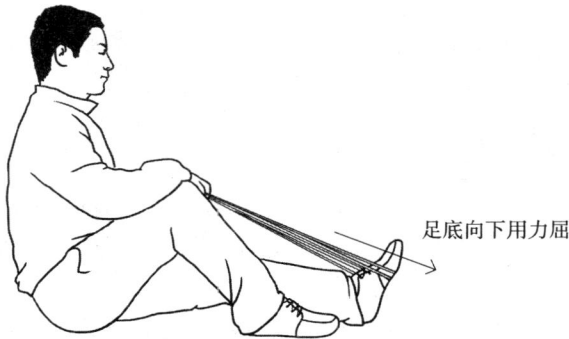

足底向下用力屈

图 9-66 长坐式踝部足底屈训练（训练腓肠肌）

（2）坐式踝部足底屈训练（训练比目鱼肌）。坐姿，将训练带套在脚底。双手抓住训练带的两端。向下蹬患侧的脚（足底屈）。每次 4~6 分钟，每天 2~3 次。（图 9-67）

（3）小腿上提（蹬起脚尖）训练。站姿，将训练带中央踩在脚底部位。双手抓住训练带两端，保持双肘伸直。再提起脚跟，越高越好。不要通过拉动手臂来拉伸训练带。每次 4~6 分钟，每天 2~3 次。（图 9-68）

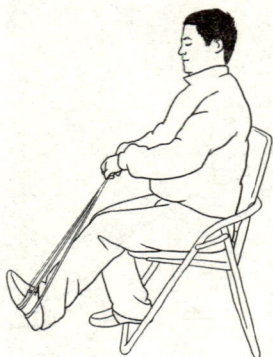

图 9-67　坐式踝部足底曲训练（训练比目鱼肌）

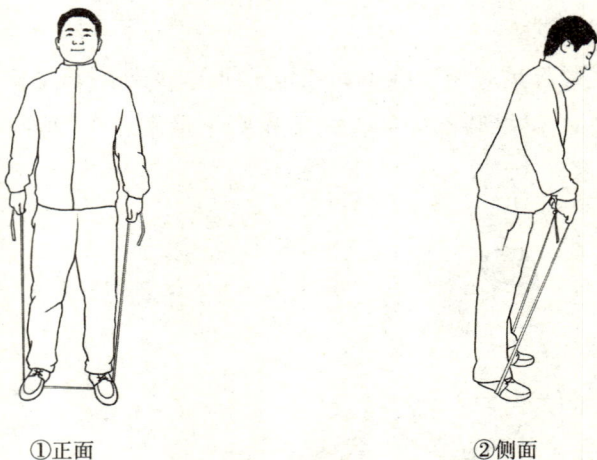

①正面　　　　　　　　　　　　②侧面

图 9-68　小腿上提（蹬起脚尖）训练

二、传统节律性综合锻炼项目对关节的针对性干预

大多数大众健身运动都需要人体多个关节共同参与。例如游泳、跑步、太极拳、广场舞等。这些运动项目除对基础代谢的提高有显著帮助外，通常还具有典型的关节针对性节律性运动特征。因此，这些运动都具有一定的关节功能康复效果。但由于其运动动作原始设计中存在无特定的关节指向性。因此，不同的运动方式对不同的关节部疾病康复效果不同。例如，抖空竹对肘、肩、腰椎锻炼更有针对性，但不适宜髋、膝、踝关节疾病人群等。

在引入运动项目时，需考虑锻炼的目的性和项目的适宜性。

举例如下。

（一）游泳（蛙泳）

游泳是典型的基础性节律性运动。除对基础代谢的提高有显著帮助外，其动作中颈部配合头部呼吸的前屈及后仰又带有典型的颈部针对性节律运动特征。即游泳时仰头吸气与低头滑行正是两个相反的动作（图 9-69），完全符合颈椎针对性节律运动功能锻炼的要求，可全面活动颈椎各关节，有效促进颈周劳损肌肉和韧带的修复。随着游泳呼气、吸气动作不断的重复，加强了椎体的灵活性锻炼，减轻了神经压迫症状，促进了颈部血液循环，缓解了颈部肌肉紧张。因此，游泳成为公认的既可以作为基础性节律运动日常锻炼项目，又可以作为颈椎病的针对性节律运动项目。

图 9-69　蛙泳动作图

（二）太极拳

太极拳是典型的基础性节律性运动项目。除对基础代谢的提高有显著帮助外，其动作中肩、脊柱等部位的活动带有典型的关节针对性节律运动特征（图 9-70）。太极拳的招式辗转环绕，腰随胯转，肩胯相对，牵拉颈部，非常重视颈部、四肢和眼的配合。长期坚持练习使肩、脊柱等处于缓慢的活动状态，可以舒筋活血，使受损的肩、脊柱的肌腱、韧带逐渐恢复弹性，增强局部肌力，滑利颈椎关节，缓解不适症状。因此，太极拳也成为公认的兼顾综合锻炼和肩、颈、腰等关节的针对性节律运动项目。

图 9-70　太极拳

图 9-71　抖空竹

（三）抖空竹

抖空竹是典型的基础性节律性运动项目。除对基础代谢的提高有显著帮助外，其动作中腕、肘、肩等部的活动带有典型的上肢关节针对性节律运动特征。抖空竹运动的关键部位在肩部，做提、拉、抖、盘、抛、接等动作（图9-71），锻炼时，肩关节周围的三角肌、冈上肌、冈下肌、大圆肌、小圆肌、肩胛下肌等会有节律地收缩，加快了血液的流动，有助于增加肩关节的动作幅度和活动范围。周勇等[7]对120例肩周炎患者进行了6个月、每天抖30~60分钟空竹运动的研究发现，练习抖空竹对肩周炎具有明显的缓解疼痛及康复作用。

（四）广场舞

广场舞是典型的基础性节律性运动项目。除对基础代谢的提高有显著帮助外，其动作中对各个关节部的活动都有典型的关节针对性节律运动特征。广场舞的动作，上肢、肩、颈、腰、腿相互配合（图9-72），长期坚持练习舒筋活血，使受损的关节、肌腱、韧带逐渐恢复弹性，增强局部肌力，滑利颈椎关节，缓解不适症状。因此，各类广场舞也成为公认的兼顾基础、调节和各个关节的针对性节律运动项目。

图 9-72　广场舞

（五）沙袋操

沙袋操是典型的基础性节律性运动项目。除对基础代谢的提高有显著帮助外，其动作配合头部呼吸的前屈及后仰又带有典型的颈部针对性节律运动特征，完全符合颈椎针对性节律运动功能锻炼的要求，可全面活动肩、脊柱各关节，有效促进颈周劳损肌肉和韧带的修复。上肢随呼气、吸气动作不断地重复动作，加强了手臂、椎体、脊柱的灵活性锻炼，减轻了神经压迫症状，促进了颈部血液循环，缓解了颈部肌肉紧张。因此，沙袋操成为公认的既可以作为基础性节律运动日常锻炼项目，又可以作为干预颈椎病、腰椎病的针对性运动项目。

　　沙袋操的具体动作见图 9-73、图 9-74、图 9-75。

① 　　　　　　　　　　　　　　　　②

图 9-73　沙袋侧举动作

① 　　　　　　　　　　　　　　　　②

图 9-74　沙袋前平举

①　　　　　　　②　　　　　　　③

图 9-75　沙袋前交叉举

第十章

组合性节律运动的研究及运动方案

大多数传统运动项目，都是兼顾了基础性节律运动、调节性节律运动、针对性节律运动的综合性锻炼项目。但是，当对各种不同的运动项目进行动作分解后会发现，不同运动项目对各个关节的运动次数、频率、幅度、强度等的分配不尽相同。由此，导致了不同的运动方式对特定关节锻炼负荷也各不相同，或不明确，或不合理，或不具有针对性等。因此，有明确目的的锻炼，需要对机体功能的调节、康复有明确的设计，也称运动处方。北京市人体健康预警测评与营养干预研究中心对此开展了十余年研究并取得了部分成果。

一、节律运动对糖代谢的影响

糖尿病作为一种常见的内分泌疾病，可导致多种严重的并发症，累及全身器官和组织。与糖尿病其他治疗手段相比，节律运动干预模式具有简便易行、实施安全等优点，成为糖尿病干预的最基本手段之一。北京市人体健康预警测评与营养干预研究中心依据临床对糖尿病的判定标准招募了 27 名糖尿病受试者（45~70 岁），其身体素质均可完成自主行走 3 公里要求，进行了为期 90 天的节律运动干预。

（一）糖尿病及并发症的节律运动干预方案

糖尿病及并发症的运动干预重点是促进糖有氧代谢。因此，运动形式尽量选择全身肌肉群参与的运动，即以基础性节律运动为主、调节性节律运动为辅的运动调节方案。其运动目的是激活运动性糖代谢机制，稳定血糖，改善肢体远端循环及微循环状态，同时，调节神经—内分泌功能。

糖尿病运动干预成功的关键是参试者能够持续 30~60 分钟运动，运动强度控制在有氧且 15 分钟锻炼后体感开始发热、呼吸微加快、精神舒畅、第二天不疲劳的状态。

适合糖尿病的基础性节律运动很多，例如广场舞、游泳、有氧步跑、慢跑、快走、太极拳等。考虑到运动的易教、易学、易练及研究方案的标准化一致性等要求。研究中选择了易学、随时随地可练的有氧步跑。同时，考虑对心、肝、肾功能的改善，还应该选择对应性的调节性节律运动。

节律运动处方（无典型并发症）包括：基础性节律运动（有氧步跑）、调节性节律运动等两大类节律运动。详细的动作规范见书中相应章节，要求如下。

1. 基础性节律运动

有氧步跑，早、午餐后 60~90 分钟运动 30~60 分钟。

第 1 个月：有氧步跑速度控制在每小时 3~4 公里。每天 2 次，累计控制在 2000~4000 米。

第 2 个月：有氧步跑速度控制在每小时 4~5 公里。每天 2 次，累计控制在 3000~5000 米。

第 3 个月：有氧步跑速度控制在每小时 5~6 公里。每天 2 次，累计控制在 4000~6000 米。

2. 调节性节律运动

调节性节律运动分为：肩部、肘部、髋部节律运动。调节性节律运动在每天晚餐后或有氧步跑后开展。

第 1 个月：每小节节律运动做 3 分钟，每天 2 次。

第 2 个月：每小节节律运动做 4 分钟，每天 2 次。

第 3 个月：每小节节律运动做 5 分钟，每天 2 次。

（二）结果

1. 节律运动对血糖相关指标的影响

受试者的空腹血糖、餐后 2h 血糖及糖化血红蛋白值显著改善（$P < 0.05$）。见表 10-1。

表 10-1　血糖指标的变化

	干预前	90 天干预后
空腹血糖	8.02 ± 1.23	$6.65 \pm 2.16^*$
餐后 2h 血糖	10.11 ± 2.23	$8.54 \pm 1.13^*$
糖化血红蛋白值（%）	8.19 ± 1.76	$6.22 \pm 1.24^*$

注：$*P < 0.05$，与干预前比较。n=27。

2. 节律运动对血压及动脉弹性的影响

受试者血压及动脉弹性较干预前显著改善（$P < 0.05$ 或 $P < 0.01$）。见表 10-2。

表 10-2　血压及动脉弹性的变化

	干预前	90 天干预后
收缩压	148.20 ± 9.56	126.54 ± 7.65**
舒张压	99.65 ± 10.65	82.32 ± 6.65**
baPWV（左）	1643.28 ± 38.43	1301.64 ± 22.43**
baPWV（右）	1589.43 ± 26.87	1278.56 ± 41.56*

注：*P < 0.05，**P < 0.01，与干预前比较。n=27。肱 – 踝脉搏波速度（baPWV）：baPWV 值越大，动脉弹性越差。baPWV 正常参考值为 1400cm/s。

通过全身生物电扫描系统对干预前后受试者进行扫描，结果显示肝脏、肾脏、心脏等脏器活性显著改善。糖尿病风险评估系统对比显示：糖尿病及其并发症发病风险显著降低（如心血管自主神经病变风险及肾功能病变风险均显著降低，手脚神经敏感性显著增强）。

（三）分析与讨论

本研究采用节律运动，并配合抗氧化、糖尿病饮食营养调理，对糖尿病人群连续干预 90 天。结果显示：受试人群糖代谢状态及糖尿病并发症风险等大部分指标显著改善。

调节机制如下：

（1）节律运动增加机体对葡萄糖的利用，促进葡萄糖代谢消耗，从而降低了血糖水平；

（2）节律运动使患者全身器官活性显著提升，促进胰岛素分泌增加；

（3）肌肉组织是胰岛素敏感性增加的最主要部位。节律运动可以增加肌肉含量，增加肌肉组织对胰岛素的敏感性。因此，对糖代谢的改善有直接帮助；

（4）节律运动激活骨骼肌组织的运动性糖代谢机制，降低了对胰岛素的依赖，改善了糖代谢状态；

（5）节律运动促进代谢物排出、压力释放、神经 – 内分泌功能调节。从而使机体抗氧化能力提高，改善了胰岛素的敏感性；

（6）调节性节律运动改善了心、肺、肝、消化系统等器官活性，对糖尿病并发症改善有积极的帮助；

（7）节律运动配合低脂、低盐、高蛋白、多果蔬的饮食方案，提高了糖尿病综合干预的效果。

（8）节律运动促进了营养物质蛋白质、矿物质（钙镁锌等）、益生菌、磷脂等活性营养成分的代谢利用，提高了糖尿病综合干预的效果；

（9）节律运动配合科学休息，促进了神经－内分泌－免疫网络的调节，提高了糖尿病综合干预的效果。

本实验中糖尿病患者经 90 天的有氧节律运动干预后，糖尿病及并发症风险较干预前显著改善。但仍有部分参试人员未达到理想标准，可能与参试人员营养、饮食、病程、干预方案执行、综合性衰老等多因素有关。糖代谢异常不是短期形成的问题，也不仅仅是糖代谢的问题，需要考虑长期多因素作用下的全身性代谢问题。运动、营养及适当的饮食调节共同作用有助于综合的稳定血糖，降低糖尿病并发症的发生风险。

二、节律运动对血脂的影响

高血脂与动脉硬化、脂肪肝、糖尿病、胰腺炎等疾病有高度相关性。北京市人体健康预警测评与营养干预研究中心依据临床对高血脂的判定标准招募了 70 名高血脂参试者，进行了为期 90 天的节律运动干预。以期获得运动营养干预高血脂的数据支持。

（一）节律运动干预方案

血脂的运动干预是通过改善大循环及微循环，提高脂代谢，增加血脂利用，良性刺激神经－内分泌并获得平衡来实现的。因此，选择以基础性节律运动为主、调节性节律运动为辅的运动调节方案。

调节脂代谢的运动锻炼重点是关注参试者 30~60 分钟运动的运动持续性、锻炼的舒适强度、运动后体温适度升高等运动结果。

适合的基础性节律运动类型广泛，例如有氧步跑、慢跑、大步快走、广场舞、游泳等。考虑到运动的易教、易学、易练及研究方案的标准化一致性等要求，研究中选择了有氧步跑。同时，考虑心肺功能改善的要求，选择了对应性的调节性节律运动。

节律运动处方包括：基础性节律运动（有氧步跑）、调节性节律运动等两大类节律运动。详细的动作规范见书中相应章节。

1. 基础性节律运动

有氧步跑：3 个月的有氧步跑方案如下。

第 1 个月：有氧步跑速度控制在每小时 3~4 公里。每天步跑控制在 3000~4000 米。

第 2 个月：有氧步跑速度控制在每小时 4~5 公里。每天步跑控制在 4000~5000 米。

第 3 个月：有氧步跑速度控制在每小时 5~6 公里。每天步跑控制在 5000~6000 米。

2. 调节性节律运动

调节性节律运动主要以肩部节律运动为主，每天于有氧步跑后开展。具体的动作规范见书中相应的章节。

3 个月的调节性节律运动方案如下：

第 1 个月：肩部节律运动做 10 分钟 / 次。每天 1~2 次。

第 2 个月：肩部节律运动做 10 分钟 / 次。每天 1~2 次。

第 3 个月：肩部节律运动做 10 分钟 / 次。每天 2 次。

（二）结果

干预 90 天后受试者血脂指标较干预前显著改善（$P < 0.05$ 或 $P < 0.01$）。见表 10-3。

表 10-3 节律运动对血脂四项的影响（单位：mmol/L）

	干预前	干预 90 天后
TC	7.21 ± 1.21	3.87 ± 1.11**
TG	2.66 ± 0.88	1.31 ± 0.52**
LDL-C	3.99 ± 1.54	2.76 ± 1.09**
HDL-C	1.06 ± 0.65	1.78 ± 0.55*

注：*$P < 0.05$，**$P < 0.01$，与干预前比较。n=70。甘油三酯（TG）：正常范围为 0.45~1.7mmol/L。血浆总胆固醇（TC）：正常范围为 2.33~5.7mmol/L。低密度脂蛋白胆固醇（LDL-C）：正常范围为 2.06~3.61mmol/L。高密度脂蛋白胆固醇（HDL-C）：正常范围为 1.04~1.95mmol/L。

（三）分析与讨论

本研究采用中低强度有氧步跑形式的基础性节律运动联合肩部节律运动，并配合营养饮食管理的联合干预方式。连续干预 90 天，结果显示受试人群脂代谢水平显著改善。

节律运动改善脂代谢的机制如下：

（1）节律运动加快了机体的代谢、脂质的转运，提高了骨骼肌利用脂肪酸及胆固醇的速度。使血清胆固醇、甘油三酯水平降低；

（2）肌肉组织是脂代谢的主要部位之一。节律运动可以增加肌肉含量，对机体持续提高脂消耗能力，长期稳定血脂健康有直接帮助；

（3）节律运动提高了脂蛋白酶的活性，诱导脂解速率加快，使极低和低密度脂蛋白分解加快；

（4）肩部节律运动可显著改善机体的肝胆活性，这对脂代谢的稳定有十分重要的意义；

（5）节律运动加快了代谢物排出、压力释放，改善了神经－内分泌功能，使机体抗氧化能力提高，有利于长期稳定脂代谢的平衡；

（6）节律运动配合低脂、低盐、高蛋白、多果蔬饮食方案，提高了高血脂综合干预的效果；

（7）节律运动的配合，促进了红曲米提取物、葡萄籽提取物、紫苜蓿提取物、磷脂、茶多酚等活性营养成分的代谢利用，提高了血脂综合干预的效果；

（8）节律运动与合理休息的配合，促进了人体神经－内分泌－免疫网络功能的调节，提高了综合干预的效果。

本实验 90 天的有氧节律运动干预后，高血脂及并发症风险较干预前显著改善。部分参试人员未达到理想标准，可能与参试人员营养、饮食、病程、干预方案执行、综合性衰老等多因素有关。脂代谢异常大多数患者不是单一因素形成的问题，而是长期多因素作用下的代谢问题。运动、营养及适当的饮食调节共同作用有助于综合的、长期地稳定血脂，降低高血脂及并发症的风险。

三、节律运动对动脉弹性的影响

动脉硬化是动脉的一种非炎症性病变。这种非炎症性病变可使动脉管壁增厚变硬、弹性下降、通径减小、血通量下降，进而引起心慌、胸痛、胸闷、头痛、头晕、四肢凉麻酸懒、跛行、记忆力下降、失眠多梦等多种症状。北京市人体健康预警测评与营养干预研究中心依据临床对动脉硬化的判定标准招募了57 名动脉硬化的受试者，进行了为期 90 天的节律运动干预试验，以期为预防和干预动脉硬化提供运动与营养的数据支持。

（一）节律运动干预方案

动脉硬化的运动干预，是利用运动调节肌体综合代谢，包括血管壁神经 – 内分泌状态、血糖血脂水平、血管组织更新及抗氧化能力、心肾功能活性及循环功能等因素。因此，选择动作不断重复、节奏舒缓、持续时间较长的基础性有氧节律运动，配合营养饮食及休息的干预调节方案来进行。

动脉硬化的运动干预关注重点是通过运动调节神经 – 内分泌系统状态、舒缓紧张的动脉、调节血糖血脂代谢、维持血压的平稳性。每天安排 30~60 分钟可持续的、连续的舒适锻炼，以运动心率升高 10~20 次为宜。

适合改善动脉弹性的基础性有氧节律运动很多，例如有氧步跑、快走、慢跑、广场舞、游泳、太极拳等。考虑到运动的易教、易学、易练及研究方案的标准化一致性等要求，试验选择了易学易练、随时随地可开展的有氧步跑。

节律运动处方为基础性节律运动（有氧步跑）。详细的动作规范见书中相应章节。

有氧步跑 90 天的锻炼方案如下：

有氧步跑建议每天上午、傍晚分两次运动。

第 1 个月：速度控制在每小时 3 公里。每天步跑控制在 2000~4000 米。

第 2 个月：速度控制在每小时 4 公里。每天步跑控制在 3000~5000 米。

第 3 个月：速度控制在每小时 5 公里。每天步跑控制在 4000~6000 米。

（二）结果

干预 90 天后，受试者动脉弹性较干预前显著改善（$P < 0.01$）。见表 10-4。

表 10-4　节律运动对动脉弹性的影响

	干预前	干预 90 天后
baPWV（左）	1664.4 ± 78.21	1245.2 ± 63.43**
baPWV（右）	1598.3 ± 77.54	1209.8 ± 34.32**

注：*P < 0.05，**P < 0.01，与干预前比较。n=57。肱－踝脉搏波速度（baPWV）：baPWV 值越大，动脉弹性越差。baPWV 正常参考值为 1400cm/s。

（三）分析与讨论

本研究采用节律运动，并配合强化营养对动脉硬化人群进行连续 90 天的干预。结果显示，受试人群动脉弹性显著改善。机制如下：

（1）节律运动加快了人体能量消耗，降低了血糖血脂水平、减少了人体脂肪含量、增加了肌肉比重，有利于降低血压、改善血管弹性；

（2）节律运动调节了神经－内分泌状态，改善了包括血管壁神经的调控状态；

（3）节律运动提高了血管组织更新及抗氧化的能力、促进新侧支循环的建立；

（4）节律运动减少了脂类物质在血管内沉积、增加机体纤溶活性、降低血液黏稠度、防止附壁血栓形成；

（5）节律运动通过激活血液中多种脂蛋白代谢酶，加速低密度脂蛋白的分解速度；

（6）节律运动配合低脂、低盐、高蛋白、多果蔬饮食方案，提高了动脉硬化综合干预的效果；

（7）节律运动促进了卵磷脂、茶多酚等植物功能活性营养的代谢利用，提高了动脉硬化综合干预的效果；

（8）节律运动配合合理休息，促进了人体神经－内分泌－免疫网络的调节，提高了动脉硬化综合干预的效果。

四、节律运动对高血压的影响

高血压是脑卒中、冠心病、心力衰竭、慢性肾病及猝死等的主要危险因素。

北京市人体健康预警测评与营养干预研究中心依据临床对高血压的判定及分类标准，招募了 80 名高血压受试者进行为期 90 天的干预试验。招募人员均为 I 期与 II 期的高血压患者。严重心律失常、脑血管痉挛、心力衰竭、不稳定型心绞痛、肾功能衰竭等的重症高血压患者未在招募范围内。

（一）高血压的节律运动干预方案

高血压的运动干预，是通过运动放松人体周身神经、肌肉、血管状态，调节交感与副交感神经的协调能力，增加人体组织器官血通量，改善血液循环，促进代谢物排出等机制来实现。因此，运动形式尽量选择动作不断重复、节奏舒缓、持续时间较长、调动全身肌肉群参与的运动方案。即选择以基础性有氧节律运动为主，调节性节律运动为辅的运动调节方案。其运动目的是改善自主神经功能，降低交感神经张力，增强心、肾功能活性，改善大循环及微循环状态，调节神经－内分泌功能等。

高血压运动锻炼的关注重点是运动时血压的平稳性、30~60 分钟可持续性、每日连续锻炼的舒适性等。

适合高血压的基础性有氧节律运动很多，例如有氧步跑、快走、慢跑、广场舞、游泳、太极拳等。考虑到运动的易教、易学、易练及研究方案的标准化一致性等要求，研究选择了易学易练、随时随地可开展的有氧步跑。同时考虑对抗高血压对心、肾、泌尿系统的损伤，研究中增加了调节性节律运动。

节律运动处方包括：基础性节律运动（有氧步跑）、调节性节律运动等两大类节律运动。详细的动作规范见书中相应章节。

1. 基础性有氧节律运动

有氧步跑 3 个月的锻炼方案如下：

有氧步跑建议每天上午、下午分两次运动。

第 1 个月：有氧节律步跑速度在每小时 3~4 公里。每天步跑控制在 2000~3000 米。

第 2 个月：有氧步跑速度每小时 4~5 公里。每天步跑控制在 3000~4000 米。

第 3 个月：有氧步跑速度每小时 4~6 公里。每天步跑控制在 4000~5000 米。

2. 调节性节律运动

调节性节律运动 3 个月的锻炼方案如下：肩部、肘部、髋部、膝部节律运动。

调节性节律运动在每天于有氧步跑后开展或分为上午、晚上（睡觉前 2 小时）两次运动。

第 1 个月：每小节节律运动做 3 分钟。每天 1 次。

第 2 个月：每小节节律运动做 4 分钟。每天 1 次。

第 3 个月：每小节节律运动做 5 分钟。每天 1 次。

（二）结果

干预 90 天后，受试者血压较干预前显著改善（$P < 0.01$）。见表 10-5。

表 10-5 节律运动对血压的影响

	干预前	干预 90 天后
收缩压	149.6 ± 13.1	127.1 ± 17.6**
舒张压	97.5 ± 11.76	85.7 ± 9.87

注：*$P < 0.05$，**$P < 0.01$，与干预前比较。n=80。

通过全身生物电扫描对干预前后受试者的重要脏器进行测评评估，结果显示肝脏、肾脏、心脏等脏器活性显著改善。

（三）分析与讨论

本研究采用基础性有氧节律运动及调节性节律运动，并配合软化血管、降低血脂饮食营养调理，对高血压人群连续干预 90 天，结果显示受试人群血压状态显著改善。机制可能如下：

（1）节律运动使血管通径增大、微循环增生、血管壁弹性增强、脏腑器官的侧支循环开放，有利于血压下降；

（2）节律运动能显著增强心、肺、肝、肾等脏器的活性，改善器官血通量，提高了血压的整体稳定性；

（3）紧张或情绪激动是高血压病的一大诱因。节律运动舒畅心情，使紧张、焦虑和激动的情绪得以缓解，有利于血压稳定；

（4）节律运动使交感与副交感神经的兴奋与抑制调控不断得到锻炼，改善了自主神经调节功能，降低交感神经张力，减少儿茶酚胺的释放量，使人体对儿茶酚胺的敏感性下降；

（5）节律运动增加了体内有益的化学调控物质浓度，如内啡肽、五羟色胺等，降低了血浆肾素和醛固酮等有升压作用的物质水平，使血压下降；

（6）节律运动配合低脂、低盐、高蛋白、多果蔬饮食方案，提高了高血压综合干预的效果；

（7）节律运动配合营养干预，促进了磷脂、紫苜蓿提取物等植物功能活性营养的代谢利用，提高了高血压综合干预的效果；

（8）节律运动与合理休息的配合，促进了人体神经－内分泌－免疫网络的调节，提高了高血压综合干预的效果。

本实验中高血压患者经90天的有氧节律运动干预后血压较干预前显著改善。部分参试人员未达到理想标准，可能与参试人员营养、饮食、病程、干预方案执行、综合性衰老等多因素有关。综合使用运动、营养及适当的饮食手段，有助于稳定血压，降低高血压及并发症的风险。

五、节律运动对骨质疏松的影响

骨质疏松是一种综合代谢性疾病。目前，我国60岁以上人群中发病率约为56%，其中女性发病率高达60%~70%，女性发生骨质疏松性骨折的危险性达40%。北京市人体健康预警测评与营养干预研究中心依据临床对骨质疏松的判定标准，招募了60名骨质疏松受试者，进行了为期90天的节律运动干预研究。

（一）节律运动干预方案

骨质疏松与机体基础代谢能力和力量能力的降低有直接关系。因此，运动方案的设计包括了提高基础代谢能力的基础性有氧节律运动和增加力量的力量锻炼。每类锻炼方式的选择可以是多种多样的。为研究组织培训的简单易行及研究数据的标准化及统一，本研究采取如下有氧节律运动和力量训练。

1. 有氧节律运动

有氧步跑。3个月有氧步跑方案如下：

第 1 个月：有氧步跑速度控制在每小时 3~4 公里。每天步跑控制 2000~4000 米。

第 2 个月：有氧步跑速度控制在每小时 4~5 公里。每天步跑控制在 3000~5000 米。

第 3 个月：有氧步跑速度控制在每小时 5~6 公里。每天步跑控制在 4000~6000 米。

2. 力量运动

力量运动在有氧步跑后进行。力量锻炼分为腹肌、背肌、四肢肌练习。见上肢斜推运动、仰卧屈腿运动、下肢蹲起运动等（第 104–108 页）。

第 1 个月：每小节每次 3~4 分钟，每天 1 次。

第 2 个月：每小节每次 4~5 分钟，每天 1 次。

第 3 个月：每小节每次 5~6 分钟，每天 1 次。

（二）结果

受试者的骨密度较干预前显著提高（$P < 0.01$）。见表 10–6。

表 10–6 节律运动对骨密度的影响

	干预前	90 天干预后
T 值	-2.90 ± 0.21	-1.69 ± 0.77**

注：*$P < 0.05$，**$P < 0.01$，与干预前比较。n=60。T 值 ≥ −1，骨质正常；−2.5 ≤ T 值 < −1，骨质少孔；T 值 ≤ −2.5，骨质疏松。

（三）分析与讨论

本实验采用有氧步跑联合力量锻炼，并强化骨骼营养供给的干预方式，结果显示受试人群骨密度显著改善。

节律运动改善骨质疏松的机制如下：

（1）节律运动产生的肌肉张力和机械应力作用于骨骼，导致骨组织的特异性变形，改变骨内的压电位，进而刺激成骨细胞生成，促进了骨形成和重建，增加了骨密度。并使骨的弹性增加，抗弯曲、抗挤压和抗扭转的能力增强；

（2）力量训练产生的动态运动和静态运动产生的肌收缩，使肌神经细胞持续较长时间的兴奋，使神经冲动发放增强，并增加肌红蛋白的含量及使肌纤维增粗及增大；

（3）节律运动的激素效应促进骨骼中蛋白质合成，使骨基质总量增加，尤其是睾酮和雌二醇，显著促进骨骼的生长、发育，使骨皮质增厚和骨密度增高；

（4）节律运动提高了需钙阈值，促进钙及其他骨营养的吸收利用；

（5）人体内肌力对应骨量是一个大致不变的比例关系，节律运动使骨骼肌的体积增大、肌力增强，同时也刺激了骨质水平的增加。在骨质疏松发病机制中，神经系统调控下的肌质量（包括肌质量和肌力）是决定骨强度（包括骨量和骨结构）的重要因素；

（6）节律运动有助于改善和提高肌腱和韧带的顺应性、延伸性和柔软性，提高平衡能力和灵敏度，从而预防或减少跌倒的机会，降低骨质疏松症骨折的发生率；

（7）节律运动配合低脂、低盐、高蛋白、多果蔬饮食方案，提高了骨质疏松综合干预的效果；

（8）节律运动促进了磷脂、钙、镁、锌、酪蛋白磷酸肽等系统营养的代谢利用，提高了骨质疏松综合干预的效果；

（9）节律运动与合理休息的配合，促进了人体神经－内分泌－免疫网络的调节，提高了骨质疏松综合干预的效果。

需要指出的是，运动是调节骨代谢问题不可或缺的较容易实施的一个方面，应该得到充分的重视，并长期坚持才能取得更好的效果。

六、节律运动对消化功能的影响

消化系统疾病，如胃肠炎症、消化性溃疡、肝胆疾病等是消化系统的常见病、多发病，也是严重危害人类健康的全球性疾病。根据近年统计结果显示，慢性胃炎在普通人群中的发病率高达90%以上。如何有效控制这类疾病的发病率及提高治疗效果，已成为本领域研究中的重要任务。为此，北京市人体健康预警测评与营养干预研究中心招募了100名伴有胃肠道疾病风险（单独或同时伴有诸如胃酸、胃胀、便秘、腹泻等）的受试者，进行了为期90天的节律运动干预研究，具体结果如下。

（一）节律运动干预方案

消化系统的运动干预，其目的是改善消化系统血液循环、调节副交感神经状态、改善内分泌及消化液分泌功能，调节消化道生态菌群平衡等。因此，应选择以基础性节律运动为主，调节性节律运动为辅的运动，并配合营养调节方案综合干预。

消化系统运动锻炼的重点是运动的 30~60 分钟持续性、每日连续锻炼的舒适强度、运动后体温适度升高等要求。

适合消化系统的基础性节律运动很多，例如有氧步跑、慢跑、快走、广场舞、游泳、太极拳等。考虑到运动的易学、易练及研究数据的标准化一致性等要求，研究中选择了易学易练、随时随地可开展的有氧步跑。同时考虑调节消化功能，研究中增加了调节性节律运动。

节律运动处方包括：基础性节律运动（有氧步跑）、调节性节律运动等两大类节律运动。详细的动作规范见书中相应章节。要求如下。

1. 基础性节律运动

3 个月的有氧步跑方案如下。

第 1 个月：有氧步跑速度控制在每小时 3~4 公里。每天步跑控制在 3000~5000 米。

第 2 个月：有氧步跑速度控制在每小时 4~5 公里。每天步跑控制在 4000~6000 米。

第 3 个月：有氧步跑速度控制在每小时 5~6 公里。每天步跑控制在 5000~6000 米。

2. 调节性节律运动

每天有氧步跑后进行调节性节律运动锻炼。包括肩部、髋部节律运动。具体的动作规范见书中相应的章节。

调节性节律运动方案如下：

第 1 个月：肩髋部节律运动每小节 4 分钟 / 次。每天 1 次。

第 2 个月：肩髋部节律运动每小节 5 分钟 / 次。每天 1~2 次。

第3个月：肩髋部节律运动每小节6分钟/次。每天2次。

（二）结果

1. 受试者主观感觉

（1）88%的受试者胃部不适（胃排空、口臭）症状显著减轻或消失。

（2）86%的受试者肠道不适（便秘、腹泻、腹胀）症状显著减轻或消失。

（2）91%的受试者食欲明显改善。

2. 节律运动对消化系统生物活性的影响

实验后绝大部分受试者消化系统生物活性较干预前显著提高（$P < 0.05$ 或 $P < 0.01$），部分受试者的消化系统生物活性已恢复至正常水平。见表10-7。

表10-7　节律运动对消化道脏器生物活性的影响

	运动前	90天运动后
胃	-29.21 ± 8.65	$-14.32 \pm 6.60*$
十二指肠	-28.25 ± 11.42	$-17.54 \pm 6.57*$
升结肠	-39.75 ± 13.83	$-21.63 \pm 9.78**$
降结肠	-26.13 ± 6.70	$-15.54 \pm 9.01*$
小肠	-33.321 ± 9.63	$-13.00 \pm 10.90*$

注：*$P < 0.05$，**$P < 0.01$，与运动前比较。n=100。

（三）分析与讨论

本实验采用有氧步跑联合肩髋部节律运动，并给予针对性的胃肠道营养的干预方式。结果显示受试人群消化道功能显著改善。节律运动改善消化道功能的机制如下：

（1）有氧步跑的过程中，由于呼吸的加深、加快，使膈肌的上下移动加大。同时，腹肌也不断活动对脏腑及肠胃消化系统等产生了持续节律性的按摩，改善了胃肠道的血液循环，促进了消化道溃疡及便秘的症状改善；

（2）有氧步跑影响副交感神经对胃肠消化系统综合调控加强，促进了胃肠道的血液循环，加强胃肠道黏膜的外分泌功能，改善肠胃的消化及修复功能；

（3）有氧步跑增加了能量消耗，脑饥饿中枢通过神经－内分泌系统要求消化系统蠕动加强，饥饿感明显增加；

（4）节律运动有效改善肝脏、胆囊、胰腺、胃肠道等脏器的活性，有利于消化系统功能的恢复和提高；

（5）节律运动配合低脂、低盐、高蛋白、多果蔬饮食方案，丰富的营养及膳食纤维提高了消化系统综合干预的效果；

（6）节律运动促进了蛋白质、磷脂、益生菌等植物功能活性营养的代谢利用，提高了消化系统综合干预的效果；

（7）节律运动与合理休息的配合，促进了人体神经－内分泌－免疫网络的调节，提高了消化系统综合干预的效果。

第十一章

健康节律运动处方

一、确定健康节律运动的原则及工作程序

（一）工作原则

1. 安全性原则

首先，要考虑运动过程中的安全问题，综合各类指标分析在确定运动处方时，不能为了单纯地寻找运动适宜度，而忽略了运动安全的问题。人的实际生理状态与运动方案目标始终会存在一个动态的差距，一定要防止目标差距过大出现运动损害。

2. 循序渐进原则

确定一个人的运动适宜度要经过多次测试，反复调整。较复杂情况要经过8次左右才能逐步接近个人的运动适宜度范围，切忌操之过急。

3. 优化取舍原则

面对多个测试指标，一定要有一个主次，有一个取舍的过程，不能面面俱到。如果几个指标可以相互印证，则保留同一指向的指标，舍去不能相互印证的指标，把相互并不支持的指标作为下一步的工作继续查证，不能马上应用。

4. 重视主观反应原则

运动锻炼不是为了指标的正确，不是落实冰冷的测试指标。而是通过运动给参与者带来精神上的快乐。因此，应首先考虑个人的主观感受，主观反应度指标需要高度重视。

5. 可监控原则

寻找个人运动适宜度的范围，应进行全程运动强度、时间、频率的监控，督促、提醒个人完成锻炼任务，最终使其形成锻炼习惯。

6. 个性化原则

不同个体的运动适宜度常常是不同的。达到运动适宜度的方式、时间也因人而异，不能将某人的运动适宜度进行复制应用，应按照运动适宜度的基础方法寻找方案。

（二）运动适宜度工作程序举例

1. 工作步骤

（1）初始数据采集：采集记录客户原始基本健康数据信息（体成分、热代谢、生物电、动脉状态、精神压力等）。

（2）适应性运动指导：按计划分阶段指导监督客户执行适应性运动营养干预方案，并根据锻炼者主观描述对运动不适应及时进行调整。

（3）运动项目指导：分阶段指导监控体重及体脂变化，利用佩戴设备监督客户完成运动营养干预，并根据锻炼者主观描述改进干预方案。

（4）初步效果评估：阶段评价干预效果，确认结果巩固客户信心（体成分、热代谢、生物电、动脉状态、精神压力等）。

（5）生活化干预：利用运动记录仪及评价设备，定期监督并多次调整运动方案评价体重及体成分改善，使客户培养健康生活的运动及膳食营养习惯。

（6）针对性干预：针对客户个性化问题，完善运动方案，利用运动监测设备及评价设备，指导锻炼者个性化问题的改善。

（7）强化干预：固化锻炼者自我保持运动的习惯，自主地调整运动与膳食营养的习惯，自觉地记录运动及关注健康的习惯。

（8）最终效果评估：对比初始数据，评价干预效果，客户确认结果（体成分、热代谢、生物电、动脉状态、精神压力等）。

2. 工作流程

（1）第一阶段：3~5天。

目的：收集受试人群基本数据信息（身高、体成分、组织器官功能、血压、动脉弹性、营养代谢状态、精神压力及身体疲劳程度、生活习惯）。

对受试人群的要求：完成基本数据采集。受试人群必须佩戴运动能耗记录仪1周，并上传数据。

采取的方法措施：无（受试人群按照自己平时的生活习惯进行日常生活起居）。

（2）第二阶段：7天。

目的：对受试人群基本数据进行分析；设计第二阶段干预方案。

对受试人群的要求：受试人群必须佩戴运动能耗记录仪7天，并通过互联网上传数据。

采取的方法措施：按照第二阶段干预方案进行生活锻炼。

（3）第三阶段：15天。

目的：对第二阶段干预方案评估；调整并设计第三阶段干预方案。

对受试人群的要求：受试人群必须佩戴运动能耗记录仪15天，并上传数据。

采取的方法措施：按照第三阶段干预方案进行生活锻炼。

（4）第四阶段：30天。

目的：对1个月干预方案进行效果评估，主观评价和客观测评分析；设计第四阶段干预方案。

对受试人群的要求：受试人群必须佩戴运动能耗记录仪30天，上传数据。

采取的方法措施：按照第四阶段干预方案进行生活锻炼。

（5）第五阶段：45天。

目的：对第四阶段干预方案进行效果评估，使受试人群养成健康生活的运动及膳食营养习惯；设计第五阶段干预方案。

对受试人群的要求：受试人群必须佩戴运动能耗记录仪45天，并上传数据。

采取的方法措施：指导调整干预方案，增强体质训练。按照第五阶段干预方案进行生活锻炼。

（6）第六阶段：60天。

目的：对第五阶段干预方案进行效果评估，使受试人群养成健康生活的运动及膳食营养习惯；设计第六阶段干预方案。

对受试人群的要求：受试人群必须佩戴运动能耗记录仪60天，并上传数据。

采取的方法措施：指导调整干预方案，增强体质训练。按照第六阶段干预方案进行生活锻炼。

（7）第七阶段：90天。

目的：固化受试人群健康生活的运动及膳食营养习惯。

对受试人群的要求：受试人群必须佩戴运动能耗记录仪90天，并上传数据。

采取的方法措施：指导调整干预方案，增强体质训练。按照第七阶段干预方案进行生活锻炼。

（8）第八阶段：120天

目的：评价干预效果，确认结果。

对受试人群的要求：受试人群必须佩戴运动能耗记录仪120天，上传数据。

采取的方法措施：受试人群主观评价和客观测评分析，对干预方案进行效果评估。

3. 工作表格

运动适宜度锻炼者测评预约跟踪记录表（一）

姓名		性别		年龄		联系方式			
测评时限		年　月　日			年　月　日	档案编号			
测评人员目前运动习惯自述									
测评人员目前健康状态自述									
测评人员生活习惯自述									
预约跟踪时间	第1次	第2次	第3次	第4次	第5次	第6次	第7次	第8次	
运动适宜度改善方向									

承诺：1. 每次预约时间前2日提醒您时间安排；

　　　2. 每次数据提取后2个工作日内为您提供下一阶段指导。

经办人（签章）：	审批人（签章）：

运动适宜度锻炼者测评数据记录表（二）

姓名		性别		年龄		职业	

测评结果							

| 第一次测评项目 | 体成分 | | 鹰演 | | 动脉 | | 热断层 | |
| | 精神压力 | | 体质测试 | | | | | |

综合评分	运动评分	营养评分	心理评分	健康评分		其他	

运动记录仪数据

运动心率（次 / 分）：

每次运动持续时间：　　　　　　　　　　　　每周运动次数：

注意事项	
禁忌	
自我监督	

干预方案评价与建议（背面）

日期	次	运动方案	运动方案执行评价	体适能状态	测评人
	1				
	2				
	3				
	4				
	5				
	6				
	7				
	8				
日期	次	营养方案	营养方案执行评价	生理状态	测评人
	1				
	2				
	3				
	4				
	5				
	6				
	7				
	8				

4.各项测试指标的应用

（1）体质测试项目：心肺功能、耐力、反应时、平衡能力、握力、柔韧性等指标。以此确定大概的运动幅度、频率。

（2）体成分测试：观察运动适宜度开展前后，肌肉、脂肪、BMI（身体质量指数）变化指标。

（3）能耗仪测试：观察运动适宜度开展前后，运动频率、强度、时间的变化规律。

（4）热辐射测试：观察运动适宜度开展前后，运动系统、消化系统、心肺部位热代谢的变化。

（5）生物电测试：观察运动适宜度开展前后，各系统活性是否向中心值靠近（$-X <$组织$< +X$）。

（6）动脉弹性测试：观察运动适宜度开展前后的血压、动脉弹性的变化情况。

（7）精神压力测试：观察运动适宜度开展前后的精神压力、自主神经系统平衡状态、身体疲劳程度状况的变化。

（8）主观感觉度评价：是否能够承受该运动处方的幅度、强度等等，是否感到运动愉快。

根据以上指标的变化来确定节律运动的幅度、力度、速度、运动周期、休息间歇等。通过测试数据分析结合前述工作步骤、工作流程等，对上一次运动处方的适宜度进行评价。并调整设计下一阶段运动方案。

按照边运动、边调整的方法，经过约 8 次的反复调整，受试人群的运动就会逐渐接近其体质、生活品质所对应的最适宜的运动度。

二、不同营养状态及不同健康状态的营养运动处方

不同身体健康状态、体质水平的测试者，一定有不同的营养状态，所能承受的运动强度、方式差异极大。通过适宜的运动工作步骤，针对不同身体状态、不同疾病，采用不同的运动处方，结合营养干预方案，并根据实际情况不断调整，确定对应的运动处方。

（一）健康平衡状态的营养运动处方

（1）健康状态：健康人群应该具有吃得下、睡得香、排得畅、精力旺盛、性格健康、对社会和自然适应能力强等基本素质状态。

（2）生活调养：保持已有健康的生活、工作状态。

（3）运动方式：①选择基础性节律运动、调节性节律运动。②青少年可继续按习惯，积极参加各种令身心愉悦的活动，促进保持身体健康。适宜的运动广泛，如快步走、有氧步跑、慢跑、中长跑、力量锻炼、球类（乒乓球、羽毛球、篮球、网球等）、游泳、节律运动舞等。③中老年可继续按习惯，积极参加

各种令身心愉悦的活动，预防运动损伤及推迟衰老。适宜的运动要随着年龄的增长，逐渐加大基础性节律运动，例如散步、快步走、有氧步跑、健身操与力量锻炼的比例。

（4）运动适宜度关注指标：BMI（身体质量指数）、肌肉量、体脂肪率、脏器功能状态、精神压力和身体疲劳状态。

（二）亚健康状态的营养运动处方

1. 亚健康状态一：营养不良型——BMI 不达标

（1）营养特征：营养供给或吸收不足等营养获得能力不足导致的营养缺乏。

（2）生理状态：面色萎黄、精力不济，身体乏力，易出虚汗，口唇色淡，毛发干枯，头晕贫血，经常感冒、口腔溃疡，感染性疾病病程迁延难以痊愈等。

（3）生活调养：因人而异的少食多餐及食物多样性。饮食宜软烂、容易消化，改善胃肠消化吸收功能。

日常果蔬：食物多样。每日合计时令果蔬 500~1000 克。如红白萝卜、白菜、菜花、番茄、香菇、木耳、藕、豆芽、山药、白扁豆、大枣、苹果、柑橘、蜂蜜、桂圆、枸杞、西洋参等。

每日主食：200~400 克。米饭、面食。

每日杂粮：100~200 克。红薯、土豆、山药、燕麦、小米等。

每日蛋白：酸奶 200~400 克，鸡蛋 2 个，适量鱼、肉。

饮食注意：忌食辛辣肥厚的食物，多饮水。

生活注意：避免过度劳累熬夜，早睡早起保证睡眠。

（4）系统营养强化：适量补充优质蛋白（大豆分离蛋白、浓缩乳清蛋白）、肠道微生态营养（菊粉、低聚木糖、酵母粉、小麦胚芽粉等）、免疫调节营养（灰树花提取物、香菇提取物等）。

（5）运动方式：选择基础性节律运动及肩部、髋部节律运动。①轻松运动、逐步加强，以第二天体感不疲劳为准；②每天 2 次，每次 30 分钟，稍有手脚发热为宜；③基础性节律运动以有氧步跑、快步走、太极拳等为主，调节性节律运动以肩、髋部节律运动为主。

（6）运动适宜度关注指标。①日常关注：运动频率、时间、强度、体感运动适宜度、心率、每日总能量消耗。②阶段性关注：BMR、BMI、肌肉量、体脂肪率。营养运动合理性还会在消化系统生物活性值、体内维生素、矿物质、微量元素、常量元素、全身热代谢平均值等检测指标中体现。

2. 亚健康状态二：肥胖超重型——BMI 超标

（1）营养特征：糖、油脂类能量性营养摄入过剩或不均衡，以及运动不足是主要问题。

（2）生理状态：面部油亮、易生粉疖、口腔异味、排便黏滞、易困慵懒、免疫力下降、体重超重及代谢血生化指标偏离正常值。

（3）生活调养：饮食清淡、多吃生鲜、五谷杂粮。

日常果蔬：食物多样。每日合计 500~1000 克。如红白萝卜、白菜、菜花、番茄、蘑菇、木耳、海带、苋菜、芹菜、黄瓜、冬瓜、藕等。

每日杂粮：100~200 克，红薯、土豆、山药、绿豆、燕麦、红豆、小米等。

每日蛋白：酸奶 200~400 克，鸡蛋 2 个。

饮食注意：忌食辛辣肥厚的食物，多饮茶、无糖咖啡，戒酒；

生活注意：避免过度劳累熬夜，早睡早起保证睡眠。

（4）系统营养强化：适量补充优质蛋白（大豆分离蛋白、浓缩乳清蛋白等）、复合维生素（维生素 B 族、维生素 C、维生素 U 等）、肠道微生态营养（菊粉、低聚木糖、酵母粉、小麦胚芽粉等）。

（5）运动方式：选择基础性节律运动以及肩部节律运动。①轻松运动、逐步加强，以第二天体感不疲劳为准；②每天 1~2 次，每次 40~60 分钟微微出汗的运动为宜；③基础性节律运动增加消耗、促进代谢。适合耐力性的有氧步跑、慢跑、中长跑、游泳、爬山、各种球类、武术等运动。同时结合肩部节律运动。

（6）运动适宜度关注指标。①日常关注：运动频率、时间、强度、体感运动适宜度、心率、每日总能量消耗；②阶段性关注：BMR、BMI、肌肉量、体脂肪率。营养运动合理性还会在消化系统生物活性值、体内维生素、矿物质、微量元素、常量元素、全身热代谢平均值等检测指标中体现。

3.亚健康状态三：生理代谢偏离。内分泌、疾病影响下的营养素代谢过快型——脂肪比例下降

（1）营养特征：内分泌、疾病等影响下的能量高代谢或营养素代谢不均衡。以能量代谢亢进、生理性消耗加快导致的脂肪营养素缺乏为主要特征。如内分泌功能紊乱（如甲亢、青春期、更年期）、感染（细菌、病毒感染、体温偏高），器官功能异常（呼吸局促、心动异常、肝功异常等）引起的脂肪、蛋白质、维生素、微量元素等在非正常状态下消耗过快的营养缺乏。

（2）生理状态：呼吸局促、脉搏加快、体温上升、眼干眼屎、怕热上火、皮肤干燥、口腔溃疡、大便干结、困倦无力等症状。

（3）生活调养：强化对优质蛋白和维生素的补充，注意食物多样性，适量补充免疫调节营养，科学运动。

日常果蔬：食物多样。每日各种时令合计 500~1000 克。如香菇、冬瓜、白萝卜、大白菜、苦瓜、荸荠、莲藕、百合、梨、橙、西瓜、适量蜂蜜等。

每日主食：200~400 克。米饭、面食。

每日杂粮：100~200 克。红薯、土豆、山药、燕麦、绿豆、小米等。

每日蛋白：酸奶 200 克，鸡蛋 2 个，适量鱼肉。

饮食注意：忌食辛辣性温燥热的食物（韭菜、辣椒、羊肉等），忌饮茶、咖啡、酒等。多饮水。

生活注意：避免过度劳累熬夜，早睡早起保证睡眠。中午保证一定的午休时间。

（4）系统营养强化：免疫调节营养（灰树花提取物、香菇提取物等）、优质蛋白（大豆分离蛋白、浓缩乳清蛋白、磷脂等）、复合果蔬粉（山楂粉、番茄粉、芹菜粉、菠菜粉、叶黄素酯、葡萄籽提取物等）、肠道微生态营养（菊粉、低聚木糖、酵母粉、小麦胚芽粉等）。

（5）运动方式：忌剧烈运动。选择基础性节律运动及调节性节律运动。①基础性节律运动以轻缓运动（散步、太极拳），调节性节律运动以肩部、髋部节律运动联合为主。②控制运动强度，控制锻炼时出微微发热即可，及时补充水分。

（6）运动适宜度关注指标。①日常关注：心率、体温、体感运动适宜度、运动频率、时间、强度、每日总能量消耗。②阶段性关注：BMR、BMI、体水分含量、血糖。营养运动合理性还会在各系统能量值、消化系统生物活性值、内分泌系统生物活性值、间质激素值、全身热代谢平均值等指标中体现。

4. 亚健康状态四：生理代谢偏离。内分泌、疾病影响下的营养素代谢过慢型——肌肉比例减少

（1）营养特征：内分泌、疾病影响下的代谢过慢或各代谢间不均衡型。以蛋白质及能量营养代谢低下或生理调节性营养素缺乏，维生素、微量元素不足，甲减等为常见问题。表现为基础体温偏低为主要特征及内分泌功能紊乱（如甲减、发育不良、早衰），感染（免疫力下降、伤口愈合困难），器官功能异常（呼吸无力、脉搏迟缓、肝功异常等）引起的蛋白质、能量、维生素、微量元素等利用与合成速度过慢的营养问题。

（2）生理状态：消化不良、易疲劳、免疫低、怕冷、乏力、性格多沉静等。

（3）生活调养：强化对优质蛋白及免疫调节营养的补充，适量补充促进肝脏合成及消化吸收的营养。

日常果蔬：食物多样。每日各种时令果蔬合计 500~1000 克。如香菇、红白萝卜、白菜、菜花、番茄、木耳、藕、豆芽、山药、白扁豆、大枣、苹果、柑橘、蜂蜜、桂圆、枸杞、西洋参、葱、姜、蒜、花椒、韭菜、辣椒、胡椒等。

每日主食：200~400 克。米饭、面食。

每日杂粮：100~200 克。红薯、土豆、山药、燕麦、小米等。

每日蛋白：酸奶 200 克，鸡蛋 2 个，适量牛羊肉。

饮食注意：忌食寒冷的食物（如荸荠、冬瓜、苦瓜、西瓜、梨、绿茶等），适量红茶、酒可能有助于多饮水。

生活注意：避免过度劳累熬夜，早睡早起保证睡眠。中午保证一定的午休时间。

（4）系统营养强化：免疫调节营养（灰树花提取物、香菇提取物等）、复合果蔬粉（山楂粉、番茄粉、芹菜粉、菠菜粉、叶黄素酯、葡萄籽提取物等）、肠道微生态营养（菊粉、低聚木糖、酵母粉、小麦胚芽粉等）、优质蛋白（大豆分离蛋白、浓缩乳清蛋白等）。

（5）运动方式：选择基础性节律运动及调节性节律运动。①每天2次，每次30分钟；②基础性节律运动以有氧步跑、快走、慢跑、慢节奏舞蹈、游泳、太极拳等，运动至手脚发热。调节性节律运动以肩部、髋部节律运动为主。

（6）运动适宜度关注指标。①日常关注：运动频率、时间、强度、体感运动适宜度、心率、每日总能量消耗；②阶段性关注：营养运动合理性会在BMR、肌肉量、体脂肪率、消化系统生物活性值、体内维生素、矿物质、微量元素、常量元素、全身热代谢平均值等检测指标中体现。

5.亚健康状态五：精神敏感、忧郁型

（1）营养特征：以神经功能紊乱或障碍为主要问题（生理性、心理学、营养性）。营养与运动问题常常成为诱发及改善因素。

（2）生理状态：多愁善感，忧郁脆弱，闷闷不乐，无故叹气，通常较消瘦，易心慌失眠等。

（3）生活调养：易多食解郁、消食、醒神的食物。如小麦全粉、葱、蒜、萝卜、金橘、山楂、香蕉、土豆、红薯、海带、海藻，睡前避免饮茶、咖啡等提神醒脑的饮料。

（4）系统营养强化：适量补充免疫调节营养（灰树花提取物、香菇提取物等）、优质蛋白（大豆分离蛋白、浓缩乳清蛋白等）、卵磷脂等。

（5）运动方式：选择基础性节律运动。①每天2次，每次30分钟。②基础性节律运动以团体锻炼项目为宜，如有氧步跑、太极拳、参与公众活动、舞蹈、乒乓球、羽毛球等。

（6）运动适宜度关注指标。①日常关注：心率、运动频率、时间、强度、体感运动适宜度、每日总能量消耗；②阶段性关注：BMR、BMI、精神压力。营养运动合理性会在自主神经系统平衡性及活性、身体疲劳程度、每日总能量消耗、各系统能量值、神经系统生物活性值、内分泌系统生物活性值、间质激素生物活性值等检测指标中体现。

6.亚健康状态六：免疫功能失调型

（1）营养特征：生理性、病理性、营养性免疫功能失调。营养与运动问题

常常成为诱发及改善主要因素。

（2）生理状态：易感染、病程迁延、代谢失调、早衰健忘、过敏等。

（3）生活调养：少食蚕豆、白扁豆、牛肉、鹅肉、浓茶等辛辣之品及容易致敏食物。饮食清淡、均衡，粗细搭配适当，荤素配伍合理，因人而异，食物多样性。

日常果蔬：食物多样。每日合计时令果蔬500~1000克。红白萝卜、白菜、菜花、番茄、香菇、藕、豆芽、山药、大枣、苹果、柑橘等。

每日主食：200~400克。米饭、面食。

每日杂粮：100~200克。红薯、土豆、山药、小米等。

每日蛋白：酸奶200~400克，鸡蛋2个，适量鱼肉。

饮食注意：忌食辛辣肥厚的食物，多饮水。

生活注意：避免过度劳累熬夜，早睡早起保证睡眠。

（4）系统营养强化：适量补充免疫调节营养（灰树花提取物、香菇提取物等）、优质蛋白（大豆分离蛋白、浓缩乳清蛋白等）。

（5）运动方式：选择基础性节律运动及调节性节律运动。①每天2次，每次30~45分钟；②基础性节律运动以室内多种节律性运动（如有氧步跑、原地跑步），结合调节性节律运动（如肩部、髋部、膝部节律运动和沙袋操）。

（6）运动适宜度关注指标。①日常关注：心率、体温、运动频率、时间、强度、体感运动适宜度、每日总能量消耗；②阶段性关注：BMR、BMI、肌肉量、体脂肪率、营养运动合理性还会在消化系统生物活性值、体内维生素、矿物质、微量元素、常量元素、全身热代谢平均值等检测指标中体现。

7. 亚健康状态七：代谢综合征或潜在人群

（1）营养特征：饮食营养摄入与运动消耗不平衡导致的。营养与运动问题常常成为诱发及改善的主要因素。

（2）生理状态：体脂肪成分比例上升，单项或多项血生化指标偏离。常伴有高血脂、高血糖、高尿酸、高血压及中心性肥胖。多数人腹部松软肥胖，面部油腻，眼睛浮肿及安静时易困倦等症状。

（3）生活调养：强化补充促进基础代谢及肝代谢的营养。

日常果蔬：食物多样。各种时令果蔬每日合计 500~1000 克以上。如香菇、红白萝卜、白菜、菜花、番茄、木耳、藕、豆芽、山药、白扁豆、大枣、苹果、柑橘、葱、姜、蒜、花椒、韭菜、辣椒、胡椒等。

每日主食：200~400 克。米饭、面食。

每日杂粮：100~200 克。红薯、土豆、山药、燕麦、小米等。

每日蛋白：酸奶 200 克，鸡蛋 2 个，适量牛羊肉。

饮食注意：忌食寒冷的食物（如荸荠、冬瓜、苦瓜、西瓜、梨、绿茶等），适量饮红茶、酒可能有帮助于多饮水。

（4）系统营养强化：适量补充免疫调节营养（灰树花提取物、香菇提取物等）、肠道微生态营养（菊粉、低聚木糖、小麦胚芽粉、酵母蛋白等）、紫花苜蓿粉、绿茶粉、红曲米、卵磷脂等。

（5）运动方式：选择基础性节律运动（以有氧步跑、快步走、慢跑、游泳、球类），以及肩部、肘部、髋部、膝部为主的调节性节律运动，每天 2 次，每次 30~40 分钟。

（6）运动适宜度关注指标。①日常关注：心率、体温、运动频率、时间、强度、体感运动适宜度、每日总能量消耗；②阶段性关注：BMR、BMI、体脂肪率、心肺功能、肌肉比例、全身热代谢平均值、体适能。营养运动合理性还会在各生理系统能量值、消化系统生物活性值等检测指标中体现。

8. 亚健康状态八：疲劳体质

（1）营养特征：精神紧张、睡眠不足、锻炼能力不足等为主要问题。营养与运动问题常常成为改善的主要手段。

（2）生理状态：牙龈出血，眼伴红丝，皮肤干燥，不明原因疼痛，烦躁易怒，失眠健忘等。

（3）生活调养：多吃活血、散结、行气、疏肝解郁的食物。

日常果蔬：食物多样，各种时令果蔬每日合计 500~1000 克以上。香菇、红白萝卜、海带、紫菜、白菜、菜花、番茄、木耳、藕、豆芽、山药、白扁豆、大枣、苹果、柑橘、桂圆、枸杞、葱、姜、蒜、花椒、韭菜、辣椒、山楂等。

每日主食：200~400 克。米饭、面食。

每日杂粮：100~200 克。黑豆、黑芝麻、红薯、土豆、山药、燕麦、小米等。

每日蛋白：酸奶 200 克，鸡蛋 2 个，适量牛羊肉。

饮食注意：忌食寒凉的食物（如荸荠、苦瓜等）、适量红茶、绿茶可能有帮助于多饮水。

（4）系统营养强化：适量补充优质蛋白（大豆分离蛋白、浓缩乳清蛋白等）、免疫调节营养（灰树花提取物、香菇提取物等）、卵磷脂等。

（5）运动方式：选择基础性节律运动，以及肩部、肘部、髋部、膝部为主的调节性节律运动。①每天 2 次，每次 30~45 分钟。②基础性节律运动可选择室内节律运动、有氧步跑、快走等。

（6）运动适宜度关注指标。①日常关注：心率、运动频率、时间、强度、体感运动适宜度、每日总能量消耗；②阶段性关注：BMR、BMI、精神压力状态、自主神经系统平衡。营养运动合理性会在各生理系统能量值、神经系统生物活性值、内分泌系统生物活性值、免疫系统生物活性值、间质氧化压力生物活性值、间质 pH 值等检测中体现。

（三）典型慢性病治疗及康复期的健康节律运动处方

健康节律运动的干预，对慢性病的预防与康复意义重大。这些慢性病主要指具有病程长、健康影响复杂，涉及人体组织对营养素合成、消耗代谢影响较大的一系列疾病。如糖尿病、心脑血管疾病（高血脂、高血压、冠心病、脑卒中等）、骨质疏松、消化系统疾病、痛风、慢性阻塞性肺部疾病（慢性气管炎、肺气肿等）、恶性肿瘤、精神异常和精神病等。

1. 糖尿病营养运动干预方案

（1）临床特征：血液中糖化血红蛋白、空腹血糖、糖耐量试验、随机血糖检测出现异常情况。

（2）生活调养：适当控制单糖及双糖的摄入，适量补充改善微循环和免疫功能的营养。

日常果蔬：食物多样。每日时令果蔬合计 500~1000 克。如香菇、红白萝卜、海带、紫菜、白菜、菜花、番茄、韭菜、辣椒、木耳、藕、豆芽、山药、白扁豆、大枣、苹果、山楂、柑橘等。

每日主食：200~400 克左右。米饭、面食。

每日杂粮：100~200 克左右。黑豆、黑芝麻、红薯、土豆、山药、燕麦、小米等；

每日蛋白：酸奶 200 克，鸡蛋 2 个，适量牛羊肉。

（3）系统营养强化：适量补充免疫调节营养（灰树花提取物、香菇提取物等）、复合果蔬粉（山楂粉、番茄粉、芹菜粉、菠菜粉）、肠道微生态营养（菊粉、低聚木糖、酵母粉、小麦胚芽粉等）、叶黄素酯、β-胡萝卜素、葡萄籽提取物、紫苜蓿粉、卵磷脂等。

（4）运动方式：①基础性节律运动：有氧步跑、快步走、慢跑、游泳、太极拳、柔软体操等。但当出现增殖性视网膜病变、肾病变、神经病变、缺血性心脏病、严重高血压时，应将冲击力强的剧烈运动改为低强度有氧节律运动。控制脉搏增加在 10% 左右。②调节性节律运动：以肩部、髋部、膝部节律运动为主。③每天运动 1~2 次，每次时长超过 30 分钟，脉搏频率增加 15%~25%，锻炼效果较为显著。

注意：应避免空腹或餐前运动。运动期间出现低血糖现象，就应立即停止运动，补充糖分或食物。

（5）运动适宜度关注指标。①日常关注：血糖、血压、体感运动适宜度、心率、运动频率、时间、强度、每日总能量消耗；②阶段性关注：BMR、BMI、糖化血红蛋白。营养运动合理性会在体脂肪率、肌肉比例、各系统能量值、消化系统生物活性值、胰腺热代谢值、营养代谢状态（维生素、矿物质、微量元素等）、动脉指标（血压、动脉弹性）、糖耐量受损值、胰岛素抵抗值、各种并发症发病风险、心肺功能、体适能等检测指标中体现。

2. 高脂血症营养运动干预方案

（1）临床特征：以总胆固醇异常、甘油三酯异常为主要特征。部分人伴有乏力、失眠、健忘、BMI 超标、头晕、心悸、胸闷等症状。

（2）生活调养：饮食清淡、多吃时令果蔬、五谷杂粮。

日常果蔬：食物多样。每日时令果蔬合计 500~1000 克。如红白萝卜、白菜、菜花、番茄、蘑菇、木耳、海带、苋菜、芹菜、黄瓜、冬瓜、藕等。

每日主食：200~300 克。米饭、面食。

每日杂粮：100~200 克，红薯、土豆、山药、绿豆、燕麦、红豆、小米等。

每日蛋白：酸奶 200~400 克，鸡蛋 2 个。

饮食注意：忌食辛辣肥厚的食物，多饮茶、无糖咖啡，戒酒。

生活注意：避免过度劳累熬夜，早睡早起保证睡眠。

（3）系统营养强化：适量补充血脂调节营养（紫苜蓿粉、红曲米、绿茶粉、磷脂、维生素 C 等）。

（4）运动方式。①基础性节律运动：有氧步跑、快走、慢跑、太极拳、游泳、登山、健身操、球类。②调节性节律运动：以肩部、髋、膝部节律运动为主。③运动每天 1~2 次，每次时长超过 30 分钟，脉搏频率增加 15%~25%，锻炼效果较为显著。

（5）运动适宜度关注指标。①日常关注：心率、体感运动适宜度、运动频率、时间、强度、每日总能量消耗；②阶段性关注：BMR、BMI、体脂肪率、心肺功能、血脂指标（甘油三酯、总胆固醇）、动脉指标（血压、动脉弹性）、体适能等。营养运动合理性会在各系统能量值、肝胆系统生物活性值、肝胆热代谢值、血细胞指标（胆固醇结晶、乳糜微粒等情况）等检测指标中有体现。

3. 高血压营养运动干预方案

（1）临床特征：以静息状态下动脉收缩压、舒张压异常为特征。部分人伴有脂肪和糖代谢紊乱，以及心、脑、肾和视网膜等器官功能性或器质性改变等问题。

（2）生活调养：饮食清淡，多吃时令果蔬、五谷杂粮。

日常果蔬：食物多样。每日时令果蔬合计 500~1000 克。如红白萝卜、白菜、菜花、番茄、蘑菇、木耳、海带、苋菜、芹菜、黄瓜、冬瓜、藕、山楂、香蕉、苹果、橘子、梨、葡萄、西瓜等。

每日主食：200~300 克。米饭、面食。

每日杂粮：100~200 克，红薯、土豆、山药、绿豆、燕麦、黄豆及豆制品、红豆、小米等。

每日蛋白：酸奶 200~400 克，鸡蛋 2 个。

饮食注意：忌食辛辣肥厚的食物，多饮茶、无糖咖啡，戒酒。

生活注意：避免过度劳累熬夜，早睡早起保证睡眠。

（3）系统营养强化：适量补充复合果蔬粉（山楂粉、芹菜粉、番茄粉、菠菜粉等）、叶黄素酯、葡萄籽提取物、紫苜蓿粉、卵磷脂、红曲米、绿茶粉等。

（4）运动方式。①基础性节律运动：较长时间平缓的有氧节律运动对神经内分泌及糖代谢脂代谢的调节十分有利。有利于高血压病康复的运动很多，包括有氧步跑、有氧舞蹈、游泳、太极拳、医疗体操、娱乐性球类等。但有效的运动时间通常需大于 30 分钟以上。②调节性节律运动：以肘部、肩部、膝部节律运动为主。③运动每天 1~2 次，每次时长超过 30 分钟，脉搏频率增加 15%~25%，锻炼效果较为显著。

注意：运动期间出现头晕现象，就应立即停止运动。

（5）运动适宜度关注指标。①日常关注：心率、体感运动适宜度、运动频率、时间、强度、每日总能量消耗。②阶段性关注：BMR、BMI、体脂肪率、肌肉比例、动脉指标（血压、动脉弹性）、心肺功能、体适能等。营养运动合理性会在各系统能量值、肝胆系统生物活性值、醛固酮、抗利尿激素、神经递质等检测指标中有体现。

4.高尿酸（痛风）营养运动干预方案

临床特征：血尿酸指标异常，痛风症状发生。急性痛风发作部位出现红、肿、热、剧烈疼痛，严重时有关节变形，常发作于大拇指关节、踝关节、膝关节等部位。

（1）生活调养

1）发作期：控制饮食，多食含"嘌呤"低的碱性食物，如瓜果、蔬菜、鸡蛋、牛奶等。少吃火锅及煲汤、牛羊肉等；严格禁酒；多饮水，以利体内尿酸排泄；做到饮食清淡，低脂、低糖、低盐。

2）稳定期：饮食清淡，多吃时令果蔬、五谷杂粮。

日常果蔬：食物多样。每日时令果蔬合计 500~1000 克。如红白萝卜、白菜、菜花、番茄、蘑菇、木耳、海带、苋菜、芹菜、黄瓜、冬瓜、藕等。

每日主食：200~300 克。米饭、面食。

每日杂粮：100~200 克，红薯、土豆、山药、绿豆、燕麦、红豆、小米等。

每日蛋白：酸奶 200~400 克，鸡蛋 2 个。

饮食注意：忌食辛辣肥厚的食物，多饮茶、多喝水、戒酒。

生活注意：注意运动过程中体温不宜上升过高、避免过度劳累熬夜，早睡早起保证睡眠。

（2）系统营养强化：适量补充肠道微生态营养（菊粉、低聚木糖、酵母粉、小麦胚芽粉等）、复合果蔬粉（山楂粉、番茄粉、菠菜粉、芹菜粉等）、叶黄素酯、葡萄籽提取物、紫苜蓿粉、绿茶粉、红曲米等。

（3）运动方式。①基础性节律运动：较长时间平缓的有氧节律运动对尿酸排出、减肥、糖代谢、脂代谢的调节十分有利。适合痛风病康复的体育运动种类很多，包括有氧步跑、快步走、有氧舞蹈、游泳、太极拳等。②调节性节律运动：以肩部、膝部节律运动为主，辅助进行髋部、肘部节律运动。③运动每天 1~2 次，每次时长超过 30 分钟，脉搏频率增加 15%~25%，锻炼效果较为显著。

注意：运动劳逸结合，避免过劳、精神紧张、感染；避免剧烈的运动，如登山、长跑等。积极减肥。

（4）运动适宜度关注指标。①日常关注：心率、运动频率、时间、强度、体感运动适宜度、尿酸代谢状态、每日总能量消耗。②阶段性关注：BMR、BMI、体脂肪率、肌肉比例、体适能等。营养运动合理性也会在各系统能量值、肝胆系统生物活性值、肾脏系统生物活性值、肝胆热代谢值、肾脏热代谢值等检测指标中有体现。

5.肥胖营养运动干预方案

（1）临床特征：BMI 超标、体脂肪率偏高。

（2）生活调养：少油限酒，饮食清淡，多吃时令果蔬、五谷杂粮。

日常果蔬：食物多样。每日时令果蔬合计 500~1000 克。如红白萝卜、白菜、菜花、番茄、蘑菇、木耳、海带、苋菜、芹菜、黄瓜、冬瓜、藕等。

每日杂粮：100~200 克，红薯、土豆、山药、绿豆、燕麦、红豆、小米等。

每日蛋白：酸奶 200~400 克，鸡蛋 2 个。

饮食注意：忌食辛辣肥厚的食物，多饮茶、无糖咖啡，戒酒。

生活注意：避免过度劳累熬夜，早睡早起保证睡眠。

（3）系统营养强化：适量补充优质蛋白（大豆分离蛋白、浓缩乳清蛋白等）、复合维生素（维生素 B 族、维生素 C 等）、肠道微生态营养（菊粉、低聚木糖、酵母粉、小麦胚芽粉等）。

（4）运动方式：选择基础性节律运动以及肩部节律运动。①轻松运动、逐步加强，以第二天体感不疲劳为准；②每天 1~2 次，每次 40~60 分钟微微出汗的运动为宜；③基础性节律运动增加消耗、促进代谢。适合耐力性的有氧步跑、慢跑、中长跑、游泳、爬山、各种球类、武术等运动。

（5）运动适宜度关注指标。①日常关注：运动频率、时间、强度、体感运动适宜度、心率、每日总能量消耗；②阶段性关注：BMR、BMI、肌肉量、身体水分含量、心肺功能、体脂肪率。营养运动合理性还会在消化系统生物活性值、心血管系统生物活性值、体内维生素、矿物质、微量元素、全身热代谢平均值等检测指标中体现。

6. 肠胃功能紊乱营养运动干预方案

（1）临床特征：消化道不适、炎症疼痛，排空能力不足，细菌及病毒感染，菌群紊乱等导致的打嗝、口干、口苦、胸闷、反酸、嗳气、厌食、恶心、呕吐、剑突下灼热感、食后饱胀、上腹不适或疼痛，每遇情绪变化则症状加重。

（2）生活调养：注意心理卫生，解除心理障碍，调整脏器功能，注意饮食卫生；吃饭时一定要细嚼慢咽，使食物在口腔内得到充分的磨切，并与唾液混合，减轻胃的负担，使食物更易于消化；尽量少吃刺激性食品，少饮酒和吸烟；因人而异地少食多餐及食物多样性，烹调食物宜软烂、容易消化，以改善胃肠消化吸收功能。

日常果蔬：食物多样。每日合计时令果蔬 500~1000 克。如红白萝卜、白菜、菜花、番茄、香菇、木耳、藕、豆芽、山药、白扁豆、大枣、苹果、柑橘等。

每日主食：200~400 克。米饭、面食。

每日杂粮：100~200 克。红薯、土豆、山药、燕麦、小米等。

每日蛋白：酸奶 200~400 克，鸡蛋 2 个，适量鱼、肉。

饮食注意：忌食辛辣肥厚的食物，多饮水。

生活注意：避免过度劳累熬夜，早睡早起保证睡眠。

（3）系统营养强化：适量补充肠道微生态营养（菊粉、低聚木糖、酵母粉、麦精、小麦胚芽粉、浓缩乳清蛋白等）。

（4）运动方式：选择基础性节律运动及肩部、髋部节律运动。①轻松运动、逐步加强，以第二天体感不疲劳为准；②每天 2 次，每次 30 分钟，稍有手脚发热为宜；③基础性节律运动以有氧步跑、快步走、太极拳等为主；调节性节律运动以肩、髋部节律运动为主。

（5）运动适宜度关注指标。①日常关注：运动频率、时间、强度、体感运动适宜度、心率、每日总能量消耗；②阶段性关注：BMR、BMI、肌肉量、体脂肪率。营养运动合理性还会在消化系统生物活性值、间质激素生物活性值、胃肠热代谢值、体内维生素、矿物质、微量元素、常量元素、全身热代谢平均值等检测指标中体现。

7. 心肺功能异常营养运动干预方案

（1）临床特征：心脏泵血及肺部吸入氧气的能力出现异常，包括血液的循环速度、心脏跳动的强弱、肺部的容量异常等，出现喘息、气促、胸闷、咳嗽、呼吸困难、心率异常等症状。

（2）生活调养：应避免不良刺激，如烟草、空气污染、油烟、异味等；以清淡食物为主，少食肥油。

日常果蔬：食物多样。每日各种时令果蔬合计 500~1000 克。如蔬菜、香菇、红白萝卜、白菜、菜花、番茄、韭菜、蒜苗、韭黄、山药、地瓜、根茎蔬菜、木瓜、木耳、藕、豆芽、山药、白扁豆、大枣、苹果、桂圆。

每日主食：200~400 克。米饭、面食。

每日杂粮：100~200 克。红薯、南瓜、山药、燕麦、小米等。

每日蛋白：酸奶 200 克，鸡蛋 2 个，适量牛羊肉。

饮食注意：忌食寒凉的食物（如荸荠、冬瓜、苦瓜、西瓜、梨、绿茶等）、可以喝适量红茶，可能有助于多饮水。

生活注意：避免过度劳累熬夜，早睡早起保证睡眠。中午保证一定的午休时间。

（3）系统营养强化：适量补充免疫调节营养（灰树花提取物、香菇提取物等）、心血管调节营养（紫苜蓿粉、红曲米、磷脂、绿茶粉等）、优质蛋白（大豆分离蛋白、浓缩乳清蛋白等）、复合果蔬粉（山楂粉、菠菜粉、芹菜粉、番茄粉等）、叶黄素酯、β-胡萝卜素、葡萄籽提取物等。

（4）运动方式：选择基础性节律运动及调节性节律运动。①每天2次，每次30分钟；②基础性节律运动以有氧步跑、快走、慢跑、慢节奏舞蹈、游泳、太极拳等为主，运动至手脚发热。调节性节律运动以肩部、髋部节律运动为主。

（5）运动适宜度关注指标。①日常关注：运动频率、时间、强度、体感运动适宜度、心率、每日总能量消耗；②阶段性关注：BMR、体脂肪率、心肺功能、体适能等。营养运动合理性也会在呼吸、心血管系统生物活性值、心肺生物活性值、心肺热代谢值、消化系统生物活性值、体内维生素、矿物质、微量元素、全身热代谢平均值等检测指标中体现。

（6）运动适宜度关注指标：BMR、BMI、心率、动脉指标（血压、动脉弹性）、每日总能量消耗、体脂肪率、肌肉比例、各系统能量值、运动频率、时间、强度。

8.肝功能异常营养运动干预方案

（1）临床特征：肝纤维化、肝功能检查异常、肝超声波检查异常。常伴有食欲差，身体乏力、牙龈出血、面色晦暗，严重者有肝区疼痛、恶心、厌油腻等症状。

（2）生活调养：提倡荤素搭配，多食绿叶蔬菜；限制脂肪和碳水化合物摄入，少吃煎炸食物。

日常果蔬：食物多样。每日各种时令果蔬合计500~1000克。尤其应多吃绿叶蔬菜、香菇、冬瓜、白萝卜、大白菜、莲藕、百合、橙等。

每日主食：200~400克。米饭、面食。

每日杂粮：100~200克。红薯、土豆、山药、燕麦、绿豆、小米等。

每日蛋白：酸奶200克，鸡蛋2个，适量鱼、肉。

饮食注意：忌食辛辣、温、燥、热的食物（韭菜、辣椒、羊肉等），忌饮茶、咖啡、酒等，多饮水。

生活注意：避免过度劳累熬夜，早睡早起保证睡眠。中午保持一定的午休时间。饮食不宜过饱，切忌暴饮暴食；多食含甲硫氨基酸丰富的食物，如小米、莜麦面、芝麻、油菜、菠菜、菜花、甜菜头、海米、干贝、淡菜等。

（3）系统营养强化：适量补充肝营养（浓缩乳清蛋白、磷脂、复合维生素 C、醋酸视黄酯、胆钙化醇、d-α-醋酸生育酚、盐酸硫胺素、核黄素、盐酸吡哆醇、氰钴胺、烟酸、叶酸、D-泛酸钙、L-抗坏血酸）、复合矿物质（碳酸钙、柠檬酸锌、碳酸镁）、白蛋白肽、羊肝肽粉、γ-氨基丁酸、低聚木糖、牛磺酸、食用酵母粉、二氧化硅。

（4）运动方式：肝病患者一定要避免重体力劳动、运动量大的活动。①基础性节律运动以轻缓运动（散步、有氧步跑、太极拳）为主。辅以调节性肩部、髋部节律运动。②每天2次，每次30分钟微微出汗的运动量为宜；③轻松运动，以第二天体感不疲劳为准。

（5）运动适宜度关注指标。①日常关注：心率、体温、体感、运动适宜度、运动频率、时间、强度、每日总能量消耗。②阶段性关注：BMR、BMI、体水分含量、血糖、血脂。营养运动合理性还会在各系统能量值、肝胆系统生物活性值、肝胆热代谢值、心肺功能、消化系统生物活性值、内分泌系统生物活性值、间质激素值、全身热代谢平均值等指标中体现。

9. 骨性关节炎营养运动干预方案

（1）临床特征：软骨组织退化、骨质增生、关节摩擦音、晨僵、部位关节痛或放射性疼痛等症状。

（2）生活调养：适量补充富含胶原蛋白的食物，适度增加矿物质、蛋白质、维生素等的摄入。

日常果蔬：食物多样。多食含硫丰富的食物，如芦笋、鸡蛋、大蒜、洋葱等。每日时令果蔬合计500~1000克。香菇、红白萝卜、白菜、菜花、番茄、木耳、白扁豆、大枣、苹果、柑橘、桂圆、枸杞、韭菜、辣椒、山楂等。

每日主食：200~400克。米饭、面食。

每日杂粮：100~200克。黑豆、黑芝麻、红薯、土豆、山药、燕麦、小米等。

每日蛋白：酸奶200克，鸡蛋2个，适量牛羊肉。

饮食注意：忌食寒凉的食物（如荸荠、苦瓜等）。适量喝点红茶、绿茶有助于多饮水。

（3）系统营养强化：适量补充软骨营养（壳寡糖、氨糖、胶原蛋白粉、水解鱼胶原蛋白、维生素C、葡萄籽提取物等）、硬骨营养（乳钙、碳酸钙、酪蛋白磷酸肽、乳酸镁、氧化锌、维生素C等）。

（4）运动方式。①基础性节律运动可选择室内节律运动、有氧步跑、游泳等。逐步增加练习强度；②针对性节律运动：根据关节部位发病情况，酌情选择适宜的针对性节律运动。③每天2次，每次30~45分钟轻松运动，以第二天体感不疲劳为准。

注意：尽量减少疾患关节的激烈运动。适当晒太阳，防寒保暖，关节锻炼松弛有度。

（5）运动适宜度关注指标。①日常关注：心率、体温、体感运动适宜度、运动频率、时间、强度、每日总能量消耗。②阶段性关注：BMR、BMI、体水分含量、体脂肪率、肌肉比例。营养运动合理性还会在各系统能量值、关节功能活性值、营养代谢状态（维生素、矿物质、微量元素、常量元素）、骨密度情况、脊柱系统生物活性值、脊柱关节热代谢值、肾脏活性值、内分泌系统生物活性值、间质激素值、全身热代谢平均值等指标中体现。

参考文献

［1］ 蒋峰，黄勇，李卫江．健康节律运动学［M］．北京：中国医药科技出版社，2011．

［2］ 周勇．运动锻炼对原发性高血压患者治疗作用的研究［J］．四川体育科学，2003，6（2）：23-25．

［3］ 李荣，孟宪君，马卫红，等．长期中等强度的运动对 2 型糖尿病的康复作用［J］．现代康复，2000，9（4）：34-36．

［4］ 巫国贵，宿继光．不同强度运动对胃肠道的影响［J］．中国临床康复，2005，9（36）：112-114．

［5］ 黄霖，刘卫，王易虎．踏车训练对 48 例慢性支气管炎患者心肺功能的改善作用［J］．中国临床康复，2002，6（11）：34-35．

［6］ 刘克敏，唐涛，王安庆，等．骨科康复：骨关节功能康复的现状与展望［C］．第三届北京国际康宜论坛论文集．

［7］ 周勇，陈刚，韩静．抖空竹锻炼对肩周炎影响的研究［J］．辽宁体育科技，2010，3（5）：41-42．

［8］ 姚怀国，陈博来，林定坤．飞燕式背伸肌锻炼防治腰椎间盘突出症术后慢性腰痛［J］．实用医学杂志，2008，24（7）：1207-1208．

［9］ 陈施展，姚一民，衡代忠，等．腰椎间盘术后直腿抬高锻炼的临床意义［J］．中国脊柱脊髓杂志，2002，12（2）：158．

［10］ 林俊，杨芳梅，袁月环，等．直腿抬高训练对腰椎间盘突出症术后康复的影响［J］．齐鲁护理杂志，2007，13（14）：3-4．

［11］ 吴赞杨．温针结合五点支撑治疗腰椎间盘突出 26 例［J］．中国针灸，2001，21（11）：685．

［12］ Petrella RJ, Bartha C. Home based exercise therapy for older patients with knee osteoarthritis; a randomized clinical trial［J］. J Rheumatol, 2000, 27: 2215-2221.

［13］ 踝关节康复与力量训练［EB/OL］. http://www.kfyx.cn/news/show-16378.

［14］ 杨晓峰，杨瑞峰，吕方．如何制定中老年心血管疾病患者的运动处方［J］．中国老年学杂志，2008，（6）：1142-1143．

［15］ Sanchez-Muniz FJ, Oubina P, Rodenas S, *et al.* Platelet aggregation, thromboxane production and throm-bogenic ratio in postmenopausal women consuming high oleic acid-sunflower oil or palmolein ［J］. Eur J Nutr, 2003; 42（6）: 299-306.

［16］ 王敬浩, 黄叔怀, 仇志刚. 太极拳锻炼对 2 型糖尿病的疗效观察及其机制探讨［J］. 中国运动医学杂志, 2002, 21（4）: 357-358.

［17］ Holloszy JO. Exercise-induced increase in muscle insulin sensitivity ［J］. J Appl Physiol, 2005, R99（1）: 338-343.

［18］ 李觉, 胡大一. 踝臂指数与外周血管狭窄的相关研究［J］. 中华心血管病杂志, 2008, 36（6）: 34-36.

［19］ 林敏霞. 动脉粥样硬化早期无创检测技术在健康体检中的应用研究［J］. 临床心血管病杂志, 2011, 27（9）: 652-654.

［20］ 毛勇, 余金明, 胡大一, 等. 多中心研究高血压患者心血管病危险度与踝臂血压指数异常的关联性［J］. 中华医学杂志, 2011, 91（42）: 2985-2989.

后　记

我们生活在不断运动着的世界之中。

世界是运动的，并且是按照一定客观规律运动的，这也是哲学的基本原理。

节律是客观世界非常重要的一种规律。例如，我们常见的昼夜、季节和潮汐等节律。节律在生物界的表现尤为突出，为了适应自然界环境的变化，生物（包括人类）经过选择性、适宜性进化，顺应着自然界的节律，逐渐形成了共性或个性的节律，因此，才能生存至今。

节律是有时间规律的、有节奏、有韵律的行动。

在大自然中，每一种生物都有着自己的"时间表"。为适应自然界，人类生命现象中也存在大量的节律。其中，昼夜节律是生物生命活动中最普通、最主要的一种规律。如人的体温、血压、血糖、基础代谢率等都会发生昼夜性的节律性变化；神经、内分泌、脏腑功能也会进行节律调整，使不同部位轮休作业。如肝、肾、脑各种器官的功能等都会按节律工作和休息。人体的痛觉、疾病及对药物的敏感性也都有着周期性的规律。如许多疾病的发生直接或间接地受昼夜和季节的影响，或呈现出周期性的发作。

此外，人的体力、情绪和智力的盛衰起伏，也呈现出明显的节律特征。人体的这些节律也被称为人体三大生物节律。掌握这些规律，有助于我们更好地适应外界环境。

经过长期的科学研究我们确认：对人体健康最有效的运动是有氧节律性运动。生命是在节律运动中存在的。研究表明：适度的节律运动可显著改善人体的摄氧能力，提高人体细胞抗氧化功能，良性刺激自主神经及内分泌系统，增进人体体适能，增强人体新陈代谢，增加人体对系统营养的吸收和利用，从而促进人体健康，使疾病尽快康复。

　　我们在节律运动理论的指导下，把规律运动与营养干预结合起来进行了广泛深入的探索性研究，通过系统地归纳、整理和提炼，编著了这本《健康节律运动学》。健康节律运动学是研究人体健康节律运动原理，指导疾病康复的一门新兴应用科学。其目的是个性化地指导人们，根据各自健康状况、针对不同疾病，用适宜的方法、频率、强度、时长等进行锻炼，更有效地提高人们的身体素质和健康水平。

　　尽管我们对健康节律运动进行了比较长期的探索性研究，但由于受认识所限，研究也可能还不够深入和全面，书中难免有不妥之处，敬请专业人士和广大读者给予批评指正，以便今后修订时改正，最终使健康节律运动理论体系更加完善和完整。

编　者

2017 年 5 月

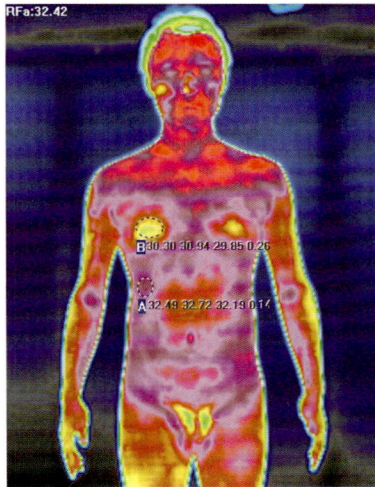

正面热成像图

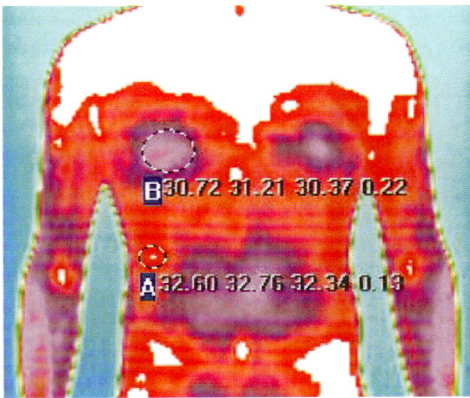

干预前背部热成像图

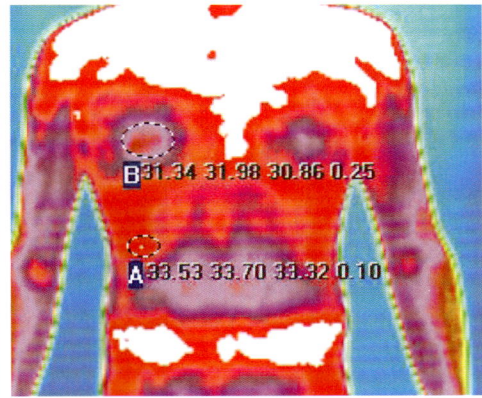

干预 30 天后背部热成像图

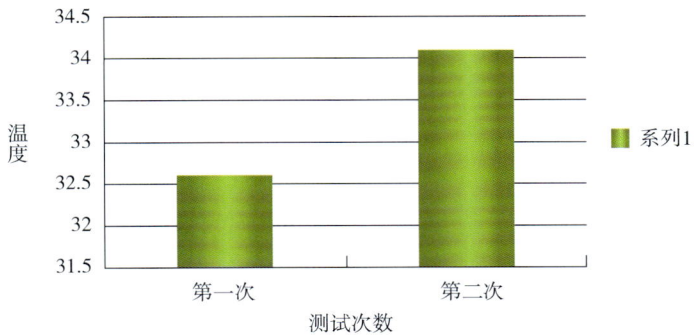

肝部热代谢变化

彩插 1　肝区热扫描成像

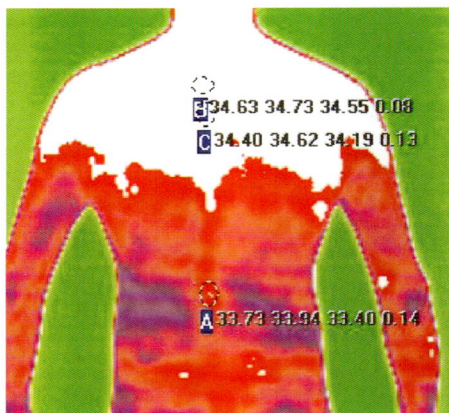

干预前脊柱心肺区温度

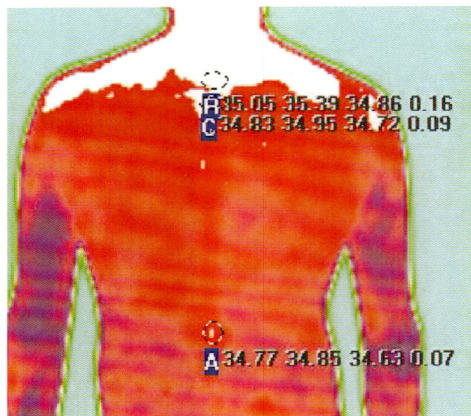

干预 30 天后脊柱心肺区温度

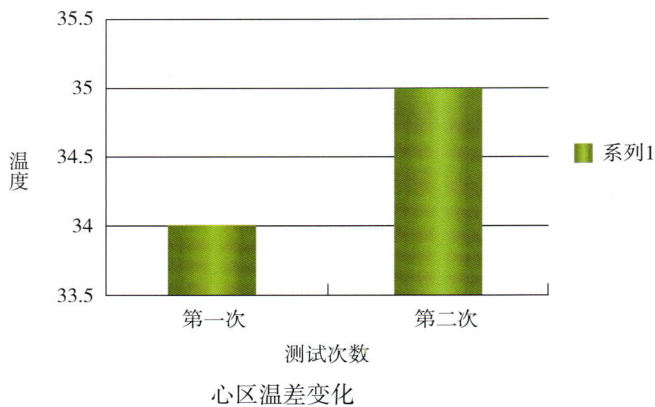

心区温差变化

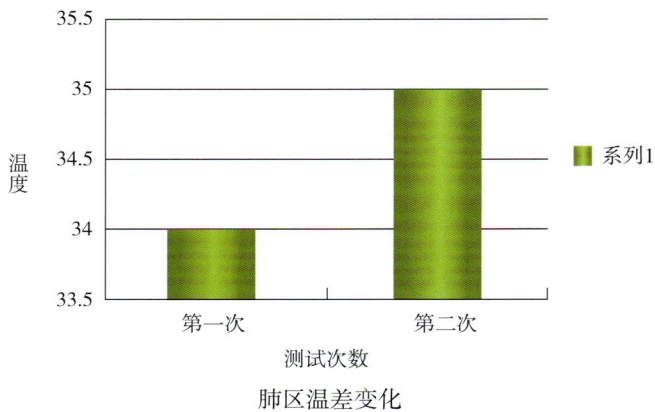

肺区温差变化

彩插 2　心肺区热扫描成像

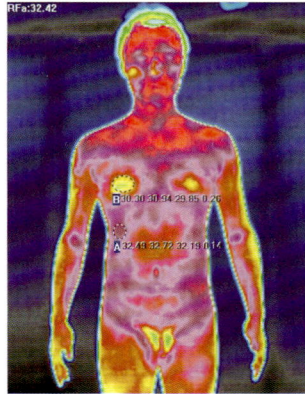

热扫描成像图

干预前肠道温度

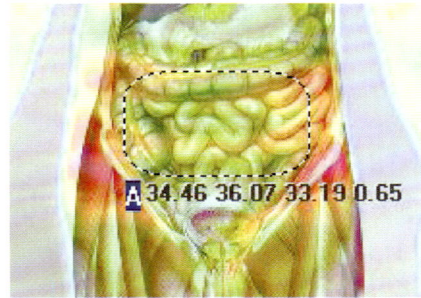

干预 30 天后肠道温度

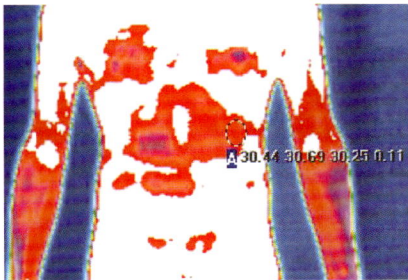

干预前消化系统温度

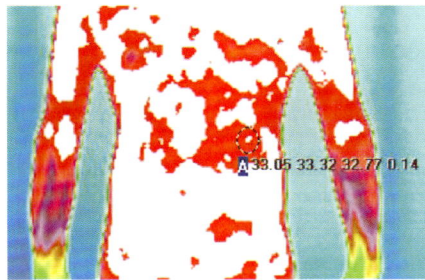

干预 30 天后消化系统温度

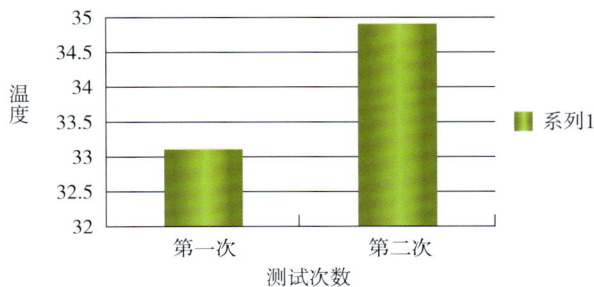

消化系统热代谢变化

彩插 3　消化系统区热扫描成像

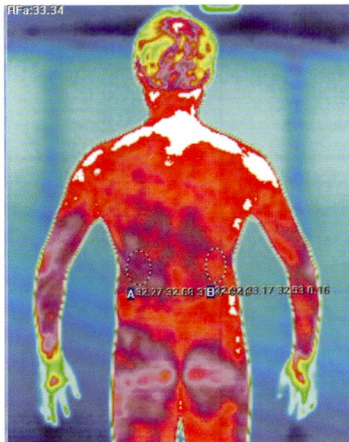

热扫描成像图

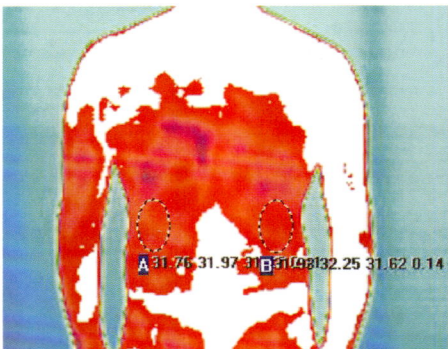

干预前双肾区温度

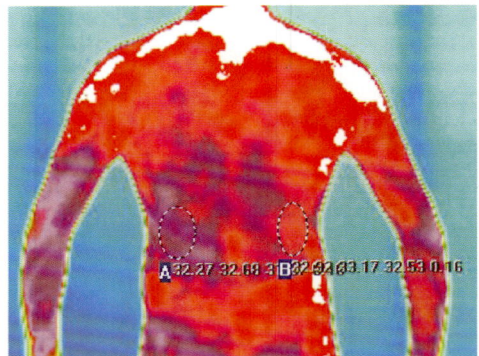

干预 30 天后双肾区温度

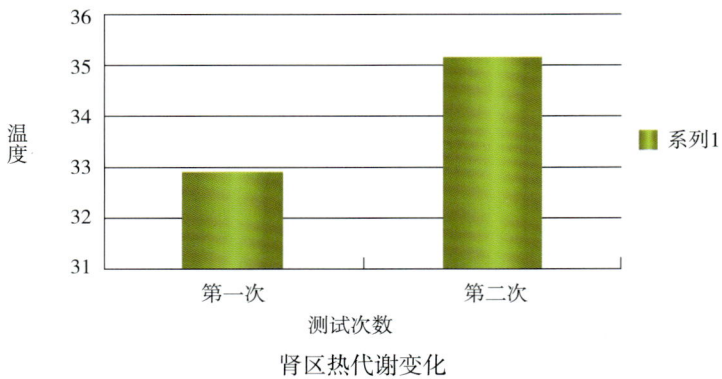

肾区热代谢变化

彩插 4　肾区热扫描成像